PROGRAMADOS PARA APRENDER

**SÉRIE
MOACIR
GADOTTI**

MOACIR GADOTTI

PROGRAMADOS PARA APRENDER

Prefácio de
MARIO SERGIO CORTELLA

SÉRIE
MOACIR
GADOTTI

1ª edição
São Paulo
2023

© CEAD - Centro de Estudos Ação Direta, 2022

1ª Edição, Global Editora, São Paulo 2023

Jefferson L. Alves – diretor editorial
Flávio Samuel – gerente de produção
Judith Nuria Maida – coordenadora da Série Moacir Gadotti
Danilo David – projeto gráfico
Equipe Global Editora – produção editorial e gráfica
Pinitspic/Shutterstock (ilustração abstrata inspirada na obra de Paul Klee) – imagem de capa
Plena Print – impressão e acabamento

Dados Internacionais de Catalogação na Publicação (CIP)
(Câmara Brasileira do Livro, SP, Brasil)

Gadotti, Moacir
   Programados para aprender / Moacir Gadotti. – 1. ed. – São Paulo, SP : Global Editora, 2023.

   Bibliografia.
   ISBN 978-65-5612-449-0

   1. Aprendizagem - Aspectos sociais 2. Educação - Filosofia 3. Freire, Paulo, 1921-1997 I. Título.

23-153358   CDD-370

Índices para catálogo sistemático:
1. Educação : Ensaios   370

Tábata Alves da Silva - Bibliotecária - CRB-8/9253

Obra atualizada conforme o
NOVO ACORDO ORTOGRÁFICO DA LÍNGUA PORTUGUESA

Global Editora e Distribuidora Ltda.
Rua Pirapitingui, 111 – Liberdade
CEP 01508-020 – São Paulo – SP
Tel.: (11) 3277-7999
e-mail: global@globaleditora.com.br

 grupoeditorialglobal.com.br   @globaleditora

 /globaleditora   @globaleditora

 /globaleditora   /globaleditora

 blog.grupoeditorialglobal.com.br

Direitos reservados.
Colabore com a produção científica e cultural.
Proibida a reprodução total ou parcial desta obra sem a autorização do editor.

Nº de Catálogo: **4617**

**PROGRAMADOS
PARA APRENDER**

SUMÁRIO

Programados, mas não enclausurados! (Mario Sergio Cortella)   9

Introdução_Como nos tornamos humanos

    1 Programados, não determinados   19
    2 Nos educamos em comunhão   28
    3 O outro como eu mesmo   32
    4 Só podemos ser humanos juntos   38
    5 Quatro ensaios que se completam   43
    Referências   47

Primeiro ensaio_A educação como um quefazer estritamente humano

    1.1 Quando a educação se torna fundamentalmente suspeita   58
    1.2 Ruptura com as raízes humanistas de educação   66
    1.3 Natureza da barbárie na educação   76
    1.4 A dialética entre humanização e barbárie   85
    1.5 A educação como façanha da liberdade   91
    1.6 O ser humano como referência   100
    Referências   110

Segundo ensaio_Ensinar e aprender com sentido

    2.1 A dodiscência como categoria central da pedagogia freiriana   122
    2.2 Aprender e ensinar como atos indicotomizáveis   128
    2.3 O ciclo gnosiológico freiriano   134
    2.4 A prática à altura do sonho   138

2.5 Currículo e avaliação: eis a questão	143
2.6 Ser professor, ser professora hoje	150
Referências	156

Terceiro ensaio_Retomando o sonho interrompido

3.1 A gestão como ato político-pedagógico	165
3.2 Uma gestão coerente com o sonho político	173
3.3 O trabalho coletivo como princípio pedagógico	179
3.4 Uma educação substantivamente democrática	187
3.5 A semente do sonho de Paulo Freire foi plantada e germinou	192
3.6 Temos referenciais para seguir em frente	198
Referências	202

Quarto ensaio_Mestres do amanhã, fazedores do futuro

4.1 Não espere o amanhã chegar a você	210
4.2 Voltar atrás para prosseguir à frente	217
4.3 Marcas de um passado recente	228
4.4 Não nascemos programados para nos tornar predadores	238
4.5 Uma outra educação é possível e necessária	244
4.6 Nas sendas do futuro, a palavra-chave é emancipação	254
Referências	265

Sobre o autor   **271**

Programados, mas não enclausurados!

Mario Sergio Cortella

> *"O presente das coisas passadas é a memória,*
> *o presente das coisas presentes é o olhar,*
> *o presente das coisas futuras é a expectativa"*
> (Agostinho, 1995)

Obra categórica para o pensamento filosófico, *Confissões*, de Agostinho, nos envolve especialmente no Capítulo vinte do Livro XI, quando trata do que entende como aparente tridimensionalidade do tempo, aduzindo que passado, presente e futuro são sempre e apenas um presente tripartite: "o presente das coisas passadas, o presente das coisas presentes, o presente das coisas futuras". E segue, mais adiante, com o que está na epígrafe acima: a ideia de que a presença do que já foi (como lembrança do ocorrido), a constatação daquilo que é (como percepção do imediato) e a expectativa do que pode vir a ser (como esperança do desejado) compõem a história de cada pessoa e de todas as pessoas.

Assim também faz Moacir Gadotti! Em toda a sua trajetória como ensinante e aprendente!

Dele fui aluno (e continuo!) nos anos 1970, na Pós-Graduação em Educação da PUC-SP e, melhor ainda (para mim), foi ele o meu orientador no mestrado em Educação (Currículo) lá defendido em 1989! E, ademais, foi ele quem me apresentou pessoalmente Paulo Freire em 1979, com quem tanto convivemos.

A presença ativa e decidida de Moacir Gadotti na edificação e consolidação de fundamentos libertários para a Educação Brasileira é mais do que notória; faz décadas que, como docente, pesquisador, gestor e militante, nos influencia, prepara e inspira no ofício propositadamente freiriano para um esperançar e partilhar coletivo.

Gadotti prepara futuro já faz muito tempo! Esse futuro, nele alinhado, veio e vem de modos variados, com ascensões, adiamentos, retomadas, revisões e êxitos, e nestes modos ficaríamos menos vigorosos e persistentes sem as suas aulas, livros, palestras e orientações...

Agora, mais uma vez (ainda bem!) nos ensina, e muito, a partir do muito que já aprendeu com quem a ele muito ensinou; agora, mais uma vez (felizmente!), com tenacidade acadêmica e empenho formativo político, nos confia um livro articulado em torno de quatro densos ensaios conexos, sempre com a imprescindível companhia de Paulo Freire (neste e a partir deste), em torno de uma recusa: a de admitir que a história de cada pessoa e de todas as pessoas seja decorrência de determinismos intransponíveis e fatalidades irremovíveis!

Claro que essa recusa não é mera negação voluntariosa; está enraizada em uma propositura concreta da "educação como prática da liberdade" e em uma "pedagogia da autonomia" (como nosso mestre comum propugnou) e também em imperiosa "concepção dialética da educação e no legado da esperança" (como este outro mestre, Gadotti, demonstrou).

O faz novamente neste livro, combinando os temas dos aludidos quatro ensaios aqui agregados e que, como anotou na Introdução, e que rearranjo a seguir da minha maneira (para dilatar o interesse e acumular prévia nitidez):

"No primeiro, começo afirmando que, como professor de História e Filosofia da Educação, sempre entendi a educação como um exercício de otimismo frente ao fatalismo e ao fanatismo. No segundo ensaio procurei mostrar que, para uma aprendizagem significativa, transformadora, o novo conteúdo deve dialogar com os conteúdos prévios do aprendiz. No terceiro ensaio retomo o sonho de Paulo Freire de uma educação popular como política pública, me debruçando sobre a sua práxis político-pedagógica como gestor público. No último ensaio proponho revisitar os mestres de ontem, pensando numa educação voltada para o futuro. Se o passado é o campo da necessidade, o futuro é o campo da possibilidade de projetos a realizar".

Ele conclui a introdução com menção à comovente (e mobilizadora) frase de Desmond Tutu, figura central ao lado de Nelson Mandela para o início da destruição do odioso apartheid, e merecidamente Nobel da Paz em 1984: "minha humanidade está ligada à sua, pois só podemos ser humanos juntos".

Sermos humanos juntos! É disso exatamente que Gadotti trata neste consistente e alentador livro: a efetiva presença da Educação (e, nesta, da Escola) para tecermos a humanidade **de** e **em** cada pessoa, **em** meio e **por** meio de todas as pessoas! É a nossa humanidade como consequência da nossa necessidade (pois temos de o fazer) e também da nossa liberdade (pois podemos decidir uma parte do que faremos e do como o faremos).

Contudo, ao nos convocar para esse ofício comunitário de nos guiarmos entre as necessidades e liberdades, entre o que precisamos como carentes e o que desejamos como sonhantes, ele o faz de forma decidida e suave, afetiva e resoluta, lembrando para mim outra fala do imprescindível arcebispo anglicano Tutu (nascido em outubro de 1931, tal como, em idêntico mês, dez anos depois, nasceu Gadotti): "Meu pai sempre dizia: não levante a sua voz, melhore os seus argumentos".

Por que Gadotti melhora e nos melhora? Porque ele, como todas as pessoas, não nasceu pronto, isto é, nasceu sim "programado para aprender", mas sem estar manietado, recluso e concluído em vida.

Pareceria estranho refugar determinismos e fatalidades e aderir ao conceito de Programados! É que a noção que usa para "programados" é a de uma possibilidade intrínseca, de um atributo (no sentido filosófico), de uma condição inata favorável e efetiva da nossa liberdade; e, porque assim somos no ponto de partida, não deve a Educação em geral (e a Escola em particular) sequestrar essa virtualidade livre, dificultando ou nulificando a realização legítima e concreta.

Por isso, vale demais a ótima instigação do título do livro (e da argumentação nele exposta): programados para aprender! Somos mesmo programados para aprender, o fazemos com condicionantes da realidade, mas estes não são indomáveis ou inexpugnáveis. Em outras palavras, vamos além, como humanidade plural, e de variadas e livres maneiras; excedemos e ultrapassamos aquilo que nos primórdios estava encerrado.

Costumo dizer que só o nosso (um dia) "cadáver" estará concluído, terminado, completo, pois, por si, com autonomia e deliberada vontade, não mais conseguiria se modificar em qualquer direção; o cadáver não mais aprende e, assim, não melhora...

Gadotti nos aviva na certeza de que, durante a nossa vida, porque programados para aprender, podemos fazer com que a liberdade ultrapasse a necessidade, nos emancipando dos infortúnios, para que sejam fortúnios, para que a desgraça se distancie e a graça se aproxime.

Moacir Gadotti (a quem chamo de MG) não eleva a voz (e não se cala), não tem brutalidade na aproximação (e não deixa de abalroar o que for bruto); juntando passado, presente e futuro, procura, e consegue, melhorar os próprios argumentos e os argumentos das pessoas que, como ele, partilham **inéditos** viáveis que sejam igualitários, fraternos e libertários...

Introdução

COMO NOS
TORNAMOS HUMANOS

Tudo o que não temos ao nascer e de que precisamos quando grandes nos é dado pela educação. (Rousseau, 1966)

Vamos começar pelo começo, ou seja, pelo título deste livro.

Tenho feito frequentes releituras das obras de Paulo Freire. Em 2021, ano de seu centenário, relendo seus últimos livros, me chamou muito a atenção a referência em quase todos à fala do bioquímico e geneticista francês François Jacob, agraciado em 1965 com o Prêmio Nobel de Medicina. Tal fala se deu em uma entrevista à revista *Le Courrier de l'UNESCO*, em fevereiro de 1991, e diz o seguinte: "Somos programados, mas para aprender". Alguma coisa ele queria demonstrar e reafirmar com essa insistência. É como se ele estivesse nos chamando a atenção para algo muito maior, nos apontando um caminho, uma pista para discutirmos a educação de hoje e a própria educabilidade do ser humano. E o que se observa nos comentários que Paulo Freire faz acerca dessa afirmação é a preocupação dele em relação aos fundamentos da educação, associando esse tema a sua antropologia filosófica, sua concepção de ser humano como ser inacabado, programado, sim, mas não determinado.

— Essa programação limitaria o exercício da liberdade do indivíduo?

A resposta a essa questão se encontra na própria entrevista de François Jacob.

Pergunta o entrevistador: "O senhor escreve que cada ser contém em seus cromossomos todo o seu futuro, todas as etapas de seu desenvolvimento. Que margem de liberdade, então, nos resta?". E François Jacob responde: "Uma margem considerável. Exploramos mais ou menos as possibilidades inscritas nos cromossomos. E cada cultura orienta, a sua maneira, essas possibilidades. Se nascemos bantos ou esquimós, aprendemos a falar seja banto, seja esquimó. E é, desde logo, um primeiro sistema de triagem. O programa genético fixa no indivíduo um quadro no qual a cultura introduz tal ou tal hierarquia de valores, tal ou tal forma de iniciação, de motivação. Nós nascemos programados, mas para aprender [...]". E completa: "Nós somos animais muito particulares que não cessam de aprender e de buscar" (Jacob, 1991, p. 7).

Nascemos programados para aprender porque nascemos incompletos. Está no nosso DNA. Portanto, fomos programados para nos aperfeiçoar, para sermos melhores ao longo de toda a vida. Isso é o que nos diferencia de outros seres vivos. Nós podemos fazer a nossa própria história, podemos criar o novo. O inédito é viável, mas não fazemos isso sozinhos. Precisamos do outro para fazer essa caminhada. Somos seres curiosos, sensíveis, criativos. Não nascemos prontos e acabados. Fazemo-nos com o outro por meio da educação. O indivíduo precisa de educadores para se realizar como pessoa. Ele pode ser educado porque é educável.

A questão que se coloca é, portanto: que educação podemos oferecer a esse ser inacabado? Paulo Freire retoma a discussão sobre a politicidade da educação, que vem sendo discutida desde Platão e Aristóteles, e a questão de representar um quefazer estritamente humano.

Não escolhemos existir, não escolhemos o nosso DNA, mas somos seres da liberdade e da bondade e, como seres programados para aprender, podemos escolher o sentido da nossa existência.

— Por que Freire se interessou tanto por essa temática?

Como Freire costumava dizer, o sonho dele era o sonho da liberdade que o ajudava na briga pela justiça. Não somos responsáveis por ter nascido, mas somos responsáveis pelo nosso existir. A partir do momento que tomamos consciência de quem somos, tornamo-nos responsáveis pelo que somos ou não, pelo que nos constituímos como seres humanos.

1 Programados, não determinados

Em *Pedagogia da esperança*, Paulo Freire estabelece uma espécie de diálogo com François Jacob sobre essa questão. Ele começa citando uma passagem da entrevista de Jacob, na qual afirma que "a fabricação de um indivíduo do ponto de vista físico, intelectual, moral corresponde a uma interação permanente do inato com o adquirido". Nesse ponto, Freire observa que "não podemos existir sem nos interrogar sobre o amanhã, sobre o que virá, a favor de que, contra que, a favor de quem, contra quem virá sem nos interrogar em torno de como fazer concreto o 'inédito viável' demandando de nós a luta por ele" e continua afirmando que somos seres programados, mas não determinados. Em apoio a essa tese, Freire cita novamente François Jacob quando diz que "cada programa, com efeito, não é totalmente rígido. Ele define as estruturas que não são senão potencialidades, probabilidades, tendências: os genes determinam somente a constituição do indivíduo" em quem, por isso mesmo, "as estruturas hereditárias e a aprendizagem se acham inteiramente ligadas" (Freire, 1992, p. 98-99). Em outro livro, *Professora, sim; tia, não: cartas a quem ousa ensinar*, Paulo Freire faz diversas referências à entrevista de François Jacob dizendo que ele enfatiza algo que é "da mais alta importância": nós somos programados, mas para aprender, e que "cada ser contém em seus cromossomos todo o seu próprio futuro", assinalando que somos "condicionados, programados, mas não determinados, movemo-nos com um mínimo de liberdade de que dispomos na moldura cultural para ampliá-la. Desta forma, através da educação como expressão também cultural, podemos explorar, mais ou menos, as possibilidades inscritas nos cromossomos", e conclui dizendo que "não somos, por isso, nem só uma coisa nem só a outra. Nem só, repitamos, o inato, nem tampouco o adquirido, apenas" (Freire, 1993, p. 93-95).

No capítulo "Primeiras palavras", do livro *Política e educação*, ele afirma que "a importância do papel interferente da subjetividade na história coloca, de modo especial, a importância do papel da educação. Se os seres humanos fossem puramente determinados e não seres 'programados para aprender' [François Jacob], não haveria por que, na prática educativa, apelarmos para a capacidade crítica do educando. Não haveria por que falar em educação para a decisão, para a libertação" (Freire, 1993, p. 12-13). E continua, mais à frente: "Nesse sentido, aprender e ensinar, já que um implica o outro sem que jamais um prescinda normalmente do outro, vieram, na história, tornando-se conotações ontológicas. Aprender e ensinar fazem parte da existência humana, histórica e social, como dela fazem parte a criação, a invenção, a linguagem, o amor, o ódio, o espanto, o medo, o desejo, a atração pelo risco, a fé, a dúvida, a curiosidade, a arte, a magia, a ciência, a tecnologia. E ensinar e aprender cortando todas estas atividades humanas" (Freire, 1993, p. 18-19).

Em *Pedagogia da autonomia*, livro que foi escrito na mesma época que os anteriores, ao relembrar a afirmação de François Jacob de que somos programados, mas para aprender, ele diz que, como seres inacabados e conscientes do inacabamento, curiosos, "exercitaremos tanto mais e melhor a nossa capacidade de aprender e de ensinar quanto mais sujeitos e não puros objetos do processo nos façamos" (Freire, 1996, p. 65). É essa percepção do ser humano como um ser programado para aprender "que me faz entender a prática educativa como um exercício constante em favor da produção e do desenvolvimento da autonomia de educadores e educandos" (Freire, 1996, p. 164).

A essa altura, não posso deixar de reparar na expressão "prática estritamente humana" referindo-se à prática educativa, um princípio que encontramos enunciado em todas as obras de Freire. Lembro-me, com saudades e emoção, dos encontros com ele no Conselho Mundial de Igrejas, em Genebra, na década de 1970, em que nos falava da educação como um "quefazer estritamente humano". Ainda sob a influência de seu exílio no Chile, muitas vezes ele utilizava a palavra em espanhol *quedasse*.

Ao escrever este livro, tantos anos depois, lembrei-me também das aulas de Pierre Furter, Claude Pantillon e Paul Ricoeur no Centro de Filosofia da Educação da Universidade de Genebra, os quais tinham as mesmas preocupações humanistas de Freire. Lembro-me das aulas de Pierre Furter ainda no Instituto Universitário de Desenvolvimento (IUD), que ficava bem em frente ao Palais Wilson, onde funcionava o Centro de Epistemologia Genética de Jean Piaget, antes de se juntar à Faculdade de Psicologia e Ciências da Educação daquela universidade. Furter nos falava sobre a burocratização dos sistemas de ensino em detrimento de suas funções culturais. Dizia que eles cresciam assustadoramente ao mesmo tempo que se distanciavam da vida cotidiana das pessoas, do humano, e se voltavam mais para a eficiência e competitividade. Crescem, mas não melhoram a qualidade social e cultural da educação, dizia ele. O Palácio Wilson fica à beira do Lago Leman, aonde eu levava as crianças de uma escola montessoriana, localizada lá perto, para brincar. Eu havia sido contratado, como estudante universitário, para dar aulas de recreação nessa escola.

Claude e Ricoeur nos falavam sobre a educação como um processo de humanização, entendendo a Filosofia da Educação como um espaço privilegiado para a reflexão sobre as finalidades da Educação. A Faculdade de Psicologia e Ciências da Educação era dominada pelo pensamento epistemológico de Jean Piaget. Diante do avanço da epistemologia, alguns se perguntavam se ainda precisávamos de uma Filosofia da educação. Criamos o Centro de Filosofia da Educação justamente para responder a questionamentos como esse. A Filosofia da educação precisava justificar a sua necessidade diante da supervalorização das "Ciências da educação". Alguns reduziam a Filosofia apenas ao debate sobre valores. As Ciências da educação dariam conta do restante, considerado como principal. Ricoeur e Pantillon realizaram uma série de debates que resultaram em vários artigos e no livro cujo título é sugestivo — *Uma Filosofia da educação. Para fazer o quê?* — e foi publicado apenas em 1981, um ano após o falecimento prematuro de Claude Pantillon.

Tínhamos de justificar o papel da Filosofia na formação do educador. Lembro-me de uma aula de Ricoeur sobre o ato filosófico, e de outra de Pantillon acerca das tarefas da Filosofia da Educação. Pantillon sustentava que "nossa presença na educação achará a sua especificidade no fato de que ela será sustentada, trabalhada, comandada pela questão da educação como questão: o que é a educação, qual é o seu sentido, a finalidade, mas, igualmente, o que é o homem para que precise ser educado?" (Pantillon, 1981, p. 35). Dizia que a Filosofia da educação implicava também uma educação da Filosofia. A Filosofia precisava se colocar à escuta da educação e não chegar com respostas prontas. Era essa a Filosofia da Educação necessária para a formação do educador, da educadora. E repetia que a tarefa de filosofar sobre a educação não seria exclusiva de filósofos.

Tudo remetia aos fundamentos antropológicos da educação e da escola como espaço de descoberta do outro, como espaço de humanização, o que certamente faz dela uma instituição singular, a mais importante criada pela humanidade.

— O que é esse ser que sou eu, um humano? O que é esse ser que precisa ser educado? Nas palavras de Claude Pantillon: "o que é o homem para que precise ser educado?".

Leio hoje um precioso texto de meu querido amigo Carlos Rodrigues Brandão, *Saber, aprender, ensinar: sobre teias e tramas da educação como cultura* (www.apartilhadavida.com.br), que poderia dialogar com as falas de Claude Pantillon sobre educação:

> Em um artigo a respeito da infância como um enigma, Jorge Larrosa recorda uma ideia trivial, escrita algum dia por Hannah Arendt. Ela é tão simples e tão evidente que parece tolo dizer isto que, entretanto, foi escrito assim: a educação tem a ver com a natalidade, com o fato de que constantemente nascem seres humanos no mundo. Claro, há pouco e há tudo o que falar a respeito. Educamos crianças e jovens porque eles nasceram. Porque vieram ao mundo sem saber quem são, quem somos nós que os antecedemos, e o que é "este mundo" que compartiremos juntos por algum tempo e que, um pouco adiante, deixaremos para eles, adultos. Educamos os que nascem porque esta é a única maneira — escolar ou não — de criar pessoas e recriar mundos de interações entre pessoas. Mundos que culturalmente transformam atos em gestos e gestos em ações regidas por acordos sociais de sentidos e por consensos de significados. Educamos para que o outro — a educanda, o educando — sejam como nós ou, se possível, melhores do que nós. Para que sejam, tal como nós acreditamos que somos, habitantes conhecedores, conscientes e criativos de um mundo cotidiano. Um mundo relacional do dia a dia e, ao mesmo tempo, o complexo cenário histórico de experiências interpessoais que não podem existir a não ser através dos gestos de intercomunicação entre tipos de pessoas socializadas e em socialização. Isto é, educadas e inseridas ainda em algum momento da educação.

Linda essa longa citação — entre tantas de Carlos Brandão — que nos mostra o tamanho da importância da questão da educação ou da educação como uma questão, o debate de como nos constituímos como humanos por meio dela. Como se trata de uma questão fundamental, precisamos nos debruçar um pouco mais sobre ela.

Hannah Arendt, ao falar da crise da educação, começa dizendo que essa questão deveria ser examinada à luz da crise global à qual está associada, e que educamos porque constantemente nascem seres humanos, apontando para outra questão, a de que, ao nascer, cada novo ser humano tem um potencial transformador e vem ao mundo para conhecer o mundo e para transformá-lo: nascemos para dar início a um novo ser humano, para ele tornar-se melhor. E conclui dizendo que "a educação é o ponto em que decidimos se amamos o mundo o bastante para assumirmos a responsabilidade por ele e, com tal gesto, salvá-lo da ruína que seria inevitável não fossem a renovação e a vinda dos novos e dos jovens. A educação é, também, onde decidimos se amamos nossas crianças o bastante para não as expulsar de nosso mundo e abandoná-las a seus próprios recursos, e tampouco arrancar de suas mãos a oportunidade de empreender alguma coisa nova e imprevista para nós, preparando-as, em vez disso, com antecedência, para a tarefa de renovar um mundo comum" (Arendt, 1972, p. 247).

Essa é a condição humana: nos constituímos como indivíduos no mundo e, como tal, cabe a todos nós, como espécie, cuidar desse lugar ao qual viemos e para o qual retornaremos, além de cuidar dos recém-chegados. E isso depende de como entendemos o papel da educação nesse processo de humanização junto ao papel do educador, do professor, da professora como uma espécie de representante de todos os seres humanos, como profissional do humano.

A educação representa o elo entre passado e futuro, entre tradição e revolução, uma ponte entre os recém-chegados e o mundo que encontram com aqueles e aquelas que aqui habitam. Daí o entendimento freiriano de que a educação começa pela leitura do mundo, a qual precede a leitura da palavra. Os que chegam representam um novo começo para nós mesmos, que outrora chegamos nas mesmas condições: "novas transformações ocorreriam mediante o surgimento de uma nova vida, pois somente uma nova criação é capaz de trazer ao mundo o 'novo' mesmo que na forma de um recomeço. Cada ser humano possui em si a capacidade de criar, inventar e se superar a cada instante, sendo, por isso, mutável e inconstante. Com seu nascimento não é só uma vida que vem ao mundo, mas uma nova história a ser construída" (Gangá; Sousa, 2017, p. 1).

Vanessa Sievers de Almeida, num excelente estudo sobre a educação em Hannah Arendt, afirma que a tarefa da educação "é introduzir as crianças num mundo que lhes antecede e que continuará depois delas" (Almeida, 2011, p. 21). Contudo, os recém-chegados, diz ela, "não encontram um mundo intacto que os acolhe, mas um lugar que precisa ser arrumado. A nossa esperança é que, por serem potenciais iniciadores, possam futuramente transformar o mundo e talvez criar novos espaços de interação e formas inéditas de convivência" (Almeida, 2011, p. 92).

O ser humano nasce para recomeçar, para criar algo novo. Não nasce programado para se tornar um predador entre outros predadores. Nasce amando o planeta que lhe deu origem, porque se sente profundamente ligado e pertencente a ele, sendo responsável por ele; nasce considerando esse pequeno planeta chamado Terra como sua mãe, nossa *pachamama* comum, como dizem os povos ancestrais de nossa América. Os recém-chegados encontram primeiro uma família — ou deveriam encontrar — e logo uma escola, onde iniciam essa jornada pelo planeta, juntos. Nós, como educadores, educamos por amor que temos pela mãe Terra e por todas as crianças, como iguais e diferentes, sem discriminações, e fazemos isso com alegria (*scholae*). É nosso dever e responsabilidade fazer da escola esse espaço de gestação do novo e de criação de outro mundo possível. Uma outra educação é possível, necessária, e está em curso.

Não somos seres humanos apenas porque nascemos no seio de uma espécie e nos expressamos como representantes dela. Somos assim porque nossa condição de indivíduos nos permite compartilhar um mundo comum e nos educar humanizando esse mesmo mundo que nos acolhe. Nascemos programados para aprender, só que não há aprendizagem sem um contexto aprendente e, por isso mesmo, ensinante. Toda aprendizagem nos conduz pelas sendas da vida onde podemos nos constituir, seja como seres predadores — odiando semelhantes e diferentes —, seja como pessoas respeitosas das diferenças, aprendendo com elas, vendo o outro não como um inimigo, mas como eu mesmo. De um lado, podemos nos constituir como seres bondosos, generosos; de outro, como seres impiedosos, mesquinhos, enfim, como seres humanos ou desumanos. Nos extremos, podemos falar de indivíduos dignos, amorosos, ou cruéis, sem piedade, frutos, respectivamente, de uma educação humanizadora ou desumanizadora.

No início de agosto de 1995, participei da VII Conferência Mundial da ICEA (International Community Education Association), realizada em Jomtien, na Tailândia. No retorno, tive de fazer uma conexão em Joanesburgo. Dia 7 de agosto, no aeroporto de Joanesburgo, esperando pelo embarque, entrei numa livraria e vi o lançamento de um livro que estava ocupando boa parte dela. Tratava-se da autobiografia de Nelson Mandela: *Long Walk to Freedom: The Autobiography of Nelson Mandela* (em tradução livre: *Longo caminho para a liberdade: biografia de Nelson Mandela*), com 630 páginas. Comecei a ler o livro ali mesmo e ao longo do retorno. De volta ao Brasil, mostrei o livro a Paulo Freire e fui lendo mais algumas partes, aos poucos. Só nos últimos anos, ao organizar um curso pela EaD Freiriana que intitulei "Mestres do amanhã: fazedores do futuro", foi que retomei a leitura do livro em busca de alguém que viveu situações-limite como as que vivemos hoje. E foi lá, no final do livro, que encontrei um parágrafo que me chamou muito a atenção. O parágrafo é o seguinte:

> Nunca perdi a esperança de que essa grande transformação ocorreria. Não só pelos grandes heróis que já citei, mas pela coragem dos homens e das mulheres comuns do meu país. Eu sempre soube que no fundo de cada coração humano havia misericórdia e generosidade. Ninguém

nasce odiando outra pessoa pela cor de sua pele, por sua origem ou por sua religião. As pessoas aprendem a odiar e, se podem aprender a odiar, podem ser ensinadas a amar, pois o amor vem mais naturalmente ao coração humano do que seu oposto. Mesmo nos momentos mais sombrios da prisão, quando meus camaradas e eu fomos levados ao nosso limite, eu vislumbrei humanidade em um dos guardas, talvez apenas por um segundo, mas foi o suficiente para me tranquilizar e me manter em movimento. A bondade do homem é uma chama que pode estar escondida, mas nunca extinta. (Mandela, 1994, p. 615)

Lindas palavras, mestre Mandela!

Se alguém aprende a odiar, é porque alguém ensina a odiar, é educado para odiar. Assim como o ódio é ensinado, o amor também o é. Há escolhas a se fazer. Dessa forma, precisamos de uma educação para a amorosidade contra a educação para a odiosidade.

— Por que a aposta de Mandela está no amor?

Porque, diz ele, sublinhemos: "o amor vem mais naturalmente ao coração humano do que seu oposto", porque "nunca perdi a esperança de que essa grande transformação ocorreria", porque "sempre soube que no fundo de cada coração humano havia misericórdia e generosidade", enfim, porque "A bondade do homem é uma chama que pode estar escondida, mas nunca extinta". Quanta sabedoria podemos tirar de um único parágrafo dessa autobiografia. Ele nos alerta também para o fato de que podemos tanto formar para odiar o seu semelhante quanto para amá-lo, respeitá-lo, valorizá-lo. Aprender e ensinar fazem parte da existência humana, na qual podemos ser guiados tanto pelo ódio quanto pelo amor, formando tanto para a servidão como para a liberdade e a emancipação.

Nesse processo de hominização — como seres programados, não determinados —, a educação tem um peso, e, como todo processo histórico, ela sempre viveu nessa dialética entre humanização e desumanização.

2 Nos educamos em comunhão

Para Paulo Freire, mais do que um conceito, a humanização se constitui numa "categoria fundante" (Mendonça, 2008, p. 9) de toda a sua obra. Para ele, ela simboliza o "ser mais do homem", como a desumanização é o "ser menos": humanização e desumanização "são possibilidades dos homens como seres inconclusos e conscientes de sua inconclusão. Mas, se ambas são possibilidades, só a primeira nos parece ser o que chamamos de vocação dos homens [...]. A desumanização, que não se verifica, apenas, nos que têm sua humanidade roubada, mas, também, ainda que de forma diferente, nos que a roubam, é distorção da vocação do ser mais" (Freire, 1975, p. 30). Precisamos nos humanizar porque somos seres incompletos, embora outros seres vivos também sejam incompletos. Então, o que faz da educação um processo "estritamente" humano? Paulo Freire responde ao afirmar que "o cão e a árvore também são inacabados, mas o homem se sabe inacabado e por isso se educa. Não haveria educação se o homem fosse um ser acabado. O homem pergunta: quem sou? De onde venho? Onde posso estar? O homem pode refletir sobre si mesmo e colocar-se num determinado momento, numa certa realidade: é um ser na busca constante de ser mais e, como pode fazer esta autorreflexão, pode descobrir-se como ser inacabado, que está em constante busca. Eis aqui a raiz da educação" (Freire, 1979, p. 27).

Assim, podemos concluir que nos educamos por meio de um processo autoconsciente e sensível para sermos melhores juntos, com o outro, "sentipensantes", na expressão de Orlando Fals Borda (2009). Essa concepção freiriana da educação se fundamenta numa antropologia, numa concepção de homem, de ser humano como um ser inacabado. Ele fala da humanização como vocação ontológica do indivíduo, de um chamamento autêntico para ser mais, assim como o seu contrário, a desumanização, que é a distorção dessa vocação. A educação decorre dessa condição humana, histórica como sujeito individual e social, que sabe que vive no mundo, com os outros, conectado e compartilhando um mundo comum. O ser humano nasce como um ser inacabado e, em consequência, programado como um ser curioso, tendo isso como parte essencial de sua natureza, sempre à procura de saber e de ser mais. A vocação desse ser é a sua humanização, e ela se realiza por meio de um processo educativo, formativo, permanente de hominização. A educação é um direito inalienável que todos os recém-chegados têm de se humanizar, juntos, em comunhão. O que nos humaniza é tanto nossa capacidade de pensar, de construir conhecimento, quanto nossa capacidade de sentir e de construir sentido. O que nos humaniza, diz António Nóvoa (2022, p. 38), "não é mais conhecimento, mais técnica, mais verdade, mas a busca de sentido para nossas ações".

Esse direito a uma educação humanizadora, emancipadora, como direito de todo indivíduo é o direito de se constituir como pessoa e de bem viver e conviver com os outros que nos completam como seres iguais e diferentes. Não é uma educação que molda, que enquadra, que sujeita o ser humano a um único padrão de comportamento. É uma educação que liberta. Toda homogeneização em educação é uma violência. As diferentes singularidades humanas não se opõem. Elas se completam numa única comunidade — igual em direitos e deveres — una e diversa.

É assim que entendo a consigna de Paulo Freire, a de que nos educamos em comunhão. Precisamos do outro para nos educar ou de toda uma aldeia, como preconiza um conhecido provérbio africano. Em comunhão significa que podemos ser melhores juntos, que educar é humanizar, é se constituir como pessoa, constituindo pessoas como seres humanos. Educar é humanizar o indivíduo e, como ele "tende à educação", educar-se é "um imperativo ontológico, pois pertence à sua própria natureza e concretiza a potencialidade e a possibilidade, que lhe é peculiar, do 'vir-a-ser' humano, uma vez que nasce inacabado, não pronto" (Ecco; Nogaro, 2013). Sim, tornamo-nos humanos pela educação, mas, como não há uma só concepção de educação, precisamos qualificar de que educação estamos falando, por isso a chamamos de diversos nomes: humanizadora, emancipadora, problematizadora, popular etc.

Meu querido professor e amigo Antônio Joaquim Severino me brindou com um belíssimo prefácio para o livro *História das ideias pedagógicas* (Gadotti, 1999), no qual ele afirma que "a educação é a prática mais humana, considerando-se a profundidade e a amplitude de sua influência na existência dos homens. Desde o surgimento do homem, é prática fundamental da espécie, distinguindo o modo de ser cultural dos homens do modo natural de ser dos demais seres vivos". Anos mais tarde, ele retomou essa questão afirmando que o ideal da humanização foi visto na Antiguidade e na Medievalidade como "formação ética", enquanto na Modernidade é vista como "formação política", ao passo que, na Contemporaneidade, está em processo "uma nova forma de se compreender a educação: nem mais sob a prevalência da teleologia ética nem mais sob a perspectivação política", mas, citando Theodor Adorno, como "formação cultural" (Severino, 2006, p. 629). Com base nesse conceito adorniano, ele afirma que, hoje, se desejamos um futuro mais humanizado, precisamos reelaborar o passado e fazer uma severa crítica do presente. Após Auschwitz, diz ele,

> o compromisso da educação é com a desbarbarização [...]. A ideia de formação cultural dá à educação uma finalidade intrínseca de cunho mais antropológico do que ético e político, num sentido estrito. Até para transformar os indivíduos em pessoas éticas e políticas, a educação precisa efetivar-se como formação cultural. (Severino, 2006, p. 632-633)

O professor Marcos Antônio Lorieri, nosso amigo comum, falando sobre "a filosofia como elemento formador do humano"

(Lorieri, 2015), retoma o debate introduzido por Antônio Joaquim Severino sobre a formação humana, questionando-se sobre o sentido dessa formação e sustentando que "constituir-se humano é formar-se" e a questão central sobre essa formação é "como pensar a 'forma humana'" e se pergunta:

> há uma forma ou uma essência humana? Ou dever-se-á falar em condição humana que se constitui historicamente? O que é formação humana? [...]. O processo educativo é, de fato, o processo de constituição de seres humanos? Se a resposta é sim, há outras duas questões a serem postas. A primeira: seria ele um processo de constituição da humanidade dos humanos? E a segunda: seria um processo de constituição da humanidade nos humanos? Se a resposta à primeira questão for sim, a humanidade dos humanos é construída na própria prática humana do existir. Se for sim para a segunda, haveria "uma humanidade" a ser realizada em cada humano que "surge" na realidade. O sim para a primeira questão indica que os humanos formam-se. O sim para a segunda indica que os humanos são formados. (Lorieri, 2015, p. 24-25)

Lorieri afirma que Severino "vê a formação humana como um formar-se, um desenvolver-se, um dar-se um ser. Um processo de alguma maneira autônomo", mas se perguntando até onde isso seria possível, e continua: "a formação humana se dá nas relações que os seres humanos estabelecem, uns aos outros se fazendo, mas ninguém se fazendo sozinho, solitariamente. A formação humana, nesta perspectiva, é solidária: ela se dá nas interações sociais que incluem as relações produtivas" (Lorieri, 2015, p. 25-26).

Esse debate entre Lorieri e Severino me lembra o tema gerador da primeira das 40 horas de Angicos (RN), quando Paulo Freire realizou seu grande projeto de alfabetização de adultos (1963), que era sobre o "conceito antropológico de cultura" (Gadotti, 2014). Ele entendia a educação como cultura, estabelecendo uma conectividade radical entre o sujeito individual e o coletivo, o sujeito social, e fundamentando sua concepção ético-política da educação numa antropologia que concebe o ser humano como um ser inacabado; é daí que Freire define a educação como um "quefazer estritamente humano" (*In*: Gadotti, 1981, p. 16).

Por meio de uma educação emancipadora e problematizadora, o indivíduo vai se constituindo como ser no mundo, estando em constante processo de humanização, se descobrindo, se construindo e se reconstruindo como ser humano. A educação é muito mais do que um processo de apropriação de um saber sistematizado, historicamente construído; é muito mais do que uma preparação para o trabalho e para a cidadania. É um processo de descoberta de uma vocação ontológica que vai além das estrelas, de descoberta de um ser capaz de revelar o universo ao qual ele pertence, como um ser capaz de conhecê-lo e de transformá-lo. Não há vocação mais significativa do que essa no Universo. Somos seres únicos e insubstituíveis, imprescindíveis. Sem eles, o Universo não existiria, pois ele não seria conhecido nem amado. Como fazedores do Universo, somos capazes de nos dissolver nele, nos transformar e transformá-lo. Esse sentimento de pertencimento ao Universo fundamenta o ato pedagógico emancipador.

3 O outro como eu mesmo

O que nos distingue entre toda a enorme comunidade de vida que habita este planeta é a denominação de humano, o único ser que precisa ser educado. Um ser que, para ser indivíduo, não pode ser domesticado, caso contrário deixaria de ser "humano" para se tornar um objeto, uma mercadoria. Como diz Florestan Fernandes, "enquanto os seres humanos sobreviverem neste planeta (ou em outros) e enquanto eles forem inventores de cultura, a educação será o meio fundamental de sua humanização, unindo trabalho, aprendizagem e interação social" (Fernandes, 1990, p. 14). Foi assim que surgiu a escola, especializada em pessoas, onde atuam profissionais do humano, profissionais do sentido, as educadoras, os educadores.

— Por que, então, depois de tantos séculos de avanços "civilizatórios", ainda nos perguntamos sobre o sentido da educação e da escola?

Porque a questão da educação, a questão a respeito do sentido, vem sendo astutamente esquecida, aposentada, o que coloca em questão não apenas a educação, mas a própria escola como espaço-tempo de descoberta do outro e de si mesmo. O humano tornou-se uma vaga e distante lembrança no emaranhado de normas e regulamentos dos sistemas atuais de educação, como nos falava Pierre Furter. Se a barbárie é a negação do outro como a mim mesmo, então a educação hoje está se barbarizando. O sentido mesmo da existência da escola tem sido esquecido, propositadamente esquecido, o que nos leva à defesa de uma educação cujo compromisso seja a desbarbarização.

A escola existe porque sou responsável pelo outro que sou eu mesmo, porque é esse espaço especializado por meio do qual me constituo como humano ao reconhecer o outro como eu mesmo. Ela existe porque eu estou ligado intrinsecamente ao outro, porque, "através dos outros, constituímo-nos" (Vigotski, 2000, p. 24). Precisamos do outro para nos conhecer melhor, para nos tornar humanos. Compreendemo-nos melhor na aceitação do outro e no reconhecimento de nossa humanidade comum e nossa alteridade como respeito a si mesmo e ao outro. Reconhecer o outro como eu mesmo significa reconhecer que somos parte, como indivíduos, do corpo de uma mesma espécie, a espécie humana. Somos sujeitos pessoais e sociais, sofremos das mesmas condições de humanos existentes num mesmo planeta que dividimos como seres vivos com outras comunidades de vida. Fora disso, não há verdadeiramente uma educação. Pode haver, talvez, treinamento, domesticação. "O sujeito só compreende a si mesmo em relação com outro. Só posso compreender-me dentro de mim mesmo se reconheço um outro que não sou eu, se me deparo com a estranha presença do outro; minha realidade só toma sentido para mim mediante o (re)conhecimento da realidade de um outro" (Araújo, 2004, p. 10).

Reconhecer o outro como eu mesmo significa reconhecer a comum filiação à mesma condição humana. Não é possível estimar a si mesmo sem estimar o outro como eu mesmo. Este "como eu mesmo" equivale a dizer que estimo o outro e que estou aberto a acolhê-lo. O outro é também um si mesmo insubstituível capaz de estimar o outro, que sou eu. Para Paulo Freire,

> a opressão mais brutal é não ver um ser humano como humano e segregá-lo como inumano. Essa é a crítica política radical de Paulo ao paradigma de humano-in-humano. Essa radicalidade crítica-ética de Paulo Freire ao pensamento pedagógico hegemônico explica por que essa radicalidade é tão temida ou tem estado ausente no pensamento educacional, nos currículos de formação em Pedagogia e Licenciatura. (Arroyo, 2019)

— Como entender o papel da educação na humanização?

Relembrei, no início desta introdução, meus tempos vividos em Genebra e meu encontro com Paulo Freire. No Centro de Filosofia da Educação, essa era uma pergunta que sempre estava na nossa mesa de debates. Dia 5 de março de 1977, na defesa de meu doutorado na Universidade de Genebra, em sua intervenção como membro da banca, Paulo Freire nos falava de uma "educação como quefazer estritamente humano" (*apud In*: Gadotti, 1981, p. 16). Ele estava, na verdade, retomando uma ideia desenvolvida num artigo publicado alguns anos antes, em 1969, na *Revista Paz e Terra*, sobre o "papel da educação na humanização", em que ele começa afirmando que "não se pode encarar a educação a não ser como um quefazer humano. Quefazer, portanto, que ocorre no tempo e no espaço, entre os homens, uns com os outros" (Freire, 1969, p. 123), buscando "ser mais" na sua condição de incompletude. Diz ele que "tão somente o homem, na verdade, entre os seres incompletos, vivendo um tempo que é seu, um tempo de quefazeres, é capaz de admirar o mundo. É capaz de objetivar o mundo, de ter nesse um 'não eu' constituinte do seu eu, o qual, por sua vez, o constitui como mundo de sua consciência" (Freire, 1969, p. 124). Nesse artigo, ele sustenta que ninguém se constitui como humano sozinho. É na convivência com outros indivíduos que vamos nos constituindo como humanos. É por isso que, advertia Paulo Freire, "ninguém é, se proíbe que outros sejam. Essa é uma exigência do homem como um ser incompleto: não poder ser se os outros também não são" (Freire, 1969, p. 25).

Ele costumava repetir que a humanização é sempre um processo que passa por rupturas e situações-limite de ordens política, econômica, social, ideológica, que se confrontam com a desumanização. O processo de humanização, dizia Freire, está sempre se confrontando com outro processo: o da desumanização. O sonho da humanização se faz permanentemente na história como um processo que também nos faz e nos refaz, daí ele repete que a educação é um quefazer estritamente humano.

Sempre fiquei intrigado com o advérbio "estritamente" nesse enunciado. A palavra "estritamente" diz tudo sobre o papel da educação e do educador. A educação é exatamente, rigorosamente, terminantemente um quefazer humano. E Paulo Freire costumava realçar em muitas ocasiões essa essencialidade do ato pedagógico para que não ficasse nenhuma dúvida sobre o que entendia por educação, de forma precisa e concisa: é "estritamente" um quefazer humano. E, a partir desse sentido da educação, tirava todas as consequências desse ponto de partida. A educação não é neutra, ela implica um projeto de sociedade e de mundo: "como prática estritamente humana, jamais pude entender a educação como uma experiência fria, sem alma, em que os sentimentos e as emoções, os desejos, os sonhos devessem ser reprimidos por uma espécie de ditadura racionalista. Nem tampouco jamais compreendi a prática educativa como uma experiência a que faltasse o rigor em que se gera a necessária disciplina intelectual" (Freire, 1996, p. 164-165).

O professor Ricoeur, nos encontros que tivemos no Centro de Filosofia da Educação da Universidade de Genebra, ao lado de Claude Pantillon, nos deixou ensinamentos preciosos. Lembro-me de uma fala inesquecível dele que guardei por toda a vida: "eu não sou o autor da minha existência, mas eu me faço aí, coautor quanto ao sentido dela". No livro *Os Mestres de Rousseau*, retomei essa preocupação sobre o sentido da educação e o sentido da vida, da existência, entendida não só em sua dimensão individual (ipseidade) como em sua dimensão social (alteridade):

> o sentido da vida, o sentido da minha vida, está ligado a um sentido maior, ao sentido do outro, ao sentido de tudo. Por outro lado, sempre tive a sensação de que a pedagogia da existência tinha se preocupado, demasiadamente, com o sujeito individual. Ao contrário, mesmo afirmando a subjetividade, a identidade pessoal, o papel do sujeito na história, em todo o meu percurso, sempre tive uma preocupação social e histórica, e não apenas individual. Uma sociedade justa não pode ser uma sociedade do Eu sem o Nós nem do Nós sem Eu, mas do Eu com o Nós. (Gadotti, 2004, p. 13)

Nessa época — anos 1970 —, Ricoeur não havia escrito ainda seu livro *Soi-meme comme un autre*, que só seria publicado anos mais tarde, em 1990. Fiquei muito feliz quando a Editora Papirus o publicou. No prefácio, ele explica o sentido do título do livro, dizendo que

> o *si-mesmo como um outro* sugere desde o começo que a ipseidade do si-mesmo implica a alteridade em um grau tão íntimo, que uma não se deixa pensar sem a outra, que uma passa bastante na outra, como diríamos na linguagem hegeliana. Ao "como" gostaríamos de ligar a significação forte, não somente de uma comparação — si-mesmo semelhante a um outro —, mas na verdade de uma implicação: si-mesmo considerado... outro. (Ricoeur, 1991, p. 14)

Um é outro: um não existe sem o outro. Negar o outro implica negar a si mesmo como ser humano. Seria o mesmo que negar a própria humanidade.

O outro como eu não significa que o outro seja uma cópia de mim, mas igual a mim em direitos e deveres, único como eu sou e, portanto, diferente de mim. Unidade e diversidade humanas não se contrapõem, se completam. O outro, por isso mesmo, não é meu inimigo. Se a educação me forma para ver o outro como inimigo, ela precisa ser substituída por outra educação, uma que humaniza, que emancipa. É nesse sentido que entendo a expressão "o outro como eu mesmo", e não no sentido de reduzir o outro ao eu, subjugando-o. O outro não é um outro eu. É diferente de mim tanto quanto é semelhante a mim. Somos irredutíveis a um só e, ao mesmo tempo, somos um só. Eu sou eu e milhões.

Eu sou eu é tudo o que existe. Sou integrado e integrante de tudo, até onde minha consciência e minha imaginação podem alcançar. Os habitantes das florestas, como seus ancestrais, acreditavam e acreditam até hoje que a floresta também tem um espírito. Ela é constituída pelos espíritos de todos os que já partiram. Eles se expressam na presença de cada árvore, de cada animal, de cada ser vivo e para além deles. Mas essa não é só uma condição de vida dos que habitam as florestas. É a condição de vida de todos nós, da cidade e do campo, de todo o planeta. Todos somos feitos da mesma matéria. Essa primeira visão histórica dos humanos entendia a existência como individual e interconectada com os animais, com as plantas, com o Universo. Uma existência como parte de um todo. Muito depois, surgiram as religiões para instrumentalizar essa condição humana em função de determinados fins, particularmente ligados ao poder. Esse sentimento de pertencimento ao Universo é a primeira sensação que temos ao surgir de dentro do útero da mãe Terra. Somos *humus*, humanos, terra que caminha, que anda.

Esse sentimento para ser autêntico precisa se despir de todo preconceito. É um sentimento puro, sem contaminação, que nasce da descoberta do outro como eu, seja o outro um ser humano ou qualquer outra coisa, difícil de expressar em palavras, que faz parte dessa sensação de pertencimento ao Universo. É muito mais um sentir do que um pensar. Desde muito cedo, as crianças se sentem profundamente ligadas a algo muito maior que elas, que vai muito além do ambiente imediato e dessa nossa ligação com os outros. Nascemos como parte de um universo muito maior do que nós. E, ao longo da vida, aprendemos a nos colocar diante dele em um misto de espanto e respeito.

4 Só podemos ser humanos juntos

Uma educação que age e pensa a partir do outro, uma educação que resgata o sentido do humano a partir da alteridade, é uma educação que acolhe o outro nas suas semelhanças e diferenças, que não forma para subjugar o outro, para vencê-lo, para aniquilá-lo: "a educação como alteridade ética implica experiência educativa como resistência a totalitarismos e aniquilamento do outro. Ao ultrapassar a visão objetificadora, o eu assume uma atitude de abertura, de escuta à palavra que vem do outro, pois é o outro que me permite pensar a educação como novidade, encontro, respeito à alteridade, abertura e aprendizagem." (Costa; Diez, 2012, p. 9), uma aprendizagem em diálogo onde "ninguém educa ninguém, como tampouco ninguém educa a si mesmo: os homens se educam em comunhão, mediatizados pelo mundo" (Freire, 1975, p. 79). Ao contrário, na visão autoritária, que nega o outro, e na visão liberal, que apenas tolera o outro, o outro é sempre considerado como um objeto da educação, seja para domesticar, seja para moldar. A constituição do sujeito se faz com o outro, e não contra o outro, o que seria também contra si mesmo. O que a educação dominante promove é o individualismo, a busca incansável de possuir mais e mais, de ter mais poder pessoal. Ser feliz, nesse sentido, seria ter mais, consumir mais. Por isso, precisamos contestar veementemente uma educação que se distancia do humano, que perde o foco e forma para ver o outro como inimigo, que, em síntese, forma humanos como predadores.

Considero-me um ser privilegiado, de um lado, por ter nascido no campo, em contato direto com a natureza, onde aprendi a ser livre, a deitar na grama, a subir em árvores e a caminhar pela floresta. Considero-me igualmente privilegiado por ter tido a chance de estudar com bolsa de estudos num internato religioso onde aprendi a disciplina intelectual. E ainda mais privilegiado por ter tido professores como Paulo Freire, Pierre Furter, Paul Ricoeur, Claude Pantillon, entre outros. Um ano depois de eu ter voltado para o Brasil, Claude Pantillon me escreveu, no dia 3 de fevereiro de 1978, informando sobre a evolução da sua doença e sobre os seminários que havíamos programado com o título "Operação vida", no Centro de Filosofia da Educação, "com boa receptividade e ambiência", diz ele, acrescentando: "parece-me que para renovar a educação é preciso renovar profundamente nossa inteligência da vida, o que exige uma reorientação profunda e criativa de nosso pensamento e de nosso estar no mundo, sem a qual as mudanças nas estruturas, nos programas e nos métodos continuarão muito superficiais. Não confundir os sintomas com a doença. Simultaneamente, um outro começo será necessário, um outro modo de caminhar, um outro acesso à vida na sua plenitude. Apelo, então, ao trabalho criativo: a criatividade em educação é capital e não tem nada a ver com uma criatividade que nos torna mais competitivos no mercado".

Claude Pantillon, ao apelar para o tema "Operação vida", tinha clareza de que estava enfrentando uma outra operação que entendia estar em curso: a "Operação morte", consubstanciada numa educação subordinada aos interesses do mercado, que, naquele momento, não era ainda dominante. Passados mais de quarenta anos, deparamo-nos com um modelo hegemônico de educação que serve a esses mesmos interesses e nos perguntamos o que devemos e o que podemos fazer diante dessa educação desumanizante.

Não há dúvida de que existe um grande mal-estar diante da tentativa de homogeneização da educação subordinada ao desenvolvimento econômico, que prepara para "nos tornar mais competitivos no mercado", como sustentava Claude Pantillon. Sim, precisamos de outro pacto ou outro contrato social pensando nas pessoas, na cidadania como referência (não no mercado) para sermos iguais em direitos, para vivermos num mundo justo e sustentável e que, ao mesmo tempo, respeite e valorize as diferenças para o bem viver de todos. Isso sem padrões únicos, sem padrões homogeneizadores.

Sim, somos iguais perante a justiça, mas somos diferentes e insubstituíveis em nossa humanidade, em nossa capacidade de criação. A nossa grande riqueza é a diversidade. Educar, nesse sentido, não é doutrinar, não é fazer seguidores como discípulos, mas promover um espírito de criação da humanidade por meio de um esforço comum em que todos e todas possam perseguir seu bem viver em paz e segurança, sem medo do outro, acolhendo o outro como eu mesmo num mundo em que nos sentimos em nossa casa, protegidos, sem ameaças, fazendo seu próprio caminho no pouco tempo de que dispomos nesse maravilhoso planeta, enfim, num mundo justo e sustentável.

Para educar, precisamos de muito despojamento pessoal, de muito cuidado e atenção, de muita escuta e de abertura para aprender e seguir aprendendo com o outro. A vida cessa quando já não temos projetos de vida, quando achamos que já tudo sabemos e que já tudo fizemos. Essa foi a última lição que aprendi com Paul Ricoeur. Ao completar 90 anos de idade, um repórter do jornal

O Estado de S. Paulo (3 de agosto de 2003, p. D6) lhe perguntou como ele se sentia ao chegar a essa idade. Ele respondeu:

> Cada idade tem sua parte de felicidade, suas agruras e perigos. Entre os perigos da idade avançada, destacaria a tristeza e o tédio. A tristeza de se preparar para deixar tudo isso proximamente. Eu me preparo tranquilamente, abandonando muitas coisas. É todo um trabalho de despojamento que se processa. Agora, se a tristeza não é controlável, o consentimento à tristeza pode e deve sê-lo. É preciso não ceder nesse ponto. Porém, o pior é o tédio. Não aquele tédio da criança que, só e desocupada, pergunta: "Mamãe, o que posso fazer?", mas o tédio do ancião que se diz: "Eu já vi tudo isso". Pois a réplica contra o tédio está na capacidade de a pessoa continuar se surpreendendo, sendo atenta e aberta a tudo o que aparece de novo. Aos 90 anos, permaneço-me capaz de admirar e de me deslumbrar.

Bom, professor Ricoeur, você não só me ensinou a entender "o outro como eu mesmo", mas, também, no final de sua existência, me ensinou que a morte só existe com a ausência de projeto de vida, na falta de sentido para a vida. Há sempre alguma coisa a "admirar". Há sempre alguma coisa diante da qual podemos nos "deslumbrar" (Gadotti, 2004, p. 12-13).

A educação global tem muito a aprender ainda sobre "despojamento". Não precisamos chegar aos 90 anos para "abandonar muitas coisas", para praticar o "despojamento" e ensiná-lo a nossos alunos e alunas desde a primeira infância. Diante da crise humanitária e ambiental que assolou o planeta, precisamos pensar a educação a partir de outros paradigmas socioculturais e socioambientais, socioemocionais e sócio-organizativos, em nossas instituições educacionais, interconectando saberes, conhecimento, cultura, arte, valorizando a nossa ancestralidade, a riqueza da experiência dos povos originários, de grupos sociais historicamente deixados à margem da sociedade, sempre afirmando a inclusão e a dignidade humana (Padilha, 2007). Para um outro mundo possível, uma outra educação é necessária.

Iniciamos este livro nos perguntando: como nos tornamos humanos? A resposta de Rousseau parece convincente: "tudo o que não temos ao nascer e de que precisamos quando grandes nos é dado pela educação" (Rousseau, 1966, p. 37). Então, nos tornamos humanos pela educação. Só que Rousseau não havia lido Nelson Mandela! A educação pode formar tanto para odiar como para amar. Temos escolhas a fazer.

— O que a educação pode fazer nesse processo de humanização para ensinar e aprender com amorosidade?

Essas eram perguntas frequentes nos colóquios do Centro de Filosofia da Educação com Paul Ricoeur e Claude Pantillon. Nos tornamos humanos pelo trabalho, na práxis, diziam os marxistas. Também pelo uso da razão, segundo os cartesianos. Nos tornamos humanos não só porque usamos a razão, mas porque somos seres sensíveis. Não basta conhecer. Podemos ser bons cientistas e, ao mesmo tempo, sermos arrogantes, donos da verdade, pouco sensíveis, pouco humanizados. Podemos aprender muitas coisas sem aprender a ser mais. Os conhecimentos não nos tornam seres humanos melhores por si só.

— Como nos tornamos humanos?

Pelo que dissemos até aqui, nos tornamos humanos com os outros, em interação, nos constituímos através dessa relação com nossos semelhantes (Vigotski), aprendendo na convivência com os demais seres. Nascemos humanos como seres inconclusos (Freire), mas nascemos programados para aprender (Jacob) e enfrentar nossa inconclusão. Esse processo de constituição do sujeito é sempre um processo educativo, destacando-se nele o papel da docência como um quefazer estritamente humano (Freire).

Paulo Freire reinventou a dialética hegeliana do senhor-escravo, bem como o marxismo, introduzindo uma outra categoria na luta de classes: a da subjetividade, o papel do sujeito na história. Com a sua visão humanista da educação, ele sustentou que o oprimido só poderia se libertar se, simultaneamente, libertasse também o seu opressor. Encontramos essa concepção humanista da história também em Amílcar Cabral, por quem Paulo Freire nutria enorme admiração. Em seu pensamento, forjado no ardor das lutas pela descolonização na África, berço da humanidade, ele sustenta que a libertação nacional é um ato cultural (Cabral, 1976). O trabalho educativo se impõe como tarefa de descolonização das mentes e dos corações.

Outro lutador africano, Nelson Mandela, em sua autobiografia escrita durante seu longo encarceramento, sintetiza, como vimos, essa dialética ensino-aprendizagem numa só frase: "As pessoas aprendem a odiar, e, se podem aprender a odiar, podem ser ensinadas a amar". O colonizador, o opressor, ensina os oprimidos a odiar uns aos outros, a se sentirem ignorantes e impotentes. Esses educadores populares revolucionários nos ensinaram que podemos, com outra lógica pedagógica, construir "um mundo onde seja menos difícil amar", como diz Freire no final de *Pedagogia do oprimido*. Eles apontam para a constituição de outra educação possível nos tempos atuais em que a educação, no mundo, tornou-se fundamentalmente suspeita. Todos os seres humanos têm direito a uma educação emancipadora.

5 Quatro ensaios que se completam

Estruturei as ideias deste livro em quatro pequenos ensaios.

No primeiro, começo afirmando que, como professor de História e Filosofia da Educação, durante algumas décadas, sempre entendi a educação como um exercício de otimismo frente ao fatalismo e ao fanatismo. Como professor, aprendi a ter esperança. Nesse ensaio, falo da natureza da barbárie na educação contemporânea tal como se expressa no pacto educativo global hoje dominante. Frente a esse pacto, precisamos de uma educação emancipadora, uma educação como quefazer estritamente humano, uma educação como "façanha da liberdade" (*apud In*: Gadotti, 1981, p. 18), e não como um processo civilizatório doutrinador, colonizador. A educação contra a barbárie pode começar nas escolas. Desbarbarizar é emancipar como gesto humanizador tendo o ser humano como referência. Somos uma comunidade humana una e diversa. A base comum dessa comunidade, e que nos une a todos e todas, é a nossa humanidade.

No segundo ensaio, procurei mostrar que, para uma aprendizagem significativa, transformadora, o novo conteúdo deve dialogar com os conteúdos prévios do aprendiz. A relação dialógica é o princípio fundamental da aprendizagem. Ele aponta para o caminho a ser percorrido. Ele deve nutrir nosso projeto político-pedagógico, nossos sonhos e nossas utopias. Encontrei no conceito de "dodiscência" — docência mais discência — de Paulo Freire uma inspiração para uma aprendizagem com sentido, com base no princípio da relação dialógica. O conceito de dodiscência se confronta com a concepção dominante da formação do educador, que estabelece uma relação de mando e subordinação entre educador e educando. A dodiscência estimula o compartilhamento de saberes, valores e experiências vividas. No ciclo gnosiológico freiriano, encontramos a superação do conhecimento como algo apenas individual. Na sua teoria do conhecimento, encontramos um sujeito individual e um sujeito social dialeticamente envolvidos no mesmo processo de construção.

Já no terceiro ensaio, retomo o sonho de Paulo Freire de uma educação popular como política pública me debruçando sobre sua práxis político-pedagógica como gestor público. Ele propôs um programa de formação permanente, a prática da interdisciplinaridade e a reorientação curricular, caminhando para uma nova qualidade da educação e apontando a gestão democrática como processo pedagógico. Daí ele incentivar as escolas a criarem seus próprios projetos. Para ele, a educação popular é aquela que estimula a presença organizada das classes sociais populares na luta em favor da transformação democrática da sociedade. A semente dos sonhos de Paulo Freire foi plantada e germinou, anos depois, na educação cidadã como uma educação em direitos humanos. É preciso retomar esse sonho de bondade e de beleza de muitos educadores e educadoras e não abrir mão de uma educação emancipadora. A escola não é apenas um lugar de aprendizagem do saber sistematizado. É um lugar onde um outro país, onde um outro mundo pode estar sendo gestado.

No último ensaio, proponho revisitar os mestres de ontem pensando numa educação voltada para o futuro. Se o passado é o campo da necessidade, o futuro é o da possibilidade de projetos a realizar. Apesar das conquistas do passado, ainda persistem desigualdades a superar. Educar é reproduzir ou transformar, repetir servilmente aquilo que foi, optar pela segurança do conformismo ou partir da releitura do passado, da tradição, para construir outra coisa. Mestres do amanhã, fazedores do futuro, não esperam o amanhã chegar. Eles se antecipam, se posicionam em relação a um certo futuro. Há escolhas a se fazer. Educar, nessa perspectiva, é intervir, indicar um caminho, dialogar. Não é ficar indiferente. De nada adianta instrumentalizar melhor as pessoas para buscarem ser melhores do que as outras. A vida não se resume em vencer ou não vencer, em ser bem-sucedido ou não. Precisamos cooperar para progredir e nos emancipar. Precisamos de outra educação.

A pandemia de covid-19 escancarou a perversidade do modelo de educação dominante, profundamente injusto, discriminatório e insustentável cujo fracasso é reconhecido até por organismos internacionais como a Unesco (2022), que nos convoca a "reimaginar" um novo contrato social para a educação. Estamos diante de uma situação-limite face, inclusive, à ameaça que paira sobre nossa própria sobrevivência.

— O que são situações-limite?

São as situações que desafiam de tal forma a prática dos indivíduos que é necessário enfrentá-las e superá-las para prosseguir. Para Paulo Freire, elas não devem ser contornadas, mas analisadas, enfrentadas e estudadas em suas múltiplas contradições sob pena de reaparecerem mais adiante com força redobrada. Elas não devem ser encaradas como situações insuperáveis. Falando desse tema, ele se refere à lúcida análise de Álvaro Vieira Pinto, para o qual situações-limite não são "o contorno infranqueável onde terminam as possibilidades, mas a margem real onde começam todas as possibilidades"; não são "a fronteira entre o ser e o nada, mas a fronteira entre o ser e o ser mais" (Freire, 1975, p. 106). Daí Paulo Freire sempre associar a categoria situação-limite a outra categoria: inédito viável. Essa expressão ele utiliza para designar o devir, o futuro a se construir, a futuridade a ser criada, o projeto a realizar. É a possibilidade ainda inédita de ação que não pode ocorrer a não ser que superemos a situação-limite.

Leonardo Boff, falando de como a pandemia de covid-19 aprofundou as desigualdades no mundo, lembra-se de uma categoria fundamental — "*Ubuntu*" — vinda da África, "muito mais pobre que nós e mais rica em solidariedade", que significa "eu só sou eu através de você", muito enraizada nas culturas africanas, ao contrário de culturas predatórias capitalistas. A cultura capitalista

> imagina que alguém é tanto mais feliz quanto mais pode acumular individualmente e usufruir sozinho. Por causa dessa atitude, reina a barbárie, há tanto egoísmo, falta de generosidade e ausência de colaboração entre as pessoas. A alegria (falsa) é de poucos ao lado da tristeza (verdadeira) de muitos. Para se viver bem em nossa cultura, muitos têm de viver mal. Entretanto, por todas as partes na humanidade, estão fermentando grupos e movimentos que ensaiam viver essa nova civilização da solidariedade entre os humanos e, também, para com a natureza. (Boff, 2022)

Nos tornamos humanos juntos. Eu sou porque nós somos. Eu, você, qualquer pessoa só é humana, só é um indivíduo porque existe uma comunidade de vida de humanos e não humanos. A minha humanidade é constituinte da humanidade como um todo. Por meio de uma educação emancipadora eu me constituo como indivíduo livre, como sujeito da minha história nessa conectividade radical e cósmica da humanidade. Minha felicidade está ligada à felicidade de todos e à sustentabilidade do planeta.

Termino esta introdução com as palavras de Desmond Tutu, bispo e ativista de direitos sociais sul-africano, falecido dia 26 de dezembro de 2021, que inspira esta introdução: "Minha humanidade está ligada à sua, pois só podemos ser humanos juntos". *Ubuntu*!

Referências

ALMEIDA, Vanessa Sievers. *Educação em Hannah Arendt*: entre o mundo deserto e o amor ao mundo. São Paulo: Cortez, 2011.

ARAÚJO, Sônia Maria da Silva. *Cultura e educação*: uma reflexão com base em Raymond Williams, 2004. Disponível em: https://anped.org.br/sites/default/files/t0315.pdf. Acesso em: 14 ago. 2023.

ARENDT, Hannah. *Entre o passado e o futuro*. São Paulo: Perspectiva, 1972.

ARROYO, Miguel. Paulo Freire: um outro paradigma pedagógico? *In*: *Educação em Revista*. Belo Horizonte. Dossiê "Paulo Freire: o legado global". v. 35, 2019. Disponível em: http://dx.doi.org/10.1590/0102-4698214631. Acesso em: 14 ago. 2023.

BOFF, Leonardo. "*Eu só sou eu através de você*": Ubuntu: uma saída da barbárie, 2022. Disponível em: https://leonardoboff.org/2022/01/18/eu-so-sou-eu-atraves-de-voceubuntu-uma-saida-da-barbarie/. Acesso em: 14 ago. 2023.

BRANDÃO, Carlos Rodrigues. *O que é educação*. São Paulo: Brasiliense, 1981.

CABRAL, Amílcar. "A arma da teoria (unidade e luta I)". *In*: *Obras escolhidas de Amílcar Cabral*. Lisboa: Seara Nova, 1976. v. 1.

COSTA, Wanderleia Dalla; DIEZ, Carmen Lucia Fornari. *A relação eu-outro na educação*: abertura à alteridade. IX ANPED SUL, Seminário de Pesquisa em Educação da Região Sul. 2012. Disponível em: www.ucs.br/etc/conferencias/index.php/anpedsul/9anpedsul/paper/viewFile/472/860. Acesso em: 14 ago. 2023.

FALS BORDA, Orlando. *Una sociología sentipensante para América Latina*. Antología. Compilador Víctor Manuel Moncayo. Bogotá: Siglo del Hombre Editores y Clacso, 2009.

FERNANDES, Florestan. In: Prefácio. Gadotti, Moacir (1990). *Uma só escola para todos*: caminhos da autonomia escolar. Petrópolis: Vozes, 1990.

FREIRE, Paulo. "Papel da educação na humanização". In: *Revista Paz e Terra*. São Paulo, ano IV, n. 9, out./1969, p. 123-132.

FREIRE, Paulo. *Pedagogia do oprimido*. Rio de Janeiro: Paz e Terra, 1975.

FREIRE, Paulo. *Educação e mudança*. Rio de Janeiro: Paz e Terra, 1979.

FREIRE, Paulo. *Professora, sim; tia, não*: cartas a quem ousa ensinar. São Paulo: Olho d'Água, 1993.

FREIRE, Paulo. *Política e educação*. São Paulo: Cortez, 1993a.

FREIRE, Paulo. *Pedagogia da autonomia*: saberes necessários à prática educativa. São Paulo: Cortez, 1996.

FREIRE, Paulo. *Pedagogia da esperança*: um reencontro com a Pedagogia do oprimido. São Paulo: Paz e Terra, 1992.

GADOTTI, Moacir. *A educação contra a educação*: o esquecimento da educação através da educação permanente. Rio de Janeiro: Paz e Terra, 1981.

GADOTTI, Moacir, 1999. *História das ideias pedagógicas*. São Paulo: Ática, 1999.

GADOTTI, Moacir. *Os mestres de Rousseau*. São Paulo: Cortez, 2004.

GADOTTI, Moacir (Org.). *Alfabetizar e conscientizar*: Paulo Freire, 50 anos de Angicos. São Paulo: Instituto Paulo Freire, 2014.

GANGÁ, Fabíola Porto; SOUSA, Joelson Pereira. "A possibilidade do novo: o conceito de natalidade em Hannah Arendt". In: *Dialektiké*, Revista de Filosofia do Instituto Federal de Educação, Ciência e

Tecnologia (RN), 2017. v. 1, n. 4. Disponível em: www2.ifrn.edu.br/ojs/index.php/dialektike/article/view/5872. Acesso em: 8 dez. 2021.

JACOB, François. "Nous sommes programmés, mais pour apprendre". In: *Le Courrier de l'Unesco*, Paris: Unesco. Février, 1991.

LORIERI, Marcos Antônio. "A Filosofia como elemento formador do humano". In: CARVALHO, Marcelo; ALMEIDA JUNIOR, José Benedito; GONTIJO, Pedro. *Filosofia e ensinar filosofia*. Coleção XVI Encontro ANPOF. São Paulo: ANPOF, 2015, p. 23-40.

MANDELA, Nelson. *Long walk to freedom*. Randburg, South Africa: Macdonald Purnell, 1994.

MENDONÇA, Nelino Azevedo de. *Pedagogia da humanização*: a pedagogia humanista de Paulo Freire. São Paulo: Paulus, 2008.

NÓVOA, António. *Escolas e professores*: proteger, transformar, valorizar. Salvador: SEC/IAT, 2022.

PADILHA, Paulo Roberto. *Educar em todos os cantos*: reflexões e canções por uma educação intertranscultural. São Paulo: Instituto Paulo Freire, 2007.

PANTILLON, Claude. *Une philolophie de l'éducation. Pour quoi faire?* Lausanne: L'Age d'Homme, 1981.

RICOEUR, Paul. *O si-mesmo como um outro*. Campinas: Papirus, 1991.

ROUSSEAU, Jean-Jacques. *Émile ou de l'éducation*. Paris: Garnier-Flammarion, 1966.

ROUSSEAU, Jean-Jacques. *Emílio ou da educação*. São Paulo: Difusão Europeia do Livro, 1968.

SEVERINO, Antônio Joaquim. "A busca do sentido da formação humana: tarefa da Filosofia da Educação". In: Revista *Educação & Pesquisa*. São Paulo, 2006. v. 32, n. 3, set./dez., p. 619-634.

UNESCO. *Reimaginar nossos futuros juntos*: um novo contrato social para a educação. Brasília: Comissão Internacional sobre os Futuros da Educação. UNESCO; Boadilla del Monte e Fundación SM, 2022.

VIGOTSKI, Lev Semenovich. "Manuscrito de 1929". In: Revista *Educação & Sociedade*, ano XXI, n. 71. Campinas, jul./2000, p. 21-44.

Primeiro ensaio

A EDUCAÇÃO COMO UM QUEFAZER ESTRITAMENTE HUMANO

> *Entendo por barbárie algo muito simples [...], um impulso de destruição, que contribui para aumentar ainda mais o perigo de que toda a civilização venha a explodir, aliás uma tendência imanente que a caracteriza. Considero tão urgente impedir isto que eu reordenaria todos os outros objetivos educacionais por essa prioridade.* (Adorno, 1995)

Em 1967 concluí, depois de seis anos de estudos, meu curso de Pedagogia. Demorei mais para concluir meu curso de Filosofia, que terminei em 1971, depois de dez anos de estudo. Desafios e obstáculos não faltaram, mas eu amava — e ainda amo muito — estudar, ler, refletir, escrever. Daí em diante, tive tempos menos turbulentos e rapidamente avancei em meus estudos. Em 1973, fui o primeiro brasileiro a receber o diploma de mestre em Filosofia da educação de acordo com as novas diretrizes para a pós-graduação. No mesmo ano, fui para Genebra com bolsa de estudos da Confederação Helvética para encontrar Rousseau e Freire, minhas referências básicas nas sendas da Pedagogia.

Em Genebra eu visitava, com frequência, a Ilha Rousseau, que ficava no coração da cidade, onde existia uma grande estátua do cidadão Jean-Jacques e que recebia muitas homenagens por meio de rosas depositadas cuidadosamente em sua base séculos depois de sua morte. Eu ficava lendo suas obras num banco colocado estrategicamente a poucos passos da estátua. Ele havia nascido a alguns metros desse lugar, onde hoje se localiza um shopping center cuja fachada lembra que ali nasceu Rousseau.

Bem, foi nessa cidade que também me encontrei com Freire. Conheci Paulo Freire pessoalmente em Genebra no ano de 1974. O contato com a sua obra era anterior, 1967, quando ele publicou *Educação como prática da liberdade*. Sobre esse livro, fiz meu trabalho final de Licenciatura em Pedagogia (1967). Comecei a trabalhar com ele a partir de 1974. Paulo Freire recebia a todos com muita cortesia. Interessado na situação do Brasil, me ajudou muito na elaboração da tese que era uma crítica ao modelo de internacionalização da educação ancorado no conceito e na práxis de Educação Permanente. Por isso, dei por título *A educação contra a educação: o esquecimento da educação através da educação permanente*, porque era um projeto que escondia seus reais motivos ideológico-políticos por trás de uma pseudoneutralidade.

Logo, percebi que a Filosofia da Educação era vista como algo menor num curso de Ciências da Educação. Havia algo estranho nessa resistência à Filosofia da Educação como se ela estivesse apenas colocando em dúvida o papel sublime da própria educação. Tinha a sensação de que a educação era algo inquestionável, intocável, como um totem, um tabu, uma crença que deveria ser venerada por todos e jamais questionada. Refletir sobre o papel da educação na sociedade parecia uma falta de respeito imperdoável frente à própria história humanista da educação europeia. De alguma forma, eu me sentia incomodado como se estivesse chegando à Idade Média, quando a Filosofia era considerada uma escrava da Teologia. Nesse caso, talvez eu devesse defender minha tese na faculdade de Teologia.

Quando fui contratado como assistente do professor Claude Pantillon, propus uma nova disciplina para os alunos da seção de Ciências da Educação sobre o tema "Ideologia e Educação", que teve uma enorme audiência e foi justamente quando essas questões puderam ser estudadas e debatidas. Nesse contexto, percebemos logo que a educação não era colocada em questão principalmente porque era concebida como algo sagrado, intrinsecamente bom, absolutamente neutro.

Em nosso apoio, estavam as questões que Paulo Freire vinha apresentando: educar para quê? A favor de quem? Contra quem? E o resultado não poderia ser outro: os participantes da minha disciplina viram na não aceitação do papel questionador da Filosofia da Educação uma postura ideológica que escamoteava, que escondia propósitos questionáveis. A Filosofia da Educação e as questões que ela colocava no interior das Ciências da Educação eram ainda mais pertinentes e necessárias justamente porque o senso comum era o de que o papel da educação era evidente e, portanto, não precisava ser questionado. Ao contrário, considerávamos fundamental o papel da Filosofia da Educação ao colocar essa questão, contrapondo-se a verdades inquestionáveis e dogmas pedagógicos que as Ciências da Educação simplesmente tinham como postulados básicos.

Assim, me senti mais seguro em relação ao projeto de tese que havia proposto. Meu orientador, Claude Pantillon, me apoiou desde o início, me escrevendo diversas cartas para me tranquilizar. Questionar as finalidades da educação não era algo proibitivo, era a tarefa básica de qualquer Filosofia da Educação que se preze. Afinal, dizia ele, há séculos o venerável René Descartes já dizia que a dúvida era o método fundamental de todo o pensar filosófico. A educação não é um quefazer neutro. Claude Pantillon repetia que havíamos criado o Centro de Filosofia da Educação na Universidade de Genebra justamente para colocar questões como essa para serem tratadas na disciplina Ideologia e Educação.

Paulo Freire gostou da tese, participou da banca em 1977, ao lado de Pierre Furter, que ele já conhecia porque havia sido observador das experiências de Freire no Nordeste como consultor da Unesco, antes do exílio, e, junto com Ivan Illich, acabava de publicar o livro *Educación para el cambio social*, com introdução de Julio Barreiro

(Freire; Illich; Furter, 1974). Minha tese foi transformada em livro e publicada na Suíça, em 1978, com prefácio dele (1979), e mais tarde no Brasil, em 1981.

Os sistemas nacionais de educação nasceram no século XIX como parte da constituição do Estado-nação e assim mantiveram certa independência e características regionais e nacionais. A expansão crescente da globalização capitalista no século XX, com sua necessidade de acumulação e de rentabilidade, passou a exigir maior unidade e padronização educacional em nível internacional. No entanto, na primeira metade daquele mesmo século, ainda não existiam organismos internacionais suficientemente fortes para promover essa homogeneização, embora o capitalismo já estivesse se estabelecendo como processo imperialista cultural em quase todo o mundo, seguindo velhas e conhecidas fórmulas, como a helenização, a romanização e a evangelização.

A criação da Organização das Nações Unidas (ONU), em 1945, com sede em Nova Iorque, no contexto pós-guerra, ofereceu essa oportunidade de uniformização global da educação sob o pretexto de uma educação para a paz. Entretanto, até hoje essa visão imperialista da educação encontra resistências. Como demonstrou Martin Carnoy (1977), a internacionalização da educação serviu muito mais ao "imperialismo cultural" do que à educação como cultura de paz.

Nas décadas de 1950 e 1960, reações a essa uniformização da educação vieram dos países mais atingidos pela colonização europeia. A questão não era simples — como mostrou o trabalho de Paulo Freire nos países recém-libertos por processos revolucionários na África na década de 1970 —, porque essa uniformização vinha acompanhada de programas de "ajuda" dos países colonizadores. Paulo Freire percebeu isso quando repetidamente discutiu, em seu livro *Cartas a Guiné-Bissau*, o que ele chamava de "ajuda autêntica", que é aquela em cuja prática os que nela se envolvem se ajudam mutuamente, crescendo juntos no esforço comum de conhecer a realidade que buscam transformar. Somente numa tal prática, em que os que ajudam e os que são ajudados se ajudam simultaneamente, é que o ato de ajudar não se distorce em dominação do que ajuda sobre quem é ajudado. (Freire, 1977, p. 15)

O pensamento de Paulo Freire nasceu nesse contexto de embate. A sua concepção de Educação Popular surgia da reflexão crítica sobre sua própria prática, nas lutas por independência e sobrevivência de populações duramente atingidas pelo imperialismo cultural e pela colonização. Daí aparecerem os conceitos de conscientização, de invasão cultural, da educação como prática da liberdade, de educação como cultura etc.; de uma pedagogia do oprimido, enfim, e não para o oprimido.

Foi nesse contexto que conheci Paulo Freire. Também foi nessa época, na Universidade de Genebra, que tive a felicidade de conhecer Claude Pantillon (1938-1980), falecido prematuramente por causa de uma doença incurável. Claude lutou pela vida, pela sua existência, até seus últimos dias, escrevendo sobre educação. E lutou contra a promessa de "igualdade de oportunidades" para todos, mas que, ao contrário, entregava como resultado uma sociedade dividida entre vencedores e vencidos, que prometia a felicidade e entregava a frustração para a maioria.

Um mês antes de falecer, ele escreveu uma última carta a seus colaboradores na qual faz um alerta em relação ao momento extremamente grave por que passava a educação. Na carta, ele afirma que a educação está atrelada a um projeto hegemônico que pretende subordiná-la a interesses econômicos, dizendo que tal situação se tratava de uma crise profunda dos sistemas educativos, comparando a doença mortal dele com a desses sistemas: "nossa sociedade, nosso planeta são confrontados hoje a uma situação semelhante à minha, como uma doença que nos afeta em sua totalidade, que nos anuncia — e constamos em efeito — que é não apenas grave, mas mortal" (Pantillon, 1982, p. 74). No final, ele se pergunta: "o que vamos fazer?".

1.1 Quando a educação se torna fundamentalmente suspeita

Quando falo de uma educação contra a educação, entendo exatamente isso: a educação é essencialmente um espaço em disputa. Em meados dos anos 1960 e 1970, quando me formei em Pedagogia (1967) e Filosofia (1971), completei o mestrado em Filosofia da Educação (1973) e o doutorado em Ciências da Educação (1977), isso era particularmente evidente. Atualmente, refletindo sobre aquele momento de efervescência política, tenho mais clareza e posso entender melhor a importância do que estava acontecendo, sobretudo pelas consequências que os anos 1960 e 1970 tiveram no campo da educação nas décadas que se seguiram. Então, não é de se estranhar que estejamos falando, nessas primeiras décadas do século XXI, de barbárie na educação, mas precisamos saber de que barbárie se trata e quais seriam sua origem e natureza.

No final da década de 1970, quando as disputas de projeto de sociedade se acirravam no campo educacional, a partir de uma leitura gramsciana e marxista, eu entendia a necessidade de uma "pedagogia do conflito" (Gadotti, 1980) como forma de explicar aquele contexto e contribuir para evidenciar as contradições que estávamos vivendo com o objetivo de enfrentá-las, de não se omitir, na tentativa de responder à pergunta que Claude Pantillon nos havia deixado, como seus colaboradores, nos últimos dias de sua vida, no início de 1980: "o que vamos fazer?".

Confrontados por nossos próprios limites, só podemos fazer o que é historicamente possível como seres condicionais, mas não determinados. Fazemos porque não nos omitimos. Assim, a "pedagogia do conflito" era, para mim, a continuação necessária do que eu vinha defendendo em meu doutorado: estávamos vivendo num tempo em que a educação se voltava contra si, o que Paulo Freire denominava de "educação bancária" contra "educação problematizadora, transformadora". Para mim, o importante era e continua sendo não ficar indiferente, não continuar remando para a frente sem se interrogar sobre aonde vamos chegar. O que eu chamo de "educação contra a educação" é essa tensão própria do ambiente democrático, esse conflito que deve ser mantido para que ela não se transforme num mecanismo de opressão, de desdém pelo humano.

As palavras e os ensinamentos de Claude Pantillon me acompanham até hoje. Lembro-me da vivência que tive com ele, da dor ao sair do consultório de diferentes médicos quando eu o acompanhava, buscando, inclusive, a medicina alternativa diante da medicina tradicional que já o desenganara, desde 1970, quando soube de sua doença que consumia, dia após dia, todos os seus músculos até atingir o coração, dez anos depois, quando veio a falecer. Lutou pela própria vida e por uma educação biófila, humanizadora, enquanto suas forças lhe permitiram. Foram anos de dor e de esperança nos quais Claude manteve sua fé e coragem, tematizando sua própria existência. O primeiro livro com o qual ele me presenteou ao me aceitar como orientando, em 1974, foi *Paroles d'un malade* (*Cartas de um doente*), publicado em 1972, no início de sua doença (Pantillon, 1972).

Claude Pantillon foi um grande filósofo da educação. Ele a entendia não como mais um espaço social, um espaço qualquer, mas como um espaço onde toda a humanidade se confronta, um espaço em que um futuro pode ser gestado, um outro futuro, um futuro melhor para todos e todas. Diz ele:

> a educação é atualmente um lugar onde toda a nossa sociedade se interroga a respeito dela mesma, se debate e se busca; educar é reproduzir ou transformar, repetir servilmente aquilo que foi, optar pela

> segurança do conformismo, pela fidelidade à tradição ou, ao contrário, enfrentar a ordem estabelecida e correr o risco da aventura; querer que o passado configure todo o futuro ou partir dele para construir outra coisa [...]. Através e na educação, os homens de uma época, de uma sociedade historicamente situada, se exprimem em relação àquilo que convém ser, que convém fazer e agem em consequência; nela, é toda uma sociedade que se encontra empenhada, implicada. (Pantillon, 1981, p. 68; 79)

Volta e meia, essas palavras fortes de Claude martelam minha mente.

Ajudei Pantillon na criação do Centro de Filosofia da Educação, em 1974, na Faculdade de Psicologia e Ciências da Educação da Universidade de Genebra. Organizei, em 1976, a publicação de um número dos "Cadernos filosóficos" do Centro, com o título: *Manifesto filosófico: por uma filosofia da educação* (Pantillon; Gadotti, 1976). Claude fala disso no livro *Une philosophie de l'éducation, pour quoi faire?*, no qual afirma que "no pano de fundo deste *Manifesto* se encontra uma imensa perplexidade face à educação como ela é e como ela vai; esta perplexidade se exprime e se desdobra neste tempo de confusão no ato necessário e legítimo de duvidar, como maneira e como vontade de enfrentar!", enfim, um manifesto contra a "reforma conservadora" em curso (Pantillon, 1981, p. 59).

Para fundamentar nossa argumentação, trazíamos o testemunho de Georges Steiner: "Sabemos muito bem que alguns dos promotores e administradores de Auschwitz foram formados na escola de Shakespeare ou Goethe e continuavam lendo esses autores" (Steiner, 1969, p. 17). A educação estava em questão. Outra era necessária. O que estava em debate eram as bases mesmas dessa outra educação, uma que se questionasse sobre seus fundamentos para que nunca mais as escolas formem para a barbárie, pois

> elas também se transformaram, muitas vezes, em instrumentos do avanço do totalitarismo e da repressão [...]. Tais são as ruínas a partir das quais devemos iniciar toda reflexão séria e sobre as quais

é preciso edificar a educação de hoje e — mas teremos tempo? — de amanhã. Mais do que nunca, o homem e uma sociedade com rosto mais humano estão para nascer, para amar, para abrigar. Tal é a luta para a qual pedagogos e filósofos deveriam se juntar. (Pantillon; Gadotti, 1976, p. I-II)

Pantillon nos deixou as pistas para o nosso quefazer na expressão de Paulo Freire, a quem ele muito admirava, para responder à pergunta final que nos deixou pouco antes de falecer; repito-a: "o que vamos fazer?".

Vejo, entre Paulo Freire e Claude Pantillon, uma enorme afinidade no que se refere a uma visão de mundo, de sociedade, de humanidade, inclusive em relação à fé cristã. Minha tese de doutorado é um testemunho disso. Ela é o testemunho de dois seres humanos que impregnaram de sentido minha existência. Paulo Freire foi, de certa forma, um coorientador, figura que não existia formalmente na Universidade de Genebra. Concordava e discordava de meus pontos de vista, o que manifestou na banca de defesa e que, depois, se transformaria no prefácio do livro quando a tese foi publicada.

A educação, para mim, sempre foi um combate em favor de uma sociedade justa, por mais igualdade e felicidade para todos e todas. Por isso, ao escolher o tema da Educação Permanente como tese de doutorado, as primeiras perguntas que me fiz foram: a favor de quem, contra quem combate a Educação Permanente? Qual é o seu projeto? Qual a sua ideologia, já que não existe educação neutra? A resposta que obtive de seus promotores foi a de que a Educação Permanente não tinha ideologia. E aí começou meu embate com essa concepção de educação. Desconfiado, pensei logo: o discurso da Educação Permanente está escondendo algo. O que estaria por trás dessa máscara de neutralidade?

Aos poucos, fui descobrindo que ela buscava tornar os trabalhadores mais rentáveis e mais bem adaptados às novas exigências das mudanças tecnológicas dos desenvolvimentos econômico e industrial capitalistas. Mostrei que era um discurso e uma prática ideologizada em seu duplo sentido. Primeiramente, na acepção clássica de ideologia, como aparece no livro *A ideologia alemã* (Marx; Engels, 1977): ideologia como mistificação, como ocultação, mascaramento. Sob essa visão, podemos entender a Educação Permanente como uma práxis — teoria e prática — de dissimulação da desigualdade perante a educação. Era uma educação a serviço de uma concepção de mundo competitivo onde todos precisam se preparar para vencer ou ser derrotado. Como dizia um de seus promotores que se tornou, depois, crítico dessa concepção de educação, "para satisfazer a sede de poder é necessário fazer mais e melhor do que o vizinho, considerado, tão logo, como instrumento dócil ou como perigoso adversário" (Hartung, 1972, p. 1-2).

Portanto, a Educação Permanente é ideológica no sentido de que cria nos trabalhadores a ilusão de que basta um suplemento de formação para superar a desigualdade de oportunidades. A meritocracia atual na educação tem sua origem nos anos 1960 e 1970, mesmo que ela já existisse como conceito décadas antes. A formação só beneficia os que dispõem de melhores condições de vida, não graças ao esforço pessoal. É graças à ação conjunta, política e social que se pode esperar alcançar uma sociedade emancipada. Ao evitar o debate do projeto político, ao escondê-lo, a Educação Permanente era profundamente ideológica.

Apesar disso, a Educação Permanente é também ideológica num sentido mais moderno de ideologia, no sentido desenvolvido, por exemplo, pela Escola de Frankfurt. Para Jürgen Habermas, considerado o herdeiro dessa escola, a técnica, a ciência desempenham o papel da ideologia nas sociedades avançadas justificando os interesses das classes dominantes não por meio da religião — como no tempo de Marx —, mas por meio da racionalização, que seria uma espécie de religião, sintetizada na "consciência tecnocrática" ao difundir a crença de que a ciência e a técnica são neutras. Para Habermas, a dominação tradicional tem sido uma dominação política. A dominação das sociedades engajadas no processo de modernização (racionalização) é legitimada por meio da técnica e da ciência e "se estende pouco a pouco a todos os domínios da existência", incluindo "o sistema escolar" (Habermas, 1973, p. 33).

Ainda segundo Habermas, a racionalidade da ciência e da técnica, subordinada ao interesse da dominação, não é mais uma racionalidade "pura". É uma racionalidade tecnicista, instrumental, uma "extensão do poder de dispor tecnicamente das coisas" em oposição à racionalidade como "extensão da comunicação isenta de dominação" (Habermas, 1973, p. 24). Daí a Educação Permanente se apresentar como um projeto incolor, sem sabor, "descafeinado", como dizia Claude Pantillon, modelado pelo saber tecnocrático. Por isso, ao me deparar com esses documentos das organizações intergovernamentais — particularmente da OCDE (Organização de Cooperação e de Desenvolvimento Econômico) e do Banco Mundial —, encontrei discursos insossos sobre educação nos quais toda discussão política e antropológica sobre as finalidades da educação era evitada em nome de uma pseudoneutralidade científica.

Nesse contexto, justificavam-se as preocupações de Ivan Illich, nos anos 1970, sobre a "escolarização" da sociedade. Com espantosa coragem, própria de um verdadeiro profeta, ele se opôs a essa concepção da educação num encontro organizado paradoxalmente pelas instituições guardiãs desse pensamento. Illich fez isso diante de um auditório eminentemente representativo do "sistema", no Palácio das Nações Unidas, em Genebra, no dia 5 de setembro de 1974: "concepção perfeitamente imperialista", disse ele referindo-se à Educação Permanente, "determinada pela vontade das sociedades ocidentais de conservar a cultura acorrentada, fazendo crer na democratização que não existe de fato" (Illich *In*: Gadotti, 1981, p. 135).

Testemunhei Ivan Illich falando com paixão, afirmando que a Educação Permanente estava "vendida ao sistema" e, portanto, era "perigosa e perversa"; que se tratava de uma verdadeira conjuração de tecnocratas e políticos como profissionais da "sociedade mercantilista e eficiente". Esse era o projeto de educação que nasceu como resposta do "sistema" ao movimento social dos anos 1960 por uma educação democrática e emancipadora do qual Paulo Freire era um dos principais protagonistas. Nisso, entendi por que os promotores do discurso da Educação Permanente não podiam declarar suas verdadeiras intenções, não podiam falar de sua visão de homem e de mundo, permanecendo em silêncio sobre a questão da educação e se refugiando numa suposta neutralidade. Por isso, se omitiam em relação à questão antropológica e aos fins da educação. Todo projeto educativo, todo discurso educativo supõe uma visão de mundo. Ao não se preocupar com essa questão, a Educação Permanente, como uma visão global da educação, não apenas deixava um vazio, mas mostrava que essa omissão tinha um significado. É um vazio que "denuncia abertamente a crescente submissão dos educadores e teóricos da educação aos imperativos e às pressões capitalistas monopolistas, voltadas exclusivamente para o lucro e a rentabilidade" (Gadotti, 1981, p. 147), escrevi na época. Hoje, chamamos isso de "barbárie", entendendo por barbárie justamente o esquecimento proposital da questão humana quando os humanos se voltam contra os próprios homens e colocam a "performance e a concorrência" (Charlot, 2020) como princípios da educação. Entretanto, essa educação que se tornou hegemônica não pode evitar a luta contra-hegemônica que se dá no interior dela. "A educação sempre foi isso. Essa outra educação se faz sempre mais ou menos às avessas e contra a educação. Assim, uma outra relação educativa pode surgir e surge mesmo no interior de uma educação que se perverteu" (Gadotti, 1981, p. 164).

Claude Pantillon tinha o hábito, como meu orientador, de me enviar seus comentários por escrito, pois morava em outra cidade (Rolle, cantão suíço de Vaud). Depois de ler uma das últimas versões da tese comentado o título dela — *A educação contra a educação: o esquecimento da educação e a educação permanente* —, ele escreveu:

> vivemos um tempo onde o que mais atemoriza o homem é a própria sociedade, onde o que mais teme é o seu semelhante, onde o que o assusta e o angustia é o homem ao redor, atrás dele e em si próprio. O tempo da ausência de confiança no outro e em si mesmo, pois o inimigo terrível, o enigma profundo, a noite espessa que incomoda o homem não o deixando nem a um passo, somos nós mesmos, esse olho que persegue Caim. Esse tempo de mito e de crise sem nenhum precedente é aquele da desconfiança. Então, nesse contexto, como evitar e por que ainda admirar-se quando a educação se torna fundamentalmente suspeita? [...]. A educação é assim interiormente dividida, dilacerada. De um lado, sempre significou que o homem não se torna sozinho, que não existe homem fora da comunidade humana, e a Educação Permanente, a sua maneira, inscreve-se nessa linha, retomando por sua conta o humanismo de ontem [...]. De outro lado, contudo, o outro do qual tenho necessidade, para quem, face a quem, eu me torno, me aparece, cada vez mais, como a pior das ameaças. Eis porque, num tempo em que tanto se fala de educação, a educação se esvazia, se esgota, e a questão a seu respeito cai no esquecimento. (Pantillon *In*: Gadotti, 1981, p. 167-168)

Em um livro sobre a temática da mudança no contexto da Educação Permanente, Claude Pantillon a apresenta como um "projeto global de homem e de sociedade" (1983, p. 112) cujo objetivo é "melhorar a produtividade na sociedade industrial" (Fitouri *apud* Pantillon, 1983, p. 8), daí o discurso da Educação Permanente insistir tanto no tema da planificação e da gestão (OCDE, 1969). No fundo, ao apresentar meu projeto de tese, eu queria exercer meu papel de pedagogo no sentido que nosso professor Paul Ricoeur dava a essa palavra. Ele chamava os pedagogos de "profetas do sentido" e de "adversários do absurdo" que se recusavam a ser "porta-vozes de um sistema que se tornou absurdo a seus olhos a despeito de sua lógica, mas, também, precisamente em razão de seu caráter" (Ricoeur *apud* Pantillon, 1983, p. 9). O projeto de internacionalização da educação, em curso sob a lógica capitalista, estava posto. Os resultados desse novo sistema global estamos vendo hoje, quando se denuncia a barbárie na educação.

Claude foi para mim mais do que um orientador de tese. Foi um grande amigo, um cúmplice de sonhos e utopias. Deixou-me prematuramente, vítima de uma doença incurável, em 1980, três anos depois da defesa de minha tese, com 42 anos de idade. Tenho uma imensa dívida para com ele. Ele me ensinou a ler Marx como me ensinou a ler Ricoeur, que fora seu orientador.

1.2 Ruptura com as raízes humanistas de educação

Desde logo, percebi que o que se aplica à educação de adultos, na concepção da Educação Permanente, aplicava-se também à educação em geral. O discurso da Educação Permanente remetia ao sistema educativo como um todo. Isso está muito claro nos documentos do Conselho da Europa dos anos 1970 sobre educação. A Educação Permanente era considerada como um princípio educativo que deveria reorientar toda a educação. Portanto, era impossível dissociar a formação dos adultos da educação como um todo (Janne, 1969; Huberman, 1973).

Quando cheguei a Genebra, eu não tinha ainda uma visão clara sobre a importância dos acontecimentos iniciados pelos estudantes de Paris, em maio de 1968, que se espalharam pelo mundo. As ruas preocuparam as autoridades internacionais responsáveis pelo "bom comportamento" da educação. "Estudem, mas não façam a guerra", ironizava meu orientador de tese, Claude Pantillon, nos primeiros anos da década de 1970. Não é por mero acaso que a Unesco, o

Conselho da Europa e a OCDE, após 1968, estivessem defendendo a tese de que era preciso substituir o sistema "tradicional" de ensino, considerado obsoleto, por um sistema de Educação Permanente. O princípio da educação ao longo da vida precisava ser operacionalizado. Acabou sendo instrumentalizado, transformado num programa mais amplo dentro de um novo modelo de educação "desideologizado". Era preciso "colocar a casa em ordem".

Tratava-se de um discurso que havia nascido no coração da Europa em defesa da "educação bancária" e que se opunha à "pedagogia do oprimido" (Freire, 1970). Essa era a hipótese que eu submeti à apreciação do Colégio de Doutores da Escola de Psicologia e de Ciências da Educação da Universidade de Genebra, como era de praxe, num projeto com mais de quarenta páginas (Gadotti, 1974). No início, não passava de uma hipótese, como na produção de qualquer tese que, aos poucos, se transformou numa convicção a partir das conversas com Claude Pantillon, Paulo Freire e Pierre Furter. Essa primeira intuição se consolidou com o tempo, demonstrando que minhas preocupações não eram infundadas. Ao mesmo tempo que desvelava esse ocultamento, ia aparecendo a necessidade de construir outra educação possível, saindo da crítica para a elaboração da proposta. Era preciso passar da "destruição" para a "reconstrução". Utilizei a palavra "destruição" na tese a partir do significado que Heidegger dá a ela, distinguindo-a da "aniquilação", em que nada é aproveitado. Sim, fazia uma crítica destrutiva à Educação Permanente que era também uma forma de apresentar outra coisa ou de, pelo menos, chamar a atenção para o que esse projeto educacional hegemônico ocultava.

Desde as primeiras leituras que fiz para preparar esse projeto de tese de doutorado, já destacava uma característica desse discurso da Educação Permanente como um conceito que englobava muito mais do que uma formação profissional. Ele representava um projeto muito maior de transformação do sistema de ensino como um todo: supunha "uma reestruturação global do conjunto das instituições escolares" (Gadotti, 1974, p. 11). Em apoio à minha hipótese, citava o "Relatório Edgar Faure" ao sustentar que esse conceito não poderia "ser absorvido nos limites dos sistemas institucionalizados de hoje" (Faure, 1972, p. 207). Como sustentava Pierre Furter (1972), no início, o discurso da Educação Permanente nada mais era do que um termo novo aplicado à Educação de Adultos, principalmente no que se referia à formação profissional continuada. Depois passou por uma fase que poderíamos chamar de "utópica", integrando toda e qualquer ação educativa e visando a uma transformação radical de todo o sistema educativo. Rapidamente, os organismos internacionais conseguiram realizar o seu sonho de uma educação "para o desenvolvimento", focando-se na "adaptação funcional dos aprendentes individuais à empregabilidade, flexibilidade e competitividade econômica no quadro da 'sociedade da aprendizagem' e da 'economia do conhecimento'" (Lima, 2010).

A ideia da Educação Permanente (educação ao longo da vida) impôs-se rapidamente. A França gastava, já em 1975, um terço do seu orçamento da educação em educação para a formação profissional continuada. Ivan Illich e Etienne Verne (1975) denunciaram "a armadilha da escola por toda a vida" (*le piège de l'école à vie*), criticando o discurso e a prática da Educação Permanente (*Lifelong Education*) chamando-a de "educação interminável", acusando-a de promover a ideologia da "escolarização" (redução de toda a educação à educação escolar). Para eles, a Educação Permanente promove a "infantilização da vida" e da educação, prolongando durante toda a vida uma visão da educação da infância.

A noção de "Educação ao longo da vida", tal como foi proposta posteriormente pelo Relatório Jacques Delors de 1996, publicado no Brasil em 1998 (Delors *et al.*, 1998), com seus quatro pilares — aprender a aprender, aprender a conviver, aprender a fazer e aprender a ser —, não segue propriamente a matriz original do Relatório Edgar Faure (1972). Com amparo na teoria do capital humano, a aprendizagem passa a ser uma responsabilidade individual, enquanto a educação é um serviço, não um direito. Esse *"ethos"* mercantil deslocou a centralidade da educação para a aprendizagem desconsiderando o ensino, sabendo-se que a educação é ensino e aprendizagem, é ciência, arte e cultura.

Essa visão instrumental do conceito de educação ao longo da vida (Educação Permanente) manteve-se na Declaração de Hamburgo da Conferência Internacional da Educação de Adultos (Confintea V, 1997), apesar de seus reconhecidos avanços no que se refere ao conceito de educação de adultos, particularmente ao conceito ampliado de alfabetização. Em Hamburgo, não se superou inteiramente a visão da "neutralidade" do conceito de Educação Permanente dos anos 1970 do século passado. Paulo Freire afirma que a Educação Permanente não surgiu "por acaso nem por obra voluntarista de educadores, mas como resposta necessária a certos problemas das sociedades capitalistas avançadas" e que, contra essa tendência, era preciso "resgatar o caráter permanente da educação como quefazer estritamente humano". Ele tinha lido minha tese quando estava em Luanda (Angola) e se preocupava com a Educação Permanente, pois poderia ser mais um discurso da "pedagogia do colonizador", chamando a atenção para o "perigo da invasão cultural, o perigo da infiltração da ideologia veiculada através da chamada Educação Permanente" (Freire *In*: Gadotti, 1981, p. 17).

A preocupação de Paulo Freire se justificava. O conceito de educação/aprendizagem ao longo da vida apresentava, no mínimo, certas ambiguidades. Não poderia ser considerado um conceito neutro. Era preciso saber de que educação e de que aprendizagem ao longo da vida se tratava. A educação sempre foi entendida como um processo que se dá ao longo de toda a vida, como a aprendizagem, e não um processo que se reduz apenas à população mais jovem. Essa não era realmente uma novidade. O que era novo é que o conceito de aprendizagem ao longo da vida estava se tornando uma ideia-força em torno da qual deveriam se estruturar as políticas públicas de educação, condicionando os currículos, a avaliação e o próprio sentido da educação em geral, reduzindo toda a educação a esse princípio estruturante. Talvez a novidade estivesse justamente no que essa visão da educação ocultava, ou melhor, "esquecia": uma visão instrumental, voltada para a eficácia produtiva e para a competitividade. O que é novo é que a aprendizagem ao longo da vida é apresentada como um princípio organizador e norteador da educação para o século XXI.

Era a resposta que o *establishment*, o sistema, estava dando ao movimento mundial de maio de 1968. Evidentemente, não podemos reduzir o projeto educacional do Banco Mundial e da OCDE a uma simples reação a esse movimento. Era, e continua sendo, algo muito mais amplo, envolvendo o grande movimento político-pedagógico dos anos 1950 e 1960, representado na *Pedagogia do oprimido* de Freire e com o processo revolucionário de libertação em curso, particularmente na África. De certa forma, o projeto do *establishment* era sufocar esse grande movimento da educação popular emancipadora, inclusive pelo não reconhecimento de sua contribuição à educação que vinha particularmente das pedagogias do sul ao mesmo tempo que se tentava isolar, ou melhor, "sitiar" (Lima, 2007, p. 56) a Educação Popular como alternativa à educação do colonizador e do neocolonizador. Destaquei maio de 1968 porque era isso que eu constatei lendo uma extensa documentação do Conselho da Europa sobre a Educação Permanente. Era como se o grande capital houvesse encontrado em maio de 1968 um pretexto para aprofundar seu projeto de uma "educação como imperialismo cultural" (Carnoy, 1977).

Para entender o conceito da Educação Permanente — como discurso e como fenômeno —, precisamos historicizá-lo. Em 1968, a Unesco publicou o documento "A crise mundial da educação", uma análise sistêmica na qual Philip H. Coombs, diretor do Instituto Internacional de Planificação da Educação (IIPE) da Unesco, analisa os problemas da educação no mundo e faz algumas recomendações. A "crise mundial da educação" (Coombs, 1968) é atribuída principalmente ao "desajuste" dos sistemas educativos face às novas exigências da economia capitalista globalizada. O mercado necessitava de trabalhadores formados como "sujeitos empreendedores" visando a "conformar uma relação dos sujeitos na história, almejando, no horizonte deste projeto educacional, um sujeito despolitizado, atomizado, sem qualquer capacidade organizativa e sem condições de pensar-se como sujeito coletivo" (Rodrigues, 2009, p. 15). A resposta à "crise mundial da educação" viria quatro anos depois da publicação do livro de Philip H. Coombs, no Relatório Edgar Faure, que apresenta a Educação Permanente como um princípio "norteador" (sic) da educação do futuro.

Apesar da aparente continuidade entre o Relatório Edgar Faure ("Aprender a ser") e o Relatório Jacques Delors ("Educação, um tesouro a descobrir"; em inglês, "*Learning: the treasure within*"), existe uma profunda diferença entre eles: o foco deixa de ser a educação e passa a ser a aprendizagem. Rosanna Barros (2011), analisando essa passagem e evolução de conceitos, sustenta que a ênfase inicialmente dada pela Unesco e pelo Banco Mundial ao conceito de Educação Permanente também passou a ser atribuída, posteriormente, ao conceito de aprendizagem ao longo da vida. O curioso é que o título do Relatório Delors em inglês é "*Learning*" (Aprendizagem) e, em francês, é "*Éducation*" (Educação). E mais: em nenhum momento, neste relatório, se fala de "aprendizagem ao longo da vida", mas simplesmente em "aprendizagem".

Entretanto, não se tratava apenas de ênfase, passando de uma expressão para outra, mas de uma mudança de paradigma educacional. Houve um esvaziamento do conceito originário de Educação Permanente como ele era entendido na França (Berger, 1962; Lengrand, 1970), rompendo com sua visão de uma educação voltada para a participação e para a cidadania democrática. O conceito de Educação Permanente, apesar de tudo, conservava ainda uma visão humanista da educação, voltada para a construção de uma "sociedade democrática", como se vê nas obras de Paul Lengrand (1970) e no próprio Relatório Edgar Faure (1972). Este não é o caso do conceito de Educação ao Longo da Vida, cuja referência é o mercado, e não a cidadania. Deixa-se de pensar numa "sociedade democrática", voltada para a justiça social, para se pensar numa "sociedade do conhecimento", voltada para os interesses privados e para a competitividade do mercado.

Como sustenta Muniz Sodré, não existe propriamente uma "sociedade do conhecimento". Essa expressão, diz ele, que às vezes se emprega como um sinônimo de sociedade da informação, "tornou-se recorrente no discurso publicitário das grandes empresas de tecnologia da informação e da comunicação, porém se revela mais um *slogan* do que um conceito, na medida em que reduz a diversidade dos modos de conhecer ao modelo maquínico" (Sodré, 2012, p. 31).

Quando eu estava escrevendo minha tese de doutorado, nos anos 1970, não havia distinção entre "Educação Permanente", "Educação ao Longo da Vida" e "Aprendizagem ao Longo da Vida", que traduziam as expressões inglesas *Lifelong Education* e *Lifelong Learning*. Essas expressões traduziam as mesmas intenções, os mesmos pressupostos. O que aconteceu nas décadas seguintes foi um completo distanciamento das raízes humanistas iniciais. Conforme mostram os estudos de Licínio Lima (2007; 2010; 2012) e de Rui Canário (2003), essa expressão foi se reconceituando ou desvirtuando, a partir do receituário da OCDE e do Banco Mundial, e acomodando-se cada vez mais à racionalidade econômica. O princípio universal de que aprendemos ao longo de toda a vida foi substituído por uma "formação profissional ao longo da vida". Na visão desses autores, o conceito nasceu no contexto do Estado-Previdência e acabou sendo reconceituado pelo Estado-Neoliberal.

Licínio Lima (2010) critica os "discursos apologéticos" em torno da Educação/Aprendizagem ao longo da vida como se bastasse criar outro conceito para mudar a ordem das coisas e como se a educação pudesse fazer tudo. Para ele, essa apologia da aprendizagem individual tende à individualização das relações de trabalho na empresa. Esses discursos apresentam a Educação/Aprendizagem ao longo da vida como uma panaceia que "tudo pode", uma solução milagrosa para a "crise mundial da educação".

A educação é ensino e aprendizagem. Não há educação sem educador-educando, sem "dodiscência" (Freire, 1996, p. 31). Os conceitos de *"Adult learning"* e *"Lifelong learning"* deslocaram o tema da educação para um único polo: o da aprendizagem. Segundo Licínio Lima (2007, quarta capa) a educação ao longo da vida revela-se, no limite, como "um projeto político-educativo inviável, já definitivamente em ruptura com as suas raízes humanistas e críticas". Ele vê "fortemente diluídas as suas dimensões propriamente educativas". Para ele, a expressão *"Lifelong learning"*, tal como é entendida pela comunidade europeia, opõe-se à tradição humanista-crítica, emancipatória e transformadora da educação popular:

> subordinada aos imperativos globais da modernização e da produtividade, da adaptação e da empregabilidade, a educação popular está sitiada. Ou é objeto de uma reconfiguração de tipo funcional e vocacionalista, evoluindo para uma formação de tipo profissional e contínuo, articulada com a economia e com as empresas (e nesse caso prospera), ou insiste na sua tradição de mudança social e de "conscientização", articulando-se com movimentos sociais populares e renovando os ideais de educação política e de alfabetização crítica (e nesse caso corre sérios riscos). (Lima, 2007, p. 55-56)

A aprendizagem, na ótica neoliberal, realça apenas o chamado "conhecimento útil" e os aspectos individualistas e competitivos. Não se trata de deslocar a tônica da educação para a aprendizagem. Trata-se de garantir, por meio de uma educação com qualidade social, a aprendizagem de todos os cidadãos e cidadãs que deve ser "sociocultural" e "socioambiental" (Padilha, 2007).

Não há como não se recordar, a essa altura, da famosa tese defendida por Paulo Freire em seu livro mais conhecido, escrito em 1968, *Pedagogia do oprimido*: "quando a educação não é transformadora, o sonho do oprimido é ser o opressor". Era a resposta que Paulo Freire dava à teoria do capital humano que se resumia em outra tese, diametralmente oposta: "estude ao longo de toda a vida, arrume um bom emprego e fique rico".

A questão não está apenas no ato de aprender, mas no que se aprende. Trata-se de garantir uma "aprendizagem transformadora", como sustenta Edmund O'Sullivan (2004), no conteúdo e na forma. Ao contrário dessa visão, a concepção da aprendizagem sustentada pelas políticas neoliberais centra-se na responsabilidade individual. A solidariedade é substituída pela meritocracia. Por isso, temos de concordar com Licínio Lima (2006, p. 66): na pedagogia neoliberal

> o indivíduo é aquele que, em primeiro lugar, é responsável pela sua própria aprendizagem e por, naquele momento, gerir seu processo de aprendizagem e encontrar estratégias mais interessantes para ele próprio, numa base individual, competitiva. Quer dizer que o cidadão dá lugar muito mais ao cliente e ao consumidor.

A educação é dever do Estado e a responsabilidade por ela não deve recair exclusivamente sobre o indivíduo.

Em 2015, o Instituto da Unesco para a Aprendizagem ao Longo da Vida, com sede em Hamburgo, na Alemanha, publicou, na edição de número 61 de sua *International Review of Education: Journal of Lifelong Learning*, um artigo de Kapil Dev Regmi (2015), da University of British

Columbia (Canadá), que faz um balanço dos "modelos" teórico-práticos atuais de "Aprendizagem ao Longo da Vida". Baseado em extensa pesquisa, o autor chega a dois "modelos" fundamentais a que chama de "modelo do capital humano" e de "modelo humanista", que são verdadeiras concepções opostas de "aprendizagem ao longo da vida".

Para o modelo do capital humano, a aprendizagem ao longo da vida é uma "estratégia" para acelerar o crescimento econômico e a competitividade. Para o modelo humanista, a aprendizagem ao longo da vida reforça a democracia e a proteção social, valorizando a educação cidadã. O primeiro modelo é sustentado pela OCDE, pelo Banco Mundial e pela Organização Mundial de Comércio. Para o autor, a sociedade civil "abraçou" o modelo humanista e aponta a ICAE (Associação Internacional de Educação de Adultos) como defensora deste modelo, vinculando a aprendizagem ao longo da vida à justiça econômica, à equidade, ao respeito aos direitos humanos e ao reconhecimento da diversidade cultural.

A Assembleia Mundial da ICAE, reunida em Montreal no dia 14 de junho de 2015, termina sua declaração final defendendo enfaticamente esse direito:

> nós, no Conselho Internacional para a Educação de Pessoas Jovens e Adultas, reafirmamos nossa determinação coletiva de atuar e garantir que o direito à educação e à aprendizagem ao longo da vida, em todas as suas dimensões e profundidade, seja reconhecido publicamente e se converta numa ferramenta permanente para o empoderamento de todas as mulheres e de todos os homens do planeta.

Para a ICAE, a educação e a aprendizagem ao longo da vida não podem se limitar à formação profissional, mas devem incidir sobre a vida como um todo, "em todas as suas dimensões".

A teoria do capital humano, que fundamenta o primeiro modelo, concebe a educação como um investimento, um "bem privado", uma mercadoria visando à competitividade entre indivíduos e nações, com estratégias como o PISA (Programa Internacional de Avaliação de Alunos) e a privatização da educação, incentivando o setor privado a investir na educação e a fazer a gestão não só da educação privada, mas, também, da pública. Esse modelo "colonizador", segundo Kapil Dev Regmi, não oferece oportunidades iguais para todos, não emancipa os indivíduos e reforça as injustiças social e econômica. Esse modelo formaria os cidadãos para aceitarem "as estruturas políticas e econômicas existentes", beneficiando as grandes corporações que buscam obter lucro com a educação. É um modelo que cria, ainda, maior distância entre os que têm acesso à educação e os que não têm.

O modelo humanista, ao se basear na Declaração Universal dos Direitos Humanos (ONU, 1948) para propor o desenvolvimento integral do ser humano, se opõe à concepção/realização "neoliberal" da educação promovida pelos organismos intergovernamentais. Esse modelo defende a educação como um direito, não como um serviço a ser comprado pelos indivíduos que podem pagar por ele, tornando o indivíduo responsável pela sua própria educação; sustenta, ainda, que a educação é dever do Estado e direito do cidadão e que deve promover a cooperação e a colaboração entre os cidadãos e não reforçar o individualismo.

A concepção de Educação ao Longo da Vida, do Banco Mundial e da União Europeia, aponta para uma direção oposta a um mundo justo e sustentável. A aposta desses organismos é a uniformização, e não a conectividade na diferença; o individualismo, e não a solidariedade. Por isso, essa visão da Educação ao Longo da Vida não pode ser considerada como um princípio da educação do futuro, mas um princípio da educação do passado.

1.3 Natureza da barbárie na educação

Neste primeiro ensaio, pensei em refletir sobre a natureza da barbárie na educação como aquele bom profeta, que é aquele que erra em suas previsões, não aquele que acerta, conforme o senso comum entende a profecia. Um bom profeta é aquele que trabalha com a certeza do desastre e lança um alerta para que todos despertem, em tempo, e o evitem. Como diz Paulo Freire, o pensar profético implica anúncio e denúncia:

> é neste sentido que, como o entendo, o pensamento profético não apenas fala do que pode vir, mas, falando de como está sendo a realidade, denunciando-a, anuncia um mundo melhor. Para mim, uma das bonitezas do anúncio profético está em que não anuncia o que virá necessariamente, mas o que pode vir, ou não. O seu não é um anúncio fatalista ou determinista. Na real profecia, o futuro não é inexorável, é problemático. Há diferentes possibilidades de futuro. Reinsisto em não ser possível anúncio sem denúncia e ambos sem o ensaio de uma certa posição em face do que está ou vem sendo o ser humano. (Freire, 2015, p. 136)

Barbárie é um termo que tem origem na palavra grega *barbos*, como eram designados aqueles que não falavam a língua grega, estrangeiros, e considerados não civilizados; portanto, como não humanos, podiam ser escravizados, coisificados, vendidos e comprados como objetos. Vista dessa forma, a barbárie poderia ser entendida como coisa do passado. Ao contrário, ela está presente hoje nas lógicas negadoras da humanidade do ser humano quando não se coloca a questão dos fins da educação, lógicas entrincheiradas no tecnicismo pedagógico neoliberal.

A barbárie na educação está na militarização das escolas, nos ataques contra a liberdade de ensinar e aprender, no desprezo pela ciência, no esvaziamento dos espaços de participação na escola, no abandono escolar (expulsão), enfim, na mercantilização da educação. Fernando Cássio, organizador do livro *Educação contra a barbárie*, destaca ainda a "barbárie gerencial" das "agendas educacionais empresariais, cada vez mais capilarizadas e indistinguíveis das políticas educacionais oficiais" (Cássio, 2019, p. 17), que é amparada por uma elite do atraso que segura a humanidade mais próxima da servidão e longe da emancipação.

A barbárie é o oposto da democracia, da igualdade e do bem viver. No Brasil, temos um exemplo dessa barbárie na educação no projeto da chamada "Escola sem Partido". Ele começou como um movimento fundado por um procurador do Estado de São Paulo para estimular a delação de alunos que supostamente estariam sendo doutrinados por professores, ameaçando-os com processos. Segundo a Escola Sem Partido, os professores formariam um exército de militantes em favor da "doutrinação marxista, esquerdista". Projetos de lei para processar professores foram aprovados em alguns municípios e até discutidos no Congresso Nacional. O objetivo desse movimento é silenciar vozes, criminalizar o trabalho docente, perseguir, demitir e até prender professores que defendem uma visão de mundo contrária ao *status quo*, bem como colocar a educação a serviço dos interesses do mercado. A estratégia da Escola Sem Partido, tipicamente fascista, é intimidar e criar o medo entre os professores para alcançar seus fins e objetivos ideológicos. A forte reação da sociedade — particularmente a dos trabalhadores em educação — pôs um freio nesses arroubos autoritários, mas o seu espírito continua vivo na práxis da educação como barbárie.

Em termos globais, vimos anteriormente onde e quando começou esse discurso que desembocou na barbárie da educação atual. Ele começou no final dos anos 1960, como resposta ao avanço dos movimentos sociais e populares pela democratização da educação e particularmente pelo movimento de maio de 1968, a partir de uma onda de protestos que se iniciou pela revolta dos estudantes da Universidade de Paris e se espalhou por vários países da Europa e de outras partes do mundo, questionando o autoritarismo e o elitismo na educação.

O educador francês Bernard Charlot, hoje radicado no Brasil, pertenceu a essa "geração de 1968". Ele tinha, na época, 24 anos de idade e estava terminando seus estudos de Filosofia. No prólogo do livro *Educação ou barbárie? Uma escolha para a sociedade contemporânea*, ele afirma que o projeto desse movimento "era mudar a vida, a sociedade, a família e, é claro, a escola" (Charlot, 2020, p. 10). Ele contrapõe esse projeto à resposta dada nos anos 1970 pelo *establishment* educacional de "pensar a eficácia das aprendizagens dentro de uma lógica de *performance* e de concorrência" (*Id. ib.*) cujas consequências perduram até hoje. No final do prólogo, Charlot lança aos seus leitores e leitoras um alerta: "se não formos capazes de ir além do atual 'estudar para ter um bom emprego mais tarde' [...] será muito difícil escapar desses surtos de barbárie que já estamos vendo e cujas novas formas nos são anunciadas com orgulho pelo pós-humanismo" (Charlot, 2020, p. 11). Entre esses "surtos" de "retorno à barbárie", ele aponta:

> terrorismo, bombardeios a civis, obstáculos ao salvamento de imigrantes em risco de afogamento, confisco de filhos de imigrantes clandestinos, criação de grupos criminosos que impõem sua lei às instituições e territórios, mortes impunes pela polícia ou de policiais, uso de tortura, linchamentos, assassinatos de jornalistas e de candidatos a eleições, feminicídios, retorno de um racismo ou de um antissemitismo assumidos etc. (Charlot, 2020, p. 15)

Como Claude Pantillon, Bernard Charlot chama a atenção para a questão antropológica, denunciando o "silêncio antropológico" nas pedagogias contemporâneas, nas quais prevalece a "lógica do desempenho e da concorrência" (Charlot, 2020, p. 60). Diz ele que seus discursos tratam do tema da qualidade da educação, da neuroeducação, da cibercultura e do transumanismo sem se questionar sobre a questão do ser humano: "quando um sistema é regido por uma lógica de desempenho e de concorrência, a principal preocupação dos que o gerenciam é o aumento da produtividade" (Charlot, 2020, p. 73). Ele cita, ainda, como responsáveis por esse sistema, os "políticos e especialistas da Organização para a Cooperação e Desenvolvimento Econômico (OCDE) e transmitido pelo Banco Mundial" (Charlot, 2020, p. 73).

Para concluir, ele diz:

> entristece-me que o sujeito tenha sido abandonado sem referências, que não se saiba mais muito bem por que vale a pena ser um ser humano a ponto de fantasiar, se tornar um ciborgue e de dar lugar a pós-humanos. Sinto-me, portanto, parte interessada no campo que é o meu, o da educação, da resistência às lógicas dominantes atuais e das tentativas de pensar e construir outro mundo possível. (Charlot, 2020, p. 165)

Urge resistir a "essas lógicas de lucro, desempenho e concorrência", nas quais "a questão do tipo do homem e da mulher que se pretende educar se torna obsoleta" e "pensar a dimensão antropológica da educação". Diante dessa "neobarbárie", diz ele, "minha posição é opor uma defesa da especificidade e do valor da humanidade, tal como a construiu a evolução: uma espécie a educar" (*Id. ib.*).

Essa é a natureza da barbárie na educação: o esquecimento da questão do ser. "O cenário educacional hoje não é mais ocupado pelos debates antropopedagógicos, mas por discursos sobre educação que colocam em prática e em palavras as lógicas sociais dominantes" (Charlot, 2020, p. 283). Assim, não há nenhum debate sobre os fins da educação. Fica-se num vazio de sentido e de significado, tocando a vida em frente sem se perguntar para onde estamos indo.

Bernard Charlot conclui o livro afirmando que "educar é educar ao humano. A barbárie, sejam quais forem suas formas, incluindo as muito modernas, pensa fora do humano. Educação ou barbárie, hoje é preciso escolher" (Charlot, 2020, p. 304). Destaco que Charlot, ao colocar uma interrogação no título de seu livro — *Educação ou barbárie?* —, deixa claro que ele não concorda com a simples disjuntiva "educação ou barbárie" e lança uma pergunta para que seu leitor possa refletir sobre ela. Talvez fosse melhor evitar a disjuntiva e falar de "educação e barbárie".

Aqui, poderíamos nos recordar da consigna de Rosa Luxemburgo "Socialismo ou Barbárie", lançada em 1916, em plena Guerra Mundial, e que foi retomada por um grupo socialista libertário radical francês do período pós-guerra, criado em volta de uma revista com o mesmo nome, e que durou de 1948 até 1965. Rosa Luxemburgo estava certa em relação à situação da Alemanha daquela época: a derrota do Socialismo na Alemanha abriu caminho para a barbárie fascista e a Segunda Guerra Mundial. Ao propor essa consigna, Rosa Luxemburgo referia-se ao contexto específico da Alemanha de disputa de projetos de sociedade entre um projeto socialista (social-democrático) em oposição ao nazifascismo. Nesse cenário, a vitória do segundo deu razão histórica a Rosa Luxemburgo, pois aconteceu exatamente aquilo que ela havia previsto.

A partícula "ou" pode insinuar certo determinismo histórico como algo inevitável. A história é um processo aberto; é possibilidade, não determinação. Diz-se o mesmo em relação à disjuntiva "civilização ou barbárie"; ela também pode ser uma armadilha: "as diversas compreensões de barbárie demarcadas na história nos mostram que a obstinação nesse antagonismo traduz em parte a não aceitação por parte dos ocidentais de serem igualados a algo que eles consideram inferior" (Moraes, 2015, p. 19) ou, simplesmente, como "não humano". Na época das grandes navegações, no século XVI, não raro se descreviam os indígenas como animais "selvagens", "bárbaros", que tinham rabo como os macacos e que, para se tornarem humanos, deveriam ser catequizados e convertidos ao Cristianismo. Quando não aceitassem essa condição, seriam submetidos à tortura, massacrados, escravizados em nome da "civilização cristã ocidental". Como afirma Edgar Morin, há uma barbárie "que toma forma e se desencadeia com a civilização" (2009, p. 15).

As disjuntivas — isto ou aquilo, nós ou eles — podem ser excitantes, envolventes. Elas apelam para a ação, excitam, movem, tensionam, mas podem nos levar ao extremismo. Podem levar à negação do outro, que é, em essência, o que chamamos de barbárie. A barbárie é consequência, resultado,

> tudo aquilo que decorre dessa negação, e que normalmente nega também os direitos do outro à liberdade de expressão, à justiça e à vida digna em sociedade [...]. A barbárie se inicia na recusa por enxergar o outro como igualmente sujeito de direitos e se concretiza na erupção da violência para com este outro, alvo da intolerância, tendo como consequências, muitas vezes, confrontos, crimes e genocídios. (Moraes, 2015, p. 19)

É verdade. O mundo tem de ser um só quando se trata de justiça. Mas, para ser justo, quando se trata de cultura, tem de ser diverso. Um mundo em que se respeita e valoriza a diversidade.

Quando a educação não é emancipadora, problematizadora, o sonho do oprimido é ser o opressor que está dentro dele, como sustenta Paulo Freire em *Pedagogia do oprimido*. A negação da humanidade do outro não está apenas na relação opressor-oprimido. Ela está na autonegação do próprio oprimido ao não se assumir como sujeito da sua própria história. Paulo Freire percebeu, muito cedo, essa condição humana desumanizante. Ele nos fala da "revolução cultural" como antídoto à "invasão cultural" e sobre o papel da educação como cultura na transformação social, dissecando o funcionamento da sociedade a partir da relação oprimido-opressor, uma reinvenção da relação senhor-escravo de Hegel. Nessa revolução cultural, a educação poderia jogar um papel decisivo.

Vale a pena reler *Pedagogia do oprimido*, com o olhar de hoje, quando se retoma o tema da barbárie na educação. O cenário é outro. A barbárie tem outros nomes e outras personagens. Diria que é mais sutil e não menos brutal do que a barbárie do passado. Ela vem revestida de ciência, de tecnologia, apresentada como único mundo possível e necessário para garantir o progresso, a democracia e a "igualdade de oportunidades". Me chama muito a atenção a leitura que Paulo fez, extensivamente, de dois livros em sua *Pedagogia do oprimido*: a edição em espanhol do livro de Frantz Fanon, *Los condenados de la Tierra* (1965), e a edição em inglês do livro de Albert Memmi, *The Colonizer and the Colonized*, de 1967, que seria publicado no Brasil, pela Paz e Terra, no mesmo ano, com o título *Retrato do colonizado precedido pelo retrato do colonizador* (Memmi, 1967). No ano seguinte, a mesma editora publicou o livro de Franz Fanon, *Os condenados da terra*, com uma introdução de Jean-Paul Sartre (Fanon, 1968). Lembremo-nos de que Paulo Freire escreveu seu livro *Pedagogia do oprimido* quando estava exilado no Chile, entre 1966 e 1968.

No item em que ele trata da situação concreta de opressão, ele fala da "dualidade existencial dos oprimidos que, 'hospedando' o opressor cuja 'sombra' eles 'introjetam', são eles e ao mesmo tempo são o outro [...], muitas vezes os leva a exercer um tipo de violência horizontal com que agridem os próprios companheiros" e aí cita Frantz Fanon: "essa agressividade sedimentada em seus músculos vai se manifestar no colonizado primeiro contra os seus" (Freire, 1975, p. 53). E continua Freire: "é possível que, ao agirem assim, mais uma vez explicitem sua dualidade. Ao agredirem seus companheiros oprimidos, estarão agredindo neles, indiretamente, o opressor também 'hospedado' neles e nos outros. Agridem, como opressores, o opressor nos oprimidos" (*id., ib*). Paulo Freire fala de uma "irresistível atração pelo opressor" pelos seus "padrões de vida". Alcançar esses padrões constitui uma incontida aspiração para o oprimido. Na sua alienação quer, a todo custo, parecer com o opressor. Imitá-lo. Segui-lo. Isso se verifica, sobretudo, nos oprimidos de "classe média", cujo anseio é serem iguais ao "homem ilustre" da chamada classe "superior".

Diz Paulo Freire:

> é interessante observar como Memmi, em uma excepcional análise da "consciência colonizada", se refere à sua repulsa de colonizado ao colonizador mesclada, contudo, de "apaixonada" atração por ele. A autodesvalia é outra característica dos oprimidos. Resulta da introjeção que fazem eles da visão que deles têm os opressores. De tanto ouvirem de si mesmos que são incapazes, que não sabem nada, que não podem saber, que são enfermos, indolentes, que não produzem em virtude de tudo isto, terminam por se convencer de sua "incapacidade". Falam de si como os que não sabem e do "doutor" como o que sabe e a quem devem escutar. (Freire, 1975, p. 53-54)

Nessa dialética oprimido-opressor, para Paulo Freire, a libertação do oprimido ocorreria não apenas na sua condição de oprimido, mas, igualmente, na do opressor. Como observa Vanilda Paiva (1979), "negando as qualidades da população local, o colonizador desumaniza o colonizado, mutila-o psicologicamente, fazendo-o aceitar como naturais as condições de exploração [...]. Não é apenas o colonizado que deve superar em si o colonizador, recuperando ou forjando a sua identidade; também o colonizador recupera a sua humanidade se são suprimidas as condições que possibilitam o ser colonizador" (Paiva, 1979, p. 6-7).

Pedagogia do oprimido é um livro exigente e radical. Ele nos estimula e desafia ao diálogo e, ao mesmo tempo, à insurgência. É a manifestação de algo maior, que precisa de novos desdobramentos. Ele escreveu esse livro dizendo que se tratava apenas de uma "introdução à pedagogia do oprimido", e não "toda" a pedagogia do oprimido. A pedagogia do oprimido é um projeto de libertação maior que o livro apenas "introduz". Ela precisa ser desdobrada, realizada, "corporificada", na expressão de Paulo. Diz ele:

> a pedagogia do oprimido, como pedagogia humanista e libertadora, terá dois momentos distintos. O primeiro, em que os oprimidos vão desvelando o mundo da opressão e vão comprometendo-se na práxis,

com a sua transformação; o segundo, em que, transformada a realidade opressora, esta pedagogia deixa de ser do oprimido e passa a ser pedagogia dos homens em processo de permanente libertação. (Freire, 1975, p. 57)

Trata-se de uma pedagogia universal, e não só dos oprimidos: trata-se de uma pedagogia "do oprimido" para uma pedagogia de todos os seres humanos. Por isso, ele fala que teria dois "momentos distintos". É uma revolução frente ao próprio pensamento hegeliano no qual ele se fundamentou, mas reinventou: ele subverte a relação "senhor-escravo" quando coloca a libertação simultânea do oprimido e do opressor. Ao dizer que seu livro é apenas uma "introdução" à pedagogia do oprimido, Paulo Freire lança o desafio de reescrevermos essa pedagogia, no nosso tempo, por meio de outras pedagogias humanistas.

1.4 A dialética entre humanização e barbárie

De alguma forma, na história da humanidade, nos tornamos humanos, talvez até mais humanos. Em meio a contradições e condicionamentos, seguimos construindo a humanidade em todos nós, pois nascemos incompletos como seres humanos. A educação, a cultura, a comunicação — tanto quanto outros campos da práxis humana — a seu modo, vêm se constituindo como possíveis domínios de autênticos processos de humanização. A humanização entendida como emancipação humana, e não como processo civilizatório doutrinador, colonizador.

Paulo Freire se debruçou muito sobre essa temática, evidenciando dois processos antagônicos: a humanização e a desumanização. Em *Pedagogia do oprimido*, ele nos fala da desumanização como negação do outro como ser humano por meio de diferentes formas históricas, políticas e sociais de opressão, sustentando que a educação como processo de humanização deveria passar pela conscientização, pela desalienação, pela recuperação da humanidade dos oprimidos e da dignidade humana. Essa é a tarefa de uma pedagogia "que faça da opressão e de suas causas objeto da reflexão dos oprimidos, de que resultará o seu engajamento necessário na luta por sua libertação, em que esta pedagogia se fará e refará" (Freire, 1975, p. 32).

O processo de humanização seria um caminho árduo de enfrentamento da desigualdade e da injustiça no qual os homens e as mulheres podem se tornar conscientes de si mesmos, de sua forma de atuar e de pensar. Humanização e desumanização são duas "possibilidades dos homens como seres inconclusos", mas só a primeira se constitui, propriamente, como "a vocação dos homens" (Freire, 1975, p. 30). Ainda que a desumanização seja real na história, não é um destino contra o qual não se possa lutar, mas o resultado de uma "ordem injusta e necrófila" (Freire, 1975, p. 171) que gera violência por parte dos opressores. Aqui, é importante observar que Paulo Freire sustenta que, ao superar a sua condição de desumanização, o oprimido também contribui para a humanização de quem o desumaniza: "aí está a grande tarefa humanista e histórica dos oprimidos: libertar-se a si e aos opressores" (Freire, 1975, p. 31).

Tem razão Miguel Arroyo quando afirma que

> um dos conceitos mais presentes no pensamento pedagógico de Paulo Freire é a ideia de humanização-desumanização recuperando o olhar mais originário da pedagogia: humanizar, acompanhar desde a infância, o broto do humano, os processos de humanização [...]. Se a desumanização é uma realidade histórica, não haverá como entender, reconstruir a história da própria educação como história da formação humana sem reconstruir e entender a desumanização. Reconheçamos que essa é uma história esquecida, silenciada na própria narrativa da educação. (Arroyo, 2019)

Assim, podemos dizer que, para Paulo Freire, não há humanização sem libertação, sem transformação revolucionária da sociedade. É desse humanismo transformador e revolucionário que falamos aqui, muito longe de um humanismo como extensão da colonização "civilizadora". E aqui podemos ver a estreita relação entre barbárie e desumanização, entendendo a humanização como um processo contra a barbárie, e a barbárie como negação da humanidade do outro. Na medida em que a barbárie se instaura quando se nega a humanidade do outro, no processo de desumanização, a luta contra esse processo precisa da educação como quefazer estritamente humano. Então, a escolha não está entre educação e barbárie. Para a educação, a escolha está entre humanizar ou desumanizar, entre humanização ou barbárie.

Nesse sentido, Paulo Freire mostrou que é possível, necessário e urgente que nos voltemos contra a barbárie por meio de uma educação como prática da liberdade, brigando pela justiça. No entanto, ele também mostrou que a educação não pode tudo. Realçou, desde suas primeiras experiências pedagógicas, o papel da família nesse processo. Por mais que a educação possa contribuir no enfrentamento da barbárie, essa é uma tarefa que precisa envolver tanto a escola quanto a família e a sociedade, numa renovada relação entre elas, ao contrário do que pretende o movimento pela *homeschooling*.

> A capacidade de combater a barbárie e educar não depende apenas das condições oferecidas pela escola, assim como a luta contra a violência não deve ser empreendida apenas a partir do espaço escolar. Tanto a formação humana quanto o comportamento violento são fenômenos construídos socialmente e como tal devem ser reconhecidos. (Zanolla, 2010, p. 120)

Cabe à escola denunciar a barbárie em todas as suas dimensões. Enquanto a escola não redimensionar sua relação com a família a partir de uma visão renovada por um referencial emancipatório, dificilmente ela conseguirá alcançar seus intentos humanizadores.

Se isso é válido para a educação em geral, temos motivos de sobra para reconhecer a importância dessa temática na atualidade brasileira de frequentes manifestações de ódio e de intolerância. Eduardo Bittar, analisando o crescimento da violência no Brasil, afirma que ela vem acompanhada por um aumento das formas políticas de exceção e de autoritarismo social, criando um ciclo vicioso, "fonte de inúmeras injustiças e fenômenos de desigualdade e de violência que se encontram a corroer a solidariedade social em nossos tempos" (Bittar, 2008, p. 214). Um clima de violência que corrói não só a sociedade, mas, igualmente, a escola.

Em 2019, na cidade de Suzano, São Paulo, dois jovens mataram cinco de seus colegas e duas funcionárias numa escola estadual em que haviam estudado. Um deles teria sofrido *bullying*, muitas vezes ligado ao preconceito que permeia sociedades chamadas "civilizadas". O *bullying* é um fenômeno

> composto de violência física e psicológica realizadas intencionalmente contra um indivíduo específico considerado frágil e inferior pelo agressor. Assim, o *bullying* proporciona consequências negativas de curto e longo prazo a todos os envolvidos e apresenta-se potencialmente relacionado à negação e não aceitação do outro. (Chaves; Souza, 2018, p. 1)

Muitas vezes caracterizado como indisciplina, o não reconhecimento do *bullying* "como um comportamento danoso ao desenvolvimento psíquico dos alunos, aliado às práticas educativas tradicionais adotadas, contribui para a incidência e a manutenção do *bullying*" (Oliboni, 2008, p. 8).

Não devemos confundir intimidações e humilhações como se fossem simples brincadeiras. Só uma cultura de não violência pode enfrentar essa cultura da morte, seja na escola, seja na sociedade, que entende o outro como inimigo e que se dá tanto presencialmente como no ciberespaço. Devemos celebrar a diversidade. O que nos une a todos e todas é a nossa humanidade comum. Sair "do olhar empobrecido do preconceito e das ações discriminatórias nos permitirá celebrar a riqueza da diversidade e integrar as diferenças para aproveitar de modo mais integral a humanidade de todos nós" (Maldonado, 2011, p. 75). Não basta não ser racista e não ser xenófobo. É preciso ser contra o racismo e contra a xenofobia, contra a aporofobia. Como diz Vanderlei Carbonara, "à educação cabe permitir que o autêntico encontro humano aconteça. E aqui parece já ser coerente afirmar que se espera de um espaço destinado a promover a formação humana que o encontro com o rosto do outro seja mais valorizado do que a resolução individual de um teorema ou qualquer outra expressão de devoção a um saber ou a uma autoridade constituída" (Carbonara, 2018, p. 525). A barbárie se manifesta de múltiplas formas tanto na escola quanto na sociedade.

Poucos analisaram o tema da barbárie e sua relação com a educação como Theodor Adorno. São conhecidos os seus livros *Educação após Auschwitz* e *Educação e emancipação*. Educação e barbárie é um tema que Adorno aborda a partir de sua crítica à cultura de massa — hoje, muito potencializada pelas mídias sociais — entendendo que a educação poderia contribuir definitivamente no processo de desbarbarização. Desbarbarizar deveria ser o principal objetivo da escola.

— O que ele entende por barbárie?

Em seu livro *Educação e emancipação* (1995), Theodor Adorno afirma que a barbárie não está só no genocídio, mas na tortura, nas guerras e em outras formas de opressão, como preconceito, ódio, intolerância, fome, reprodução das desigualdades e em toda forma de violência. Por isso, precisamos de uma educação emancipadora capaz de "desbarbarizar", o que, por si só, já é uma forma de "esperançar", diria Freire. A resposta de Adorno à questão da barbárie é clara e contundente:

> entendo por barbárie algo muito simples, ou seja, que, estando na civilização do mais alto desenvolvimento tecnológico, as pessoas se encontrem atrasadas de um modo peculiarmente disforme em relação a sua própria civilização — e não apenas por não terem em sua arrasadora maioria experimentado a formação nos termos correspondentes ao conceito de civilização, mas, também, por se encontrarem tomadas por uma agressividade primitiva, um ódio primitivo ou, na terminologia culta, um impulso de destruição, que contribui para aumentar ainda mais o perigo de que toda esta civilização venha a explodir, aliás uma tendência imanente que a caracteriza. Considero tão urgente impedir isto que eu reordenaria todos os outros objetivos educacionais por esta prioridade. (Adorno, 1995, p. 155)

A barbárie seria, então, produto do impulso de destruição dos seres humanos contra a sua própria humanização, um impulso que leva o ser humano a voltar atrás no seu processo de hominização, seu processo de construção de um mundo onde todos caibam. Esse impulso de destruição não é apenas contra o próprio ser humano, pela negação de sua humanidade, mas de destruição da natureza, da mãe Terra, que é também uma forma de destruição da humanidade.

A partir dessa visão de Adorno, com certeza, podemos incluir como barbárie a "lógica de performance e de concorrência" de que nos fala Bernard Charlot (2020, p. 10), pois ela leva à constituição de uma sociedade que separa vencidos e vencedores, uma sociedade dividida entre presas e predadores. Leonardo Boff, falando sobre a pandemia de covid-19, que demonstrou uma "abissal desigualdade mundial" e uma "falta cruel de solidariedade", afirma que

> não abandonamos ainda o mundo da barbárie e se já o havíamos deixado, retornamos a ele. O nosso mundo não pode ser chamado de civilizado porque um ser humano não reconhece e acolhe outro ser

humano, independentemente do dinheiro que carrega no bolso ou tem depositado no banco ou de sua visão de mundo e de sua inscrição religiosa. A civilização surge quando os seres humanos se entendem iguais e decidem conviver pacificamente. Se isso é assim, estamos ainda na antessala da civilização e navegamos em plena barbárie [...]. Ele ganhou sua mais perversa expressão pela cultura do capital, competitiva, pouco solidária, individualista, materialista e sem nenhuma compaixão para com a natureza. (Boff, 2022)

Por isso, o tema da relação entre educação e barbárie retorna hoje com muita força, um tema que tem múltiplos aspectos, como mostra o livro organizado por Fernando Cassio, um verdadeiro convite à luta "por escolas democráticas e pela liberdade de ensinar", no qual denuncia a "barbárie gerencial" na educação brasileira e expõe "o embuste das agendas educacionais empresariais, cada vez mais capilarizadas e indistinguíveis das políticas educacionais oficiais" e a "ideologia da aprendizagem" que "não apenas reduz a complexidade dos problemas educacionais, mas, também, reforça a lógica individualista e concorrencial" (Cassio, 2019, p. 17).

Vivemos novos tempos de barbárie e nos indagamos sobre o que pode a educação fazer nesse contexto. Essa deveria ser uma preocupação central na formação inicial e continuada do educador. É preciso que a escola retome o seu papel de formadora da consciência cidadã e entenda a educação como cultura, conforme a entendia Freire, como formação cultural em seu sentido amplo, discutindo os fins e objetivos da educação, e não ficando na pura reprodução acrítica de um saber como instrumento de dominação política e exploração econômica.

1.5 A educação como façanha da liberdade

Nesse contexto, precisamos nos preparar melhor para o exercício da função docente. A barbárie é poderosa e conta hoje com muitas milícias digitais, muito poder de persuasão, com suas manhas e artimanhas, potencializadas pelas mídias sociais transformadas em poderosas máquinas de guerra político-ideológicas robotizadas. Como dizia Paulo Freire, precisamos nos preparar conhecendo os mecanismos de que dispõe o opressor contra os oprimidos. E essa é uma tarefa eminentemente coletiva. Devemos estar articulados, organizados e conscientes para enfrentar esse que é, segundo Adorno, o principal objetivo da escola. Precisamos tanto do "antídoto" de que nos fala Adorno, aquele que está no pensamento crítico, no esclarecimento, como da escuta, nos colocando à disposição do outro, de que nos fala Freire. Esse é o desafio maior num contexto de beligerância em que vivemos hoje, um verdadeiro teste para a nossa crença na humanidade quando ela está ameaçada bem à nossa frente.

A barbárie se instaura quando o outro não é mais considerado como eu, quando eu não me reconheço no outro como meu semelhante, quando eu vejo o outro como meu concorrente ou, pior, quando eu o vejo como meu inimigo. O outro se torna um "bárbaro" a quem devo destruir, converter ou "civilizar" para servir aos meus propósitos. Quando eu não me reconheço no outro, o mundo caminha para a barbárie. Por isso, hoje, o caminho da barbárie é cada vez mais largo, cada vez mais gentes trilham essas sendas da barbárie, transformadas em grandes rodovias. O alerta já vem sendo dado há tempos. Quando tomamos o caminho e olhamos para os lados e só vemos estranhos, podemos ter certeza de que estamos vivendo em tempos de barbárie. Tempos de barbárie são os tempos em que recomendamos às nossas crianças: "não converse com estranhos", quando levantamos muros, quando nos escondemos de nossos semelhantes em condomínios fechados, quando nos aprisionamos em casas cercadas de arame farpado e, mesmo assim, ficamos aterrorizados pela ideologia da segurança privada. Nesse contexto, não há mais como não se admitir que vivemos tempos de barbárie.

— Pode a educação ser emancipadora? Pode ela interromper um processo de barbarização, de desumanização, e contribuir com a desbarbarização? Como?

A resposta a essas perguntas se encontra em Adorno e Freire, que entendem a necessidade da formação crítica, o esclarecimento e a conscientização como processos emancipatórios. Em *Educação e emancipação*, Adorno afirma que "a sociedade, tal como ela existe, mantém o homem não emancipado" e que emancipar não é "conduzir a sociedade à emancipação" (Adorno, 1995, p. 185). A emancipação jamais poderia ser resultado de uma imposição. Não se trata de "conduzir". Todos nos emancipamos juntos: ninguém emancipa ninguém, ninguém educa ninguém; nos educamos em comunhão, mediados pelo mundo, como sustenta Freire. Indivíduo e sociedade se emancipam simultaneamente. Somos, ao mesmo tempo, sujeitos individuais e sociais.

Para Adorno, a desbarbarização deveria começar na infância, como tarefa de pais e professores. Para isso, precisamos de uma outra escola, uma que forme para a cooperação, para a solidariedade, não para a competição. Não basta formar para tirar a melhor nota, para ser o melhor da turma. A escola que exalta a competição e o preconceito contribui para o processo de barbarização da sociedade. Assim, desbarbarizar é, por si só, emancipar.

A barbarização da sociedade demonstra o quanto o ser humano pode chegar longe na sua autodestruição ao perder sua capacidade de amar. Por isso, Paulo Freire insistia tanto no seu sonho de uma sociedade "onde seja menos difícil amar" (1975, p. 218). Só o amor pode vencer esse instinto destrutivo, esse ódio primitivo que coisifica o outro e não o reconhece como eu mesmo. Destrói-se o outro como se fosse um objeto, uma posse, uma mercadoria que pode ser vendida, monetizada pelas redes sociais. É a perda da humanidade no próprio ser humano que também se coisifica ao perder a capacidade de amar.

Esse impulso destrutivo de que nos fala Adorno orienta a educação por meio da competição exacerbada com seus rankings classificatórios que dividem os seres humanos em vencedores e vencidos na corrida educacional.

O mundo não é mais visto como espaço compartilhado por diferentes comunidades de vida, mas como um objeto a ser possuído. Nesse contexto, o outro deixa de ser companheiro de caminhada e passa a ser uma ameaça à satisfação do meu desejo de possuir mais. Essa violência tem origem na negação do outro, entendido como objeto, alguém que não tem rosto, que não tem nada a dizer. "Nessa dimensão, a violência age não sobre um outro, mas sobre algo, sobre o que possa ser objetivado e objetificado e, portanto, dominado ou eliminado" (Carbonara, 2018, p. 513).

Adorno estava preocupado com a possibilidade de a barbárie nazifascista se repetir e depositava enorme confiança na capacidade da educação e da escola em particular. O que aconteceu em Auschwitz não poderia jamais se repetir. Em seu livro *Educação após Auschwitz*, ele sustenta que o genocídio poderia retornar sob novas formas de barbárie, como o egoísmo individualista e segregador, a humilhação e a marginalização do outro. Entendia que uma educação emancipadora — dialógica e participativa, crítica e reflexiva — poderia resistir a esse retorno, formando para a cooperação e a solidariedade. Essa é a lição que deveríamos tirar de Auschwitz; e esse processo deveria se iniciar na educação infantil, incluindo a formação dos próprios pais e familiares, integrando-se à vida da escola, fazendo parte dela como promotores dessa educação emancipadora. Ele propõe uma verdadeira educação popular como educação em direitos humanos sem usar a palavra "popular" — palavra que tinha forte conotação nazista na época, em alemão. A escola deveria centrar-se na formação da pessoa para que nunca mais os seres humanos atacassem outros seres humanos por ódio ou intolerância racial ou cultural. A base deveria ser a condição humana, o respeito às pessoas na riqueza de sua diversidade.

— O que a escola pode fazer?

Cada escola é única, fruto de suas múltiplas determinações. A escola é um organismo vivo em evolução. Entretanto, nessa diversidade também existe uma unidade, definida pelos fins da escola e da educação, que são inseparáveis. Unidade e diversidade, portanto, não se opõem, se complementam. Unidade não se confunde com uniformização. Por isso, falar de função da escola é falar de função da educação. Se educar é um quefazer estritamente humano, os humanos podem transformar a escola num espaço-tempo de descoberta do outro como eu mesmo ou o seu contrário: um espaço-tempo de descoberta do outro como inimigo a quem devo eliminar ou como um adversário a quem devo superar. No primeiro caso, temos uma escola emancipadora e, no segundo, uma escola formadora de predadores. Chamando a atenção para a "necessária ambiguidade e dialeticidade da educação", Paulo Freire afirma que a educação pode se constituir tanto "como prática da domesticação" quanto como "prática ou façanha da liberdade" (Freire *In*: Gadotti, 1981, p. 18). A história nos mostra que muitas educações e escolas são possíveis. A escola não é uma ilha isolada da sociedade, mas fator e produto dela. Nos extremos, a escola pode tanto domesticar quanto emancipar. Ela pode ser autoritária ou democrática, ser agente de transformação ou de conformação.

Nós nos posicionamos em favor de uma escola de companheirismo, de comunidade e, portanto, de uma escola emancipadora, transformadora, que respeita e valoriza a diversidade, onde cada um possa dizer a sua palavra e construir sua própria história. Trata-se de uma escola como espaço de convivência, de formação em valores de solidariedade, amorosidade, um espaço-tempo acolhedor para crianças, jovens e adultos, de construção da liberdade e da autonomia. A função da escola, nessa perspectiva, não se limita à socialização do saber sistematizado. Sua função é muito mais ampla. Ela representa o elo entre a tradição e a revolução, entre gerações que se formam para um futuro de servidão ou um futuro de emancipação.

É verdade que existem hoje muitos espaços de formação, seja no trabalho, na família, na comunidade, nas igrejas, em ONGs, nos sindicatos, em partidos, associações etc., mas a escola tem uma especificidade: seu ensino é formal e metodicamente estruturado para alcançar determinados fins e objetivos. Sua natureza é diferente da desses outros espaços de aprendizagem. O espaço das relações familiares é também um espaço particular que tem uma grande importância e pode contribuir com a escola na sua missão formadora. Todos sabemos que a influência do ambiente doméstico é fundamental. Todos os dados apontam para essa causa do desempenho escolar. Para melhorar a qualidade da educação escolar, precisamos redimensionar o papel desse espaço de formação. Precisamos pensar a escola a partir de uma visão renovada da sua relação com a família. A família, contudo, não pode substituir — como pretensamente defende a chamada *homeschooling* — as funções da escola.

Lembro-me aqui das lições de Freire, que começou sua trajetória educacional justamente pensando na participação dos pais na escola, ainda muito jovem, na década de 1940, quando trabalhava no SESI, em Recife. Seus primeiros escritos são sobre as associações de pais e professores. Seu primeiro artigo, publicado na *Revista Brasileira de Estudos Pedagógicos*, tem por título "A escola primária no Brasil". Em 1989, ao assumir a SME de São Paulo, seu primeiro ato foi restabelecer os conselhos de escola, que haviam sido extintos por decreto pelo prefeito anterior, justamente para permitir maior participação de pais e familiares na educação escolar de seus filhos.

Infelizmente, no nosso modelo dominante de educação, envolvemos mais a mídia do que a família. Nossas crianças sabem tudo o que se passa na tevê. O pior não é nem isso. O pior é quando a escola copia a mídia ou uma certa mídia: a de mercado. Não quero generalizar, mas a lógica da mídia é mostrar tudo ao vivo, o instantâneo, o fugaz, na hora. Essa é a sua natureza. A mídia precisa mostrar ao vivo o que está acontecendo hoje no mundo. Minutos depois, passa para outra pauta. Esse é o dinamismo próprio da mídia e sua grande força de sedução. A escola, ao contrário, não pode viver do imediatismo da notícia do momento. Ao contrário da mídia, a escola tem funções bem diferentes: ela se ocupa do que é clássico, da tradição, do que é duradouro.

Vivemos num mundo com fortes tendências conservadoras, muito bem expresso por Zygmunt Bauman no seu conceito de "modernidade líquida" (2001): uma modernidade individualista, aquela em que nada é mais sólido, nada tem valor definido. Tudo parece ser temporário, passageiro. O que vale hoje não vale mais amanhã. Não há regras fixas, normas, princípios. Tudo é válido até aviso em contrário. A essa modernidade falta uma perspectiva histórica. Vive-se o presente fugaz, frágil, fútil. Trata-se de uma modernidade na qual o privado prevalece sobre o público, sobre o comunitário, que leva ao descrédito da participação política. Na sociedade do espetáculo e da espetacularização — da política, do judiciário, da violência —, tudo se passa ao vivo. Sem ontem e sem amanhã, vivemos o presente. Impera o presentismo. A escola, ao contrário, precisa alimentar-se da história.

Com razão, Bauman chamou a atenção para o ressurgimento do fascismo no mundo. Hoje, o ódio flui de maneira avassaladora pelas redes sociais, contaminando o convívio entre as pessoas. Basta um clique para tomar mais uma dose diária de ódio. A mensagem vem muito bem embalada, com estímulo à multiplicação: "passe adiante"! Não são textos abstratos, complexos. São imagens sedutoras que valem por mil palavras. O poder de persuasão é fantástico. Trata-se de uma involução civilizatória.

Esse é um sintoma de uma sociedade em desconstituição do humano, sem rumo, que precisa discutir o seu futuro, se perguntar sobre o tipo de país, de mundo que quer construir. É um sintoma da falta de reflexão crítica, de debate sobre valores. Sem ética não há política, sem ética não temos futuro. A escola precisa, neste momento, assumir seu papel de guardiã da ética.

Esse é também um mundo em que as nossas crianças e jovens nasceram e cresceram no meio tecnológico e digital. Mesmo as gerações não tão jovens, como a minha, tiveram de passar e estão passando por uma profunda transformação do seu modo de vida provocada pelas novas tecnologias. Todos nos tornamos escritores e editores: existem mais celulares do que habitantes no planeta. Hoje, não é mais possível dizer que humanismo e tecnologia se opõem. Ao contrário, estão estreitamente ligados, conectados. A tecnologia faz parte do nosso cotidiano. As tecnologias aproximaram as pessoas. Esse é o grande poder pedagógico das tecnologias. Elas romperam com a distância. Ambientes virtuais de aprendizagem são uma conquista definitiva que será incorporada em todos os processos de ensino--aprendizagem. É verdade, criamos um problema para nós mesmos: passamos tempo demais em frente à telinha. Precisamos conviver mais com as pessoas. Esse é um tema que a escola emancipadora terá de enfrentar com coragem e ousadia.

Muitas coisas podem ser ensinadas e aprendidas por meio de tecnologias, inclusive a distância, mas existem muitas aprendizagens que só podemos alcançar face a face, cara a cara, corpo a corpo, na presença e em diálogo. Precisamos reequilibrar e diversificar nossa presencialidade. Não podemos ficar só com a presencialidade à distância. Qual é a saída? A saída diante do meio tecnológico é formar pessoas críticas, que possam fazer uma leitura crítica da realidade e das próprias tecnologias.

Aprender é uma atividade social que exige conectividade, conexão, interação e as novas tecnologias podem nos ajudar nisso. Aprender não é repetir o que aprendemos, mas construir conhecimento. Quando a escola fica respondendo a perguntas que já ninguém faz, que não tocam o cotidiano, a aprendizagem se torna algo enfadonho, sem sentido. O segredo está na conectividade, na colaboração, na busca coletiva. Para isso, precisamos nos formar para a sensibilidade, para a emoção e a imaginação, para além da ciência e do conhecimento. A visão humanista e emancipadora da educação foi sendo gradativamente substituída por uma visão pragmática em que prevalecem os valores da competitividade, da eficiência, da rentabilidade em favor de uma "ética do mercado" (Freire, 1996, p. 16), denunciada por Paulo Freire em sua *Pedagogia da autonomia*.

Muitas crianças e muitos jovens chegam hoje à escola frequentemente sem saber por que estão ali. Querem saber, mas não querem aprender o que lhes é ensinado. E aí entra o papel do professor: como profissional do humano, ele constrói sentido, transforma o obrigatório em prazeroso, seleciona criticamente o que devemos aprender. Como docente, há tantos anos, aprendi que conhecimento é informação que faz sentido para quem aprende, é informação contextualizada, qualificada. Aprendi que informação não é conhecimento nem é educação. Conhecimento é informação com sentido.

As crianças são naturalmente criativas, curiosas, observadoras, programadas para aprender. São falantes por natureza e, quando silenciadas, perdem logo a curiosidade e o desejo de aprender. Desistem de estudar toda vez que são obrigadas a aprender o que não gostam ou que não aprenderam a gostar. Elas querem pesquisar, investigar, como fazem os cientistas. No momento que a criança, o jovem, descobre que o que vale não é a sua pesquisa, a sua pergunta, mas a nota, que se aprende para obter uma determinada nota, ele perde o interesse. Eles desistem de aprender quando descobrem que não é importante aprender, mas tirar boas notas; quando a escola não existe em função deles, mas em função de um sistema. As crianças aprendem muito quando são livres porque assim exploram mais. As crianças precisam de movimento, precisam usar as mãos, manipular as coisas para aprender. Precisam usar o corpo e a mente.

Enfim, numa escola como espaço-tempo de descoberta do outro como eu mesmo, não há espaço para o ódio e a intolerância, para a raivosidade. Nessa escola, todo espaço é utilizado para construir laços de solidariedade e convivência democrática. As palavras que mais devemos cultivar nessa escola são: cuidado, diálogo, humildade, ternura, simplicidade... Elas deveriam estar escritas em todas as paredes dos corredores de nossas escolas. E mais: nosso sonho não se limita à escola. É preciso reinventar a educação e por que não colocar como horizonte de nossa ação pedagógica um mundo melhor?

A escola não é apenas um lugar de aprendizagem escolarizada onde a vida real fica do lado de fora. É um lugar onde também se decide o futuro de uma geração que precisa pronunciar-se sobre o mundo em que quer viver. A escola é um lugar onde outro país, onde outro mundo pode estar sendo gestado. Como afirmou Florestan Fernandes: "perdemos tempo demais em busca de 'reformas de ensino' que criaram muita celeuma, forjaram enormes ilusões e não nos arrancaram do lugar de partida [...]. Não basta, para acabar com os estrangulamentos educacionais, aumentar o número de escolas. Impõe-se construir, através da colaboração de professores, estudantes e todos os interessados, outros tipos de escolas" (Fernandes, 1990, p. 12-13). A educação precisa ser pensada a partir de outros referenciais. Não basta expandir a oferta de vagas e reproduzir a educação que temos.

1.6 O ser humano como referência

Para que a educação seja antídoto da barbárie, como preconizava Adorno, precisamos recolocar a questão da educação, ou melhor, colocar a educação como questão a partir de seus fundamentos.

A educação precisa ser colocada como questão porque se tornou fundamentalmente suspeita.

A educação sempre foi vista como algo intocável, acima de qualquer suspeita, o que permitiu a ela se desenvolver sem ser incomodada. Mesmo quando se desviou de seus fins humanistas, ela foi sempre aceita como algo bom e necessário.

No início do século XX, esse otimismo social-pedagógico foi muito bem representado por uma visão de mundo em que se via a história da humanidade como se ela fosse uma disputa entre a educação e a barbárie. A julgar pelas duas grandes guerras, a barbárie venceu. Na segunda metade do século XX, o mal-estar educacional começou a ser percebido em grande parte dos sistemas educacionais. Passamos por um período de pessimismo pedagógico em que se desnudava o caráter colonizador da educação. A escola foi questionada: cuidado, escola! Alguns foram execrados porque foram ainda mais ousados ao chamar a escola de "vaca sagrada", como foi o caso de Ivan Illich. Como tudo o que é humano, a educação também enfrenta suas contradições, com avanços e recuos.

Nesse início do século XXI, a educação, já globalizada sob a lógica meritocrática e homogeneizadora, enfrenta a disputa de projetos e concepções. A história da humanidade já não é mais uma corrida entre educação e barbárie. Quando a educação se torna um campo de batalha que resulta em vencidos e vencedores, presas e predadores, ela deixa de ser uma alternativa à catástrofe, pois assim se torna parte dela, parte da barbárie.

A retomada do tema educação e barbárie na atualidade é um bom sinal dessa retomada acerca de sua questão. Ele nos indica que cresce a consciência da crise humanitária na qual vivemos enquanto coloca-se em discussão o papel da educação no enfrentamento dessa crise. E a crise é, em essência, uma crise em relação à maneira como produzimos e reproduzimos a nossa existência no planeta. Cresce o discurso do ódio, crescem o racismo, a intolerância, como na crise do capitalismo do início do século passado, o que gerou duas guerras mundiais. Esse ódio vem sendo impulsionado, em parte, pelos meios de comunicação de massa e pelo sistema de ensino que oferece uma educação parcial, sem formação cidadã, formando predadores. O ódio de grande parte das elites, no nosso caso, contra a democracia participativa, contra os que defendem a radicalização da democracia e outro mundo possível, leva a pesados investimentos não só para incutir o ódio, mas para formar as pessoas a se comportarem como manadas por meio de uma informação rasa e fragmentada. É a "tragédia do neoliberalismo" de que nos tem falado Marilena Chaui (2017), cuja marca é o desmantelamento dos direitos sociais, transformados em serviços para quem pode pagar, com sua ideologia de que cada indivíduo é um capitalista que precisa competir no mercado com todos os outros — também considerados empresários de si mesmos — como se não existissem classes sociais.

Essa é também uma face da barbárie atual na educação que corrói por dentro a classe trabalhadora. Essa ideologia neoliberal vem acompanhada pela ideologia da meritocracia, ideologia como mistificação à medida que os indivíduos acreditam que seu sucesso ou fracasso depende exclusivamente do seu esforço e que tudo o que eles conseguem é por mérito próprio, não se entendendo como parte de um sistema de exploração. A meritocracia aprofunda as desigualdades sociais. Tem razão Olivier Reboul quando afirma que "não é porque o escritor e filósofo francês Albert Camus é filho de uma faxineira que a educação francesa é democrática. Ela seria democrática se todas as faxineiras francesas tivessem os meios, o gosto, a capacidade de ler Camus" (Reboul, 1974, p. 99).

A desigualdade não é hoje apenas resultado de políticas econômicas. É também produto de políticas públicas que estabelecem prêmios e castigos, favorecendo sempre os que estão no topo da pirâmide educacional. As políticas meritocráticas neoliberais não atacam os problemas da desigualdade, não atacam as políticas econômicas predatórias, atacam as ciências humanas, valorizando apenas as linguagens e as ciências chamadas duras, atacam as universidades, acusando-as de serem pouco "práticas", atacam as políticas de ação afirmativa relacionadas a questões de gênero e raça. E seus defensores, quando questionados sobre o fracasso escolar, só têm uma resposta: "se você fracassou, a culpa é sua".

A lógica meritocrática na educação é uma consequência da lógica do capital, que "funciona como um eficiente instrumento do capitalismo para perpetuar as desigualdades sociais, uma vez que exalta o individualismo e esconde os problemas que são inerentes e essenciais para a manutenção de dado sistema" (Silva; Barbosa; Souza, 2006, p. 90). É dentro dessa lógica que se situa a BNCC (Base Nacional Comum Curricular), que

> traz uma determinação curricular tecnicista, individualista e meritocrática que responsabiliza os sujeitos da escola pública pela qualidade da educação [...]. A lógica do capital é a lógica da certeza da meritocracia. Por isso, a escola precisa inverter essa lógica para que sejam demonstradas suas consequências e suas promessas que nunca se realizam. Desvelar a BNCC se constitui em obrigação dos educadores para compreensão dos projetos que se colocam em disputa na sociedade e no interior da escola. (Cury; Reis; Zanardi, 2018, p. 119; 130)

Segundo a CNTE, a meritocracia

> tem por objetivo escamotear as desigualdades nos sistemas de educação, sobretudo do ponto de vista da garantia dos insumos, que correspondem ao custo-aluno-qualidade. Tenta-se, a todo custo, tirar o foco das condições de aprendizagem dos estudantes e de trabalho dos educadores para induzir o senso comum a acreditar no mérito espontâneo e individual dos sujeitos. (CNTE, 2013, p. 209)

Somos uma comunidade humana una e diversa onde o que nos une a todos e todas é a nossa humanidade. O ser humano é o grande referencial da educação. Para além disso, predomina a diversidade. Aqui está o grande problema da BNCC: a sua visão de mundo. Ela não se propõe a dar voz ao educador e ao educando como sujeitos da educação. Considera professores como facilitadores, sem autoria, e alunos como latas vazias, sem voz. Precisamos humanizar o trabalho docente e visibilizar o aluno em suas diferenças. Direitos de aprendizagem não se reduzem a conhecimentos e habilidades para tornar as pessoas mais úteis ao mercado. Eu já vi isso na década de 1970, lendo textos da OCDE e do Banco Mundial. Como afirma Joel Spring (2018),

> a agitação estudantil nos anos 1960 e 1970, o desemprego entre universitários formados, a migração internacional de trabalhadores e a primeira crise do petróleo nos anos 1970 resultaram nas publicações da OCDE que conjugavam objetivos de capital humano com propósitos de manutenção da ordem social — ou, nas palavras dos documentos da OCDE, de coesão social. (Spring, 2018, p. 72)

Joel Spring fala da OCDE como um "Ministério Mundial" da educação que contribuiu para a "padronização da educação mundial e para a criação de uma cultura de escolarização global [...]. Todas as formas de ensino podem ser justificadas, contanto que produzam resultados altos nos testes e ensinem habilidades voltadas ao ambiente profissional" (Spring, 2018, p. 92-93). Falando da atuação do Banco Mundial nessa mesma ótica, o autor conclui que o Banco Mundial reduz o conhecimento à economia: "as ideias que pudessem resultar em mais justiça social e econômica não eram enfatizadas" (Spring, 2018, p. 234). Vá à escola para conquistar as habilidades que lhe garantirão um emprego e o resto que se dane!

Num mundo constituído de vencidos e vencedores, ganhadores e perdedores, não há lugar para a justiça, a equidade, a paz, enfim, não há lugar para uma real democracia. Não há lugar para estarmos juntos, pois a essência desse mundo é estar separado, dividido, cada um por si, onde o inimigo é o que está mais próximo de mim. Nesse contexto, a educação aprofundou sua própria autodestruição como projeto humanista, colapsou. Tornou-se instrumento da barbárie no qual tudo se resume em se preparar para vencer o outro. Isso não é figura de retórica. Ela está no esquecimento da questão do ser, da questão antropológica, que eu havia denunciado na década de 1970, falando que a educação estava contra a educação como humanização (Gadotti, 1981). Esqueceu-se das pessoas para adorar o bezerro de ouro do mercado, símbolo de nossas bolsas de valores.

— O que podemos esperar desse "modelo" de educação senão a barbárie?

A barbárie é exatamente esse impulso destrutivo da civilização de que nos falava Theodor Adorno, o qual orienta a educação baseada na concorrência e na classificação dos seres humanos em vencedores que devem sobreviver e vencidos que devem ser descartados. Essa é tipicamente uma educação que perdeu o ser humano como referência ao submeter-se às necessidades econômicas do mercado. Essa é uma educação para o genocídio, programada pelo estado de barbárie que vivemos.

Nesse cenário, a questão que se coloca não está, como se dizia no início do século passado, entre educação e barbárie. Como se houvesse uma escolha entre educação e barbárie quando a própria educação se tornou promotora da barbárie. A questão que se coloca hoje é como desbarbarizar a educação barbarizada que produz a barbárie. Não se trata de ver a educação como algo externo à barbárie. Trata-se de reconstruir o projeto humanista, centrado na pessoa, de uma educação para a emancipação.

Claramente, o modelo educativo global dominante não se orienta por esse princípio político-pedagógico. Não é de se estranhar que o papa Francisco tenha lançado, em 2019, um movimento por um "novo pacto educativo global" (www.educationglobalcompact.org/) tendo o ser humano como referência, não o mercado. O papa, ao clamar por um novo pacto e nos convocar para reconstruir o pacto educativo global, está reconhecendo, com isso, que o pacto educativo dominante colapsou.

— Por que o pacto educativo global colapsou?

Porque nasceu contra a educação, contra a educação como espaço de emancipação, como quefazer estritamente humano. Nasceu voltado para o mercado e seus interesses econômicos. Suas origens são conhecidas. Constatei isso nos anos 1970, pesquisando no Bureau Internacional da Educação da Unesco em Genebra (Gadotti, 1979). Os promotores desse pacto — e dos sistemas hegemônicos que determinam o que deve e o que não deve ser ensinado — foram a OCDE e o Banco Mundial. Eles estavam mais preocupados com a repercussão mundial dos movimentos sociais e populares dos anos 1960 — incluindo movimentos estudantis —, os quais eram movimentos em favor de uma educação mais democrática. Os estudantes queriam simplesmente ser ouvidos. A resposta foi truculenta: quem deve ser ouvido para saber o que os sistemas precisam ensinar é o mercado, e não a cidadania. Isso nos lembra de Paulo Freire quando, em *Pedagogia da autonomia*, opõe a "ética do mercado" — uma "ética menor, restrita, que se curva obediente aos interesses do lucro" — à "ética universal do ser humano", que condena a exploração da força de trabalho do ser humano" (Freire, 1996, p. 16-17). Há uma educação voltada para as pessoas — para o ser humano —, e outra educação voltada para o mercado.

Esses sistemas propõem educar crianças e jovens para disputarem um lugar no topo do que se chama sociedade de mercado. Muita dor foi causada, principalmente aos docentes, quando essa lógica competitiva chegou à sala de aula. Professores foram instigados a reproduzirem a lógica da rentabilidade e da eficácia dos mercados. Nesse contexto, a voz deles não conta. Eles não são autores nem protagonistas do ato pedagógico. Eles precisam preparar seus alunos para passar em testes que classificam vencidos e vencedores em seus rankings globais. Tem razão o antropólogo e educador popular Carlos Rodrigues Brandão quando se insurge contra essa educação de competições e concorrências e se pergunta: "quando será que a escola e a educação irão atribuir valores e prêmios para os mais solidários, os mais 'abertos ao outro', os mais cooperativos e capazes de dialogar em e entre equipes, em lugar dos solitários obcecados por seu exclusivo desempenho individual e por suas medalhas?" (Brandão, 2021, p. 126). Uma educação que forma predadores à procura de presas na chamada sociedade de mercado é uma educação para a barbárie e ela tem nome; seu nome é meritocracia.

Três anos depois de o papa Francisco lançar um debate sobre a necessidade de um novo pacto educativo global, a Unesco lança um documento no qual aponta a necessidade de uma educação mais "solidária", propondo um "novo contrato social" na educação com base no respeito pelos direitos humanos, um "modelo" de educação que o mundo precisa para o ano 2050, adiando algo que deveria ser feito pelo menos desde a Declaração Universal dos Direitos Humanos de 1948. É o que afirma o relatório da Unesco "Reimaginar nossos futuros juntos: um novo contrato social para a educação" (2022), que enfatiza a "transformação do sistema educacional" para que seja "mais justo e sustentável", propondo-se a impulsionar uma pedagogia que tenha por base "os princípios da cooperação, colaboração e solidariedade" com atraso de mais de meio século. O que é muito estranho é que isso esteja partindo de agências como o Banco Mundial e a OCDE, que continuam promovendo a barbárie na educação desde os anos 1970. A Unesco nos informa que esse novo relatório — depois do relatório Edgar Faure (1972), depois do relatório Jacques Delors de 1996, e do relatório de 2015 intitulado "Repensar a educação: rumo a um bem comum mundial?" (2016), reafirmando uma abordagem humanista da educação — teria sido resultado de uma consulta global que envolveu mais de um milhão de pessoas. Podemos considerar que realmente os habitantes deste planeta estão clamando por uma outra educação, e não por aquela que temos. Entretanto, não podemos esperar que o futuro chegue até nós. Precisamos construí-lo desde já e, se possível, nos colocar uma meta mais próxima.

Ao ver a Unesco falar de uma Pedagogia baseada nos "princípios da cooperação, da colaboração e da solidariedade" — que deveriam orientar o currículo e a avaliação e que o "trabalho em equipe" deveria ser a principal característica da docência —, lembro-me de uma das últimas falas de Paulo Freire sobre a necessidade de uma escola cidadã que, para ele, seria uma escola "de companheirismo, de uma escola de comunidade, que vive a experiência tensa da democracia" na qual a qualidade do ensino não fosse medida pelos "palmos" de saber universal assimilados, mas pelos "laços de solidariedade" criados entre os sujeitos da educação. Se tivessem feito essa consulta nas décadas de 1960 e 1970, é bem provável que o resultado seria o mesmo. É porque não exercemos muito a escuta que estamos nos equivocando na educação.

O documento da Unesco "Reimaginar nossos futuros juntos: um novo contrato social para a educação" é mais importante pelo que pressupõe do que pelo que propõe. Ele pressupõe o fracasso, o colapso de um modelo que pensa mais a educação como um fator de produção do que como um quefazer estritamente humano ao afirmar, logo no início, que "em nossa busca por crescimento e desenvolvimento, nós humanos sobrecarregamos nosso meio ambiente, ameaçando nossa própria existência". Ao reconhecer que os docentes são "produtores de conhecimento", a Unesco condena o atual modelo de avaliação global que considera o docente apenas como um facilitador da aprendizagem.

Esse é um relatório que tem menos proposições e se apresenta mais como um convite à reflexão, sobre o que devemos fazer, o que devemos abandonar e o que precisamos reimaginar para a construção de outra educação possível. Aqui está seu mérito se for realmente adiante. Ao lançar a ideia de um novo contrato social para a educação, estabelece mais um ponto de partida do que um ponto de chegada. Essa não é uma ideia nova no interior da própria Unesco.

Recordo-me de uma passagem do Relatório Jacques Delors que já falava da "construção da nova ordem social" e de "reconstrução" da educação:

> das cinzas do homem lobo do homem — *homo homini lupus* — pode nascer o homem amigo do homem — *homo homini amicus* — graças a uma educação pessoal e social fiel à sua intencionalidade comunitária. A tarefa é gigantesca e o mandato indeclinável, visto que dele depende a construção da nova ordem social no século vindouro. Mas é, sobretudo, pela formação para a justiça que se pode reconstituir o núcleo de uma educação moral das consciências que supõem uma cultura cívica feita de inconformismo e de recusa perante a injustiça e capacitem para uma cidadania ativa em que a responsabilidade de intervenção se substitua a uma mera cidadania por delegação. (DELORS *et al.*, 1998, p. 223)

Uma agenda que não foi implementada.

A Unesco fala da necessidade de incentivar o trabalho coletivo para "reimaginar a escola", para corrigir desigualdades, bem como chama a atenção para o "respeito aos direitos humanos" e o fortalecimento à "educação como um bem comum". Entretanto, não se conseguirá isso a partir das mesmas instituições e corporações que vêm promovendo uma educação para a barbárie há décadas. Enquanto a ética do mercado continuar ditando as regras da educação mundial, ela será o contrário dos desejos da Unesco: seguirá promovendo a competição e a performance individual. Precisamos substituir essa ética do mercado por uma ética universal do ser humano, precisamos de uma educação para outros mundos possíveis. Como nos fala Paulo Freire no final de sua *Pedagogia da autonomia*, "espero, convencido de que chegará o tempo em que, passada a estupefação em face da queda do muro de Berlim, o mundo se refará e recusará a ditadura do mercado, fundada na perversidade de sua ética do lucro" (Freire, 1996, p. 144).

— Será que, para isso, os seres humanos precisam de um contrato, de um pacto, precisam ainda negociar, pactuar, tratando-se da sobrevivência de sua própria espécie? Não parece evidente e inegociável a necessidade de uma mudança radical no rumo das coisas?

Nesse caso, precisamos ir mais fundo, ir além de um pacto, de uma trégua. Não ficar na superfície da transformação da consciência das pessoas. Precisamos refundamentar a educação. Precisamos ir às raízes dessa barbárie que se encontra no próprio modo como os seres humanos produzem e reproduzem sua existência no planeta. Precisamos mudar o sistema e as estruturas que promovem a barbárie não só na educação, mas em todo o funcionamento social, político, econômico, jurídico, administrativo desse modo de produção. Mudar o estilo de vida das pessoas não muda o sistema. O desafio vai muito além de uma mudança curricular. Precisamos alargar nossa imaginação para além da educação.

Referências

ADORNO, Theodor. *Educação e emancipação*. Rio de Janeiro: Paz e Terra, 1995.

ADORNO, Theodor. *Educação após Auschwitz*. Disponível em: https://l1nq.com/x6gelf. Acesso em: 15 ago. 2023.

ARENDT, Hannah. *A condição humana*. Rio de Janeiro: Forense, 2007.

ARROYO, Miguel. "Paulo Freire: um outro paradigma pedagógico?" *In*: *Educação em Revista*. Belo Horizonte. Dossiê "Paulo Freire: o legado global". v. 35, 2019. Disponível em: http://dx.doi.org/10.1590/0102-4698214631. Acesso em: 14 ago. 2023.

BARROS, Rosanna. *Da Educação Permanente à Aprendizagem ao longo da Vida. Genealogia dos conceitos em Educação de Adultos*: um estudo sobre os fundamentos político-pedagógicos da prática educacional. Lisboa: Chiado, 2011.

BAUMAN, Zygmunt. *Modernidade líquida*. Rio de Janeiro: Jorge Zahar, 2001.

BERGER, Gaston. *L'homme moderne et son éducation*. Paris: PUF, 1962.

BITTAR, Eduardo C. B. "Violência e realidade brasileira: civilização ou barbárie?" *In*: Revista *Katálysis*, Florianópolis, v. 11, n. 2, p. 214-234, jul./dez. 2008.

BOFF, Leonardo. *"Eu só sou eu através de você"*: Ubuntu: uma saída da barbárie. 2022. Disponível em: https://leonardoboff.org/2022/01/18/eu-so-sou-eu--atraves-de-voceubuntu-uma-saida-da-barbarie/. Acesso: 14 ago. 2023.

BRANDÃO, Carlos Rodrigues. *Diálogos freirianos, virtuais, vivos e virtuosos*. Caderno de formação. São Paulo: Instituto Paulo Freire (e-book), 2021.

CANÁRIO, Rui. "A aprendizagem ao longo da vida: análise crítica de um conceito e de uma política". *In*: CANÁRIO, Rui (Org.). *Formação e situações de trabalho*. Porto: Porto Editora, p. 189-207. 2003.

CARBONARA, Vanderlei. Reflexões sobre educação, alteridade e violência a partir da concepção de constituição subjetiva em Levinas. *In*: Revista *Roteiro*, Joaçaba, v. 43, n. 2, p. 509-526, maio/ago. 2018. Disponível em: http://dx.doi.org/10.18593/r.v43i2.16130. Acesso em: 14 ago. 2023.

CARNOY, Martin. *La educación como imperialismo cultural*. México: Siglo Veintiuno, 1977.

CÁSSIO, Fernando (Org.). *Educação contra a barbárie*: por escolas democráticas e pela liberdade de ensinar. São Paulo: Boitempo, 2019.

CHARLOT, Bernard. *Educação ou barbárie? Uma escolha para a sociedade contemporânea*. São Paulo: Cortez, 2020.

CHAUI, Marilena. *A tragédia neoliberal e a meritocracia*. 2017. Disponível em: https://www.youtube.com/watch?v=5jNea8b3hUE. Acesso em: 14 ago. 2023.

CHAVES, Denise Raissa Lobato; SOUSA, Mauricio Rodrigues. Bullying e preconceito: a atualidade da barbárie. *Revista Brasileira de Educação*. Associação Nacional de Pós-Graduação e Pesquisa em Educação (ANPEd). v. 23 e230019, 2018, p. 17. Disponível em: http://dx.doi.org/10.1590/S1413-24782018230019.

CNTE. A meritocracia na educação brasileira. *In*: Revista *Retratos da Escola*. Escola de Formação da Confederação Nacional dos Trabalhadores em Educação (Esforce). v. 7, n. 12, Brasília: CNTE, p. 209-213. jan.-jun./2013.

CONSEIL DE L'EUROPE. *Éducation Permanente*: recueil d'études commanditées par le Conseil de la Cooperation culturelle. Stransbourg: Conseil de l'Europe, 1970.

COOMBS, Philip. *A crise mundial da educação*. São Paulo: Perspectiva, 1968.

CURY, Roberto Jamil; Reis, Magali; Zanardi, Teodoro Adriano Costa. *Base Nacional Comum Curricular*: dilemas e perspectivas. São Paulo: Cortez, 2018.

DELORS, Jaques *et al. Educação*: um tesouro a descobrir. Relatório para a Unesco da Comissão Internacional sobre Educação para o Século XXI. São Paulo: Cortez; Brasília: Unesco/MEC, 1998.

FANON, Frantz. *Os condenados da Terra*. Introdução de Jean-Paul Sartre. Rio de Janeiro: Paz e Terra, 1968.

FAURE, Edgar. *Apprendre à être*. Rapport de la Commission Internationale sur le développement de l'éducation. Paris: Unesco/Fayard, 1972.

FERNANDES, Florestan. *In*: Prefácio. Gadotti, Moacir, 1990. *Uma só escola para todos*: caminhos da autonomia escolar. Petrópolis, Vozes, 1990.

FREIRE, Paulo. *Pedagogy of the Oppressed*. New York: Herder and Herder, 1970.

FREIRE, Paulo. *Pedagogia do oprimido*. Rio de Janeiro: Paz e Terra, 1975.

FREIRE, Paulo. *Cartas à Guiné-Bissau*: registros de uma experiência em processo. Rio de Janeiro: Paz e Terra, 1977.

FREIRE, Paulo. "Ideologia e educação: reflexão sobre a não neutralidade da educação". *In*: Gadotti, Moacir. *A educação contra a educação*: o esquecimento da educação através da educação permanente. Rio de Janeiro: Paz e Terra, 1981, p. 15-19.

FREIRE, Paulo. *Pedagogia da indignação*: cartas pedagógicas e outros escritos. São Paulo/Rio de Janeiro: Paz e Terra, 2015.

FREIRE, Paulo; Illich, Ivan; Furter, Pierre. *Educación para el cambio social*. Buenos Aires: Tierra Nueva, 1974.

FURTER, Pierre. *Educação e vida*: contribuição à definição da educação permanente. Petrópolis: Vozes, 1972.

GADOTTI, Moacir; TORRES, Carlos Alberto. *Educação popular*: utopia latino-americana. São Paulo: Cortez/Edusp, 1994.

GADOTTI, Moacir. *La vision du monde dans le(s) discours sur l'éducation permanente*. Genève: EPSE/Université de Genève (Projet de thèse — Titre provisoire), 1974.

GADOTTI, Moacir. *L'éducation contre l'éducation*: l'oubli de l'éducation au travers de l'éducation permanente. Lausanne: L'Age d'Homme, 1979.

GADOTTI, Moacir. *Educação e poder*: introdução à pedagogia do conflito. São Paulo: Cortez, 1980.

GADOTTI, Moacir. *A educação contra a educação*: o esquecimento da educação através da educação permanente. Rio de Janeiro: Paz e Terra, 1981.

GADOTTI, Moacir. *Os mestres de Rousseau*. São Paulo: Cortez, 2004.

HABERMAS, Jürgen. *La technique et la science comme "idéologie"*. Paris: Gallimard, 1973.

HARTUNG, Henri. *Les enfants de la promesse*. Paris: Fayard, 1972.

HUBERMAN, Michael. *Éducation permanente, facteur de mutation du système d'enseignement actual*. Genève: EPSE (Université de Genève), 1973.

ILLICH, Ivan; VERNE, Etienne. "Le piège de l'école à vie". *In: Le Monde de l'Éducation*. Paris, jan./1975. p. 11-14.

ILLICH, Ivan. *Conferência sobre Educação Permanente*. Palácio das Nações. Genebra, 5 set. 1974.

JANNE, Henri. "Éducation permanente, facteur de mutation du système d'enseignement actual". Février, 1969, 34 p. *In*: Conseil de l'Europe, 1970. *Éducation Permanente*: recueil d'études commanditées par le Conseil de la Cooperation culturelle. Stransbourg: Conseil de l'Europe, 543 pp.

LENGRAND, Paul. *Introduction à l'éducation permanente*. Paris: Unesco, 1970.

LIMA, Licínio. "A Europa procura uma nova educação de nível superior". *In*: Lima, Licínio. *O DNA da educação*: legisladores protagonizam as mais profundas e atuais reflexões sobre políticas públicas. São Paulo: Instituto DNA Brasil, 2006. p. 63-77.

LIMA, Licínio. *Educação ao longo da vida*: entre a mão direita e a mão esquerda de Miró. São Paulo: Cortez, 2007.

LIMA, Licínio. "A educação faz tudo? Crítica ao pedagogismo na 'sociedade da aprendizagem'. "*In: Revista Lusófona de Educação*. Lisboa, n. 15, 2010.

LIMA, Licínio. *Aprender para ganhar, conhecer para competir*: sobre a subordinação da educação na "sociedade da aprendizagem". São Paulo: Cortez, 2012.

MALDONADO, Maria Tereza. *Bullying e ciberbullying*: o que fazemos com o que fazem conosco? São Paulo: Moderna, 2011.

MARX, Karl; Engels, Friedrich. *A ideologia alemã*. São Paulo: Grijalbo, 1977.

MEMMI, Albert. *Retrato do colonizado precedido pelo retrato do colonizador*. Rio de Janeiro: Paz e Terra, 1967.

MÉSZÁROS, István. *O século XXI*: socialismo ou barbárie? São Paulo, Boitempo, 2004.

MORAES, Larissa Messias. *Educação e barbárie*: a escola e os direitos humanos no enfrentamento à intolerância. Goiânia: Universidade Federal de Goiás, 2015. Dissertação de Mestrado em Sociologia.

MORIN, Edgar. *Cultura e barbárie europeias*. Rio de Janeiro: Bertrand Brasil, 2009.

NOVAES, Adauto (Org.). *Civilização e Barbárie*. São Paulo: Companhia das Letras, 2004.

O'SULLIVAN, Edmund. *Aprendizagem transformadora*: uma visão educacional para o século XXI. São Paulo: Instituto Paulo Freire/Cortez, 2004.

OCDE. *Objectifs sociaux et planification de l'enseignement*. Paris: OCDE (Groupe d'étude sur les aspects économiques de l'enseignement). 1969. 433 p.

OLIBONI, Samara Pereira. *O bullying como violência velada*: a percepção e a ação dos professores. Rio Grande: FURG, 2008. Dissertação de Mestrado.

PADILHA, Paulo Roberto. *Educar em todos os cantos*: reflexões e canções por uma Educação intertranscultural. São Paulo: Instituto Paulo Freire/Cortez, 2007.

PAIVA, Vanilda. "Do 'Problema Nacional' às classes sociais: considerações sobre a pedagogia do oprimido e a educação do colonizador". In: Revista *Educação & Sociedade*. São Paulo: Cortez & Moraes; Campinas: CEDES. Ano I, n. 3, maio/1979, p. 5-14.

PANTILLON, Claude; Gadotti, Moacir. *Manifeste philosophique*: vers une philosophie de l'éducation. Genève: Centre de Philosophie de l'Éducation. Université de Genève, 1976.

PANTILLON, Claude. *Paroles d'un malade*. Lauzanne: Les Cahiers Protestants, 1972.

PANTILLON, Claude. *Une philolophie de l'éducation. Pour quoi faire?* Lausanne: L'Age d'Homme, 1981.

PANTILLON, Claude. *Hommage à Claude Pantillon (1938-1980), philosophe de l'éducation*. Genève: Institut Jean-Jacques Rousseau. Université de Genève, 1982.

PANTILLON, Claude. *Changer l'éducation*: la thématique du changement dans le cadre de l'éducation permanente. Lausanne: L'Age d'Homme, 1983.

PANTILLON, Claude; ROLLER, Samuel; DOLIVO, Claude; DOLIVO, Marianne; VOUGA, François; BRIDEL, Yves. *Que signifie éduquer? Lettres à des étudiants*. Lausanne: Romanel (Séries Les cahiers protestants, 6), 1976.

REBOUL, Olivier. *Filosofia da educação*. São Paulo: Nacional, 1974.

REGMI, Kapil Dev. "Lifelong learning: Foundational models, underlying assumptions and critiques". In: *International Review of Education. Journal of Lifelong Leaning*. Hamburgo: Unesco Institute for Lifelong Learning, v. 61, 2015. p. 133-151.

RODRIGUES, Marilda Merência. "A noção de Educação ao longo da vida como eixo orientador das políticas de educação para jovens e adultos". In: *Cadernos ANPAE*, v. 8, 2009. p. 1-18.

SILVA, Jailson de Souza; Barbosa, Jorge Luiz; SOUSA, Ana Inês (Orgs.). *Práticas pedagógicas e a lógica meritória na universidade*. Rio de Janeiro: UFRJ, 2006.

SODRÉ, Muniz. *Reinventando a educação*: diversidade, descolonização e redes. Petrópolis: Vozes, 2012.

SPRING, Joel. *Como as corporações globais querem usar as escolas para moldar o homem para o mercado*. Campinas: Vide Editorial, 2018.

STEINER, George. *Langage et silence*. Paris: Seuil, 1969.

UNESCO. *Repensar a educação*: rumo a um bem comum mundial? Brasília: Unesco, 2016.

UNESCO. *Reimaginar nossos futuros juntos*: um novo contrato social para a educação. Brasília: Comissão Internacional sobre os Futuros da Educação. Unesco; Boadilla del Monte e Fundación SM, 2022.

ZANOLLA, Sílvia Rosa Silva. "Educação e barbárie: aspectos culturais da violência na perspectiva da teoria crítica da sociedade". *In: Revista Sociedade e Cultura*, Universidade Federal de Goiás, Goiânia, v. 13, n. 1, p. 117-123, jan./jun. 2010.

_____ Segundo ensaio

ENSINAR E APRENDER COM SENTIDO

> *Ao contrário do que em geral se crê sentido e significado nunca foram a mesma coisa, o significado fica-se logo por aí, é direto, literal, explícito, fechado em si mesmo, unívoco, por assim dizer, ao passo que o sentido não é capaz de permanecer quieto, fervilha de sentidos segundos, terceiros e quartos, de direções irradiantes que se vão dividindo e subdividindo em ramos e ramilhos, até se perderem de vista.* (Saramago, 1997, p. 134-135)

Escrevi um livro, já faz alguns anos, com o título *Boniteza de um sonho: ensinar e aprender com sentido*. Foram numerosas as edições dele. Não vou retomar aqui as ideias lá desenvolvidas; o que pretendo fazer — neste segundo ensaio — é apresentar uma nova perspectiva, uma releitura do tema, um reencontro com essa questão decisiva na formação do educador e da educadora. O que me motivou para essa retomada foi uma releitura do livro *Pedagogia da autonomia*.

Todos estamos de acordo quando defendemos a necessidade de a aprendizagem ser significativa. Essa ideia é compartilhada por todos os educadores. Ela está associada a outra ideia: a dos "conteúdos prévios" do aprendiz, como sustenta o educador norte-americano David Paul Ausubel (2003). Ausubel defende que o fator mais importante que influi na aprendizagem é aquilo que o aluno já sabe. Para ele, a aprendizagem se torna significativa quando uma nova informação interage com uma estrutura cognitiva prévia, pessoalmente relevante, a partir da qual o estudante aprende e constrói novos conhecimentos. Para que uma aprendizagem seja significativa, o novo conteúdo deve estar relacionado a conteúdos prévios e importantes para o aprendiz. Essa tese é defendida também por Paulo Freire quando ele sustenta, em seu livro *Professora, sim; tia, não: cartas a quem ousa ensinar*, que "ninguém sabe tudo; ninguém ignora tudo; todos sabemos algo; todos ignoramos algo" (Freire, 1993, p. 55).

Em contraposição, na aprendizagem mecânica não há relação entre o que o aprendiz já sabe e o que não sabe. Paulo Freire dizia que o aprendiz, no ato de aprender, primeiramente conhece melhor o que já sabe para depois conhecer coisas novas. Devemos começar pela leitura do mundo. "A leitura do mundo precede a leitura da palavra", dizia ele. Se olharmos para o desenvolvimento do processo evolutivo da humanidade, antes de escrever, o ser humano pensou, falou. A fala precedeu, historicamente, a escrita.

Para Piaget, o aluno é o sujeito da sua aprendizagem e realmente só aprende aquilo que é significativo para ele, algo em que ele se envolve profundamente, pessoalmente. Para que a construção do conhecimento seja efetiva, o sujeito da aprendizagem precisa reconhecer-se como autor dela. Só aprendemos de fato aquilo que construímos autonomamente (Piaget, 2013).

Esses três autores — Ausubel, Freire e Piaget — jamais dissociavam o cognitivo e o afetivo. Aprender envolve uma certa paixão de aprender. O que o educador entende que é mais significativo não significa, automaticamente, que é mais significativo para o seu educando. Daí a importância da escuta, do diálogo. Numa visão emancipadora, o diálogo, a relação dialógica é o que motiva a aprendizagem. A sintonia entre educador e educando é essencial. Por isso,

Paulo Freire falava de "dodiscência" para definir essa relação estreita, dialogal, entre ensinar e aprender.

Uma educação transformadora, emancipadora, supõe a existência de uma relação dialógica entre professor e aluno, uma relação entre iguais e diferentes, já que ambos são ontologicamente iguais, mas são diferentes em relação à função e às responsabilidades de cada um. Nessa relação, não há espaço para o que ele chama de "educação bancária", na qual o educador enche o educando de conhecimentos como se ele fosse uma lata vazia. "Por isto é que, sendo o selo do ato cognoscente, o diálogo não tem nada que ver, de um lado, com o monólogo do educador 'bancário'; de outro, com o silêncio espontaneísta de certo tipo de educador liberal. O diálogo engaja ativamente os sujeitos do ato de conhecer: educador-educando e educando-educador" (Freire, 1976, p. 51). A relação dialógica sela o processo gnosiológico.

Em sua *Pedagogia da autonomia*, Paulo Freire faz referência a uma afirmação do bioquímico francês François Jacob, a de que "somos programados para aprender" (Freire, 1996, p. 65). Sim, podemos biologicamente ser uma espécie programada para aprender, podemos aprender por necessidade ou por obrigação, mas todo ensino-aprendizagem remete a fins e objetivos. Paulo Freire se perguntava sobre o sentido da educação e da aprendizagem. Para que aprender? Dissemos anteriormente que a aprendizagem precisa ser significativa para o aprendiz. Faz algum sentido aprender? Se faz sentido aprender, ensinar também faz sentido — ou deveria fazer. Não estamos juntos, educador e educando, professor e aluno, remando para a frente sem saber para onde vamos. Há um caminho, uma trilha a seguir, há uma direção, um sentido, mesmo que não saibamos bem qual é ou não tenhamos nos preocupado muito com isso. Aqui, cabe a distinção que José Saramago faz entre sentido e significado e que destaquei na epígrafe deste ensaio: enquanto o significado é explícito, fechado, unívoco, o sentido é inquieto, aberto, sempre em construção.

Poderíamos dizer que o significado é o campo da necessidade ao passo que o sentido é o campo da possibilidade; um se refere ao que já é, e outro, ao que ainda pode ser. O que já foi se complementa no que está sendo feito. Por isso mesmo, na ação educadora, o sentido se traduz pelo compromisso, pelo que ainda não existe, mas pode existir, o "inédito viável", na expressão de Paulo Freire. Sentido significa caminho não percorrido, mas que se deseja percorrer; portanto, significa projeto, sonho, utopia.

Aprender e ensinar com sentido é aprender e ensinar com um sonho na mente e com uma pedagogia como guia para realizar esse sonho. Como campo da possibilidade, o sentido se traduz na busca incessante, na tomada de posição, na resposta à questão: qual caminho seguir e por quê. Como diz um dos meus queridos alunos e leitor atento de Paulo Freire, Celso Vasconcellos (2001, p. 51-52): "o sentido não está pronto em algum lugar esperando ser descoberto. O sentido não advém de uma esfera transcendente nem da imanência do objeto ou ainda de um simples jogo lógico-formal. É uma construção do sujeito! Daí falarmos em produção. Quem vai produzir é o sujeito, só que não de forma isolada, mas num contexto histórico e coletivo". A essa pedagogia, guia do ensinar e aprender com sentido, chamo aqui de *Pedagogia da dodiscência*, porque ela se ampara nesse neologismo criado por Paulo Freire, cimentando docência e discência.

2.1 A dodiscência como categoria central da pedagogia freiriana

A leitura da obra de Paulo Freire sempre nos reserva novas surpresas. Dediquei grande parte da minha vida lendo Paulo Freire e obras sobre ele. Desde o início, fiquei intrigado com o conceito de dodiscência, mas foi só recentemente que entendi seu real significado ao estabelecer a relação entre esse conceito, que chamo agora de categoria, e o conjunto de sua obra. Fui descobrindo, aos poucos, o quanto essa categoria perpassa toda a sua obra. É como se ela amarrasse, num entrelaçamento de conceitos associados a ela, uma concepção de mundo subjacente e o papel da pedagogia nessa visão de mundo. Daí a centralidade desse conceito em Paulo Freire.

A dodiscêcia é um conceito-chave para entender a pedagogia freiriana. Ela está ancorada numa antropologia que concebe o ser humano como um ser em construção e, portanto, inacabado, sob uma teoria do conhecimento decorrente dessa antropologia. O ciclo gnosiológico e pedagógico se completa com um método de conhecimento, uma nova concepção da relação professor-aluno e da formação dos docentes-discentes. A força e a justeza dessa criação de Freire foram comprovadas pela aceitação de seus leitores e leitoras, que viram em suas ideias uma coerência radical em seu constructo gnosiológico-político-pedagógico.

— Como cheguei a esse conceito fundante, fundamental e estruturante de sua práxis?

Primeiramente, fiquei me perguntando sobre a repercussão mundial de sua obra. Por que tanta repercussão? O que havia de original em Freire para ter tanta gente interessada na sua obra e por que ressoou em tantos corações e mentes? Encontrei uma primeira resposta nele mesmo, na sua autodefinição como um "menino conectivo". Uma definição fundamentada numa antropologia. Sim, porque, quando nos perguntam quem somos, temos de dizer o nome e, mais do que isso, ao dizer o nome, dizemos quem somos e apresentamos nossa identidade para comprovar; nos autodefinimos.

O modo de pensar de Paulo Freire é uma extensão dele mesmo, do seu ser no mundo. Se ele se autodefinia como um menino conectivo, essa conectividade é, ao mesmo tempo, uma categoria estruturante do seu ser e do que ele pensa e como o faz. Ele sentia uma profunda necessidade de escrever, como declarou, em 1991, "ao sair como quem fica" da Secretaria Municipal de Educação de São Paulo. Ele era um apaixonado pela escrita como era apaixonado pelo conhecimento. O que ele escreve tem um propósito emancipatório: pensar para transformar, escrever para transformar.

É partindo desse quadro de referência que gostaria de evidenciar a dodiscência como categoria central da pedagogia freiriana — um neologismo que subverteu a história das ideias pedagógicas — e como essa categoria fundamenta o ensino-aprendizagem com sentido. Paulo Freire, desde muito cedo, cultivou a fala, a palavra, a comunicação. Ele foi considerado como um grande contador de histórias. Ele escolhia as palavras com cuidado. Falava pausadamente. Valorizava a oralidade. Sua escrita está impregnada por essa expressão oral. Ele mesmo reconhece isso quando afirma, em sua *Pedagogia da autonomia*: "no meu caso pessoal, retomar um assunto ou tema tem que ver principalmente com a marca oral de minha escrita" (Freire, 1996, p. 14). Por isso, venho me detendo ao conceito de dodiscência. Há, nessa nova intuição de Paulo Freire, também uma nova síntese de seu pensamento. A dodiscência é a expressão de algo muito maior. É como se um longo processo de maturação expressasse, numa partícula primordial, na sua maturidade, algo que incorpora uma imensa riqueza, criada ao longo de sua trajetória como intelectual e filósofo da educação.

Pus-me, então, à busca mais trabalhada de sua real significação — sentido e significado — no conjunto da sua obra, como havia feito antes, com o conceito de conectividade. De certa forma, um conceito complementa o outro. Creio que o conceito de dodiscência está em sintonia com a autodefinição de menino conectivo. Conectividade e dodiscência fazem parte de uma mesma visão de mundo. Assim nasceu a ideia de escrever este pequeno ensaio sobre uma possível pedagogia da dodiscência.

Senti nessa palavra uma convocação para reler sua obra. Era como se Paulo Freire nos deixasse, em seu último livro, um novo e grande desafio que nos leva a repensar a formação do educador, da educadora, a partir de uma nova visão da relação professor-aluno.

Agindo como um provocador, um insurgente, ele nos deixa uma nova palavra, um novo conceito, como um mapa de navegação a ser decifrado em tempos de profundas mudanças, para encontrar o melhor caminho e seguir em frente.

Para entender essa categoria da teoria do conhecimento de Paulo Freire, será preciso situá-la no conjunto de conceitos estruturantes do seu pensamento. Muitas seriam essas categorias e esses conceitos que já foram trabalhados em outros estudos, alguns relacionados às fontes primárias de seu pensamento, como o que foi lançado em 2019, *Paulo Freire, uma arqueologia bibliográfica* (Pitano; Streck; Moretti, 2019). Como desejo mostrar aqui, Paulo Freire já vinha formulando essa categoria em outros textos e reflexões em suas numerosas conferências.

— O que é uma categoria?

Como responde Carlos Roberto Jami Cury (1985, p. 21), "categorias são conceitos básicos que pretendem refletir os aspectos gerais e essenciais do real, suas conexões e relações; elas surgem da análise da multiplicidade dos fenômenos e pretendem um alto grau de generalidade". Esses conceitos gerais estruturam todo o pensamento de um autor e se desdobram em outros. Em Paulo Freire, encontramos o conceito de alienação, opressão, autonomia, autodeterminação, libertação etc. ao lado dessa categoria estruturante: dodiscência. As categorias, os conceitos de Freire, como o conceito de dodiscência, não são metáforas. São analíticos, metateóricos. Evidenciam uma certa visão de mundo e nos ajudam a pensar a realidade de forma crítica. Tanto no que fala quanto no que escreve, Paulo Freire não vai direto ao tema. Ele faz narrativas históricas e, aos poucos, com enorme habilidade e criatividade, aborda o tema com um novo *insight*, como o fez com o conceito de dodiscência. A dodiscência é uma categoria freiriana resultado de um longo processo de maturação.

Por isso, quero introduzir o assunto pensando, concisamente e de forma abrangente, o conjunto da sua obra e seu legado. Não é uma tarefa fácil, mas vou me ater ao essencial e ao que interconecta sua visão de mundo, isto é, sua filosofia, sua pedagogia e sua epistemologia.

1. No começo está sua antropologia, que fundamenta sua visão da educação e da pedagogia entendendo o ser humano como um ser-no-mundo, um ser-do-mundo. É um ser curioso, programado para aprender. Um ser inacabado (precisa aprender), incompleto (precisa do outro), inconcluso (precisa de sentido). Ser da práxis social (agir comunicativo) e produtiva (trabalho, cultura).

2. Telegraficamente, em rápida síntese, podemos dizer que essa base antropológica fundamenta sua teoria do conhecimento. Ler o mundo (estudo da realidade): todos podem aprender e ensinar (legitimidade do saber popular). Curiosidade, autonomia do aluno: afirmação das subjetividades. Compartilhar a leitura do mundo com os outros como critério de verdade/validade do conhecimento. Diálogo que exige amor, humildade, fé, esperança e pensar crítico. O conhecimento precisa de expressão e de comunicação. Não é um ato solitário. É um ato histórico, gnosiológico, lógico e dialógico. Aqui, surge a tarefa do ser humano: reconstruir o mundo lido e compartilhado aplicando o conhecimento, abrindo a ciência para as necessidades dos mais empobrecidos, tais como a fome, a miséria, a dominação etc. num verdadeiro processo de humanização.

3. Daí que, para Paulo Freire, aprender e conhecer não são atos isolados. Somos em comunhão e nos constituímos, como seres humanos, em diálogo, em relação com outros seres humanos, também inconclusos e inacabados. O conhecimento humano vem se construindo, historicamente, em relação, em comunhão. A comunicabilidade do conhecimento é imprescindível ao próprio ato de conhecer.

Podemos constatar, por meio de uma leitura histórica, que, antes de ler a palavra, o ser humano leu o mundo. A leitura do mundo e a leitura da palavra são indissociáveis desde o nascimento da humanidade. Da leitura do mundo nasceu a necessidade de construir a sua representação. Por isso, podemos dizer que a leitura do mundo precede a leitura da palavra.

4. Então, para Paulo Freire, educar se constitui num ato dialógico e, ao mesmo tempo, rigoroso, intuitivo, imaginativo, afetivo. Daí, o planejamento comunitário, participativo, a gestão democrática e compartilhada, a pesquisa participante e a politicidade da educação. Educar é ler o mundo para poder transformá-lo. Para construir o mundo, é preciso primeiro sonhá-lo.

Enfim, ousei, em quatro parágrafos, fazer essa leitura panorâmica e abrangente da obra de Paulo Freire para ter uma base filosófica, antropológica e pedagógica que pode nos permitir entender melhor essa categoria da dodiscência. Aprender e ensinar são atos inseparáveis e, diante disso, surge a categoria que cimenta essas experiências: a dodiscência. Essa tessitura fortemente articulada, amarrada, sólida é constituída de múltiplos conceitos ou categorias: oprimido, práxis, curiosidade, amorosidade, utopia, cotidiano, esperança, sonho, autonomia, politicidade, criticidade, conectividade, conscientização, emancipação, autodeterminação, libertação, inédito viável, círculo de cultura, futuridade, eticidade, democracia, dialogicidade, entre outras.

Esse é o pano de fundo em que se origina a dodiscência. Essa categoria fundamental da pedagogia freiriana resume, de certa forma, sua concepção do processo educativo e traduz sua visão de mundo e de sociedade. Como realizar, na prática educativa, esse itinerário pedagógico que leva ao sonho de "um mundo em que seja menos difícil amar", como Paulo Freire afirma no final de sua *Pedagogia do oprimido*?

2.2 Aprender e ensinar como atos indicotomizáveis

Quando me deparei com o conceito de dodiscência em *Pedagogia da autonomia*, fiquei me perguntando o que ele significava, o que expressava. Não foi difícil encontrar a resposta a essa indagação ao reler sua obra sob essa perspectiva. Ele expressava de muitas formas esse conceito. Vejamos como ele começa a primeira de suas dez cartas, em seu livro *Professora, sim; tia, não: cartas a quem ousa ensinar*, que tem como foco a indissociabilidade do ensinar e do aprender:

> Nenhum tema mais adequado para constituir-se em objeto desta primeira carta a quem ousa ensinar do que a significação crítica desse ato, assim como a significação igualmente crítica de aprender. É que não existe ensinar sem aprender e com isto eu quero dizer mais do que diria se dissesse que o ato de ensinar exige a existência de quem ensina e de quem aprende. Quero dizer que ensinar e aprender se vão dando de tal maneira que quem ensina aprende, de um lado, porque reconhece um conhecimento antes aprendido, e, de outro, porque, observando a maneira como a curiosidade do aluno aprendiz trabalha para apreender o ensinando-se, sem o que não o aprende, o ensinante se ajuda a descobrir incertezas, acertos, equívocos. (Freire, 1993, p. 27)

Um entre tantos momentos em que, sem utilizar a palavra "dodiscência", ele expressa o seu significado na indissociabilidade do ensinar e do aprender.

Paulo Freire sustenta, no seu livro *Pedagogia da autonomia*, que o momento mais importante da formação continuada do educador é o da reflexão crítica sobre a sua prática. Creio que a contribuição mais importante que ele deu a esse tema foi ter formulado, nesse livro, o conceito de "dodiscência" — docência mais discência —, afirmando que

> quem forma se forma e re-forma ao formar, e quem é formado forma-se e forma ao ser formado. É nesse sentido que ensinar não é transferir conhecimentos, conteúdos, nem formar é ação pela qual um sujeito

criador dá forma, estilo ou alma a um corpo indeciso e acomodado. Não há docência sem discência, as duas se explicam e seus sujeitos, apesar das diferenças que os conotam, não se reduzem à condição de objeto um do outro. Quem ensina aprende ao ensinar e quem aprende ensina ao aprender. (Freire, 1996, p. 25)

Lembro-me muito bem do dia em que Paulo Freire nos entregou a primeira versão de um novo livro, dizendo que seu amigo Gasparian, da Editora Paz e Terra, havia o convidado a escrever um livro de bolso que deveria ser acessível a todos os professores. Ele havia escrito esse livro a partir dessa orientação, mas não tinha título para o que havia escrito. Queria que nós, do Instituto Paulo Freire, fizéssemos uma leitura da primeira versão digitalizada pela sua secretária, Liliam Contreras, e que esperava de nós que dividíssemos o texto em capítulos e sugeríssemos um título.

Ângela Antunes e eu lemos imediatamente o texto e sugerimos o título *Pedagogia da autonomia*. O livro era para nós uma espécie de hino escrito para professores e professoras. Hoje, eu poderia dizer que outro título, também muito apropriado, poderia ser *Pedagogia da dodiscência*, conceito central da temática tratada por ele no livro e que é a formação docente. Como ele diz ao introduzir o livro: "a questão da formação docente ao lado da reflexão sobre a prática educativa progressista em favor da autonomia do ser dos educandos é a temática central em torno de que gira esse texto" (Freire, 1996, p. 14). O tema da formação do educador na perspectiva da pedagogia da autonomia aponta para outra pedagogia, a pedagogia da dodiscência.

Dividimos o texto em três capítulos contendo, cada um deles, nove saberes necessários à prática educativa crítica. São eles:

1º. *Não há docência sem discência* — Ensinar e aprender exigem: rigorosidade metódica, pesquisa, respeito aos saberes dos educandos, criticidade, estética e ética, corporeificação das palavras pelo exemplo, risco, aceitação do novo e rejeição a qualquer forma de discriminação, reflexão crítica sobre a prática, reconhecimento e assunção da identidade cultural.

2º. *Ensinar não é transferir conhecimento* — Ensinar e aprender exigem: consciência do inacabamento, reconhecimento do ser condicionado, respeito à autonomia do ser do educando, bom senso, humildade, tolerância e luta em defesa dos direitos dos educadores, apreensão da realidade, alegria e esperança, convicção de que a mudança é possível, curiosidade.

3º. *Ensinar é uma especificidade humana* — Ensinar e aprender exigem: segurança, competência profissional e generosidade, comprometimento, compreender que a educação é uma forma de intervenção no mundo, liberdade e autoridade, tomada consciente de decisões, saber escutar, reconhecer que a educação é ideológica, disponibilidade para o diálogo, querer bem aos educandos.

Essas exigências, esses saberes necessários à prática educativa crítica, transformadora, são conceitos-chave para entender a categoria central de sua pedagogia, a dodiscência.

Paulo Freire introduz o tema da dodiscênia sustentando que a docência e a discência, ao lado da pesquisa, são indissociáveis, "indicotomizáveis", um conceito não está separado do outro. Ao ser produzido, o conhecimento novo supera outro que antes foi novo e se fez velho e que se "dispõe" a ser ultrapassado por outro amanhã. Daí ser tão fundamental ter noção do conhecimento existente e saber que estamos abertos e aptos à produção do conhecimento ainda não existente. Diz ele:

> ensinar, aprender e pesquisar lidam com esses dois momentos do ciclo gnosiológico: o em que se ensina e se aprende o conhecimento já existente e o em que se ensina e se trabalha a produção do conhecimento ainda não existente. A "dodiscência" — docência-discência — e a pesquisa, indicotomizáveis, são assim práticas requeridas por esses momentos do ciclo gnosiológico. (Freire, 1996, p. 31)

Portanto, a conclusão a que chego é a de que precisamos, na formação docente, de uma pedagogia da dodiscência, isto é, uma teoria da formação docente que dê conta dessa indissociabilidade. O foco não pode estar em um dos polos da relação, mas na própria relação. Portanto, é preciso compreender a formação inicial e continuada do docente sob a ótica da não dicotomizabilidade docente-discente.

No quarto capítulo de *Pedagogia do oprimido*, Paulo Freire expõe a sua "teoria da ação dialógica", que se opõe à "teoria da ação antidialógica". A primeira se caracteriza pela colaboração, e a segunda, pela conquista. É nesse momento que ele cita o livro de Martin Buber, *Eu e tu*, afirmando que a primeira teoria transforma o outro em "sujeito", enquanto a segunda o transforma em "coisa", um mero "isto", na visão de Buber. Com base em Martin Buber, Paulo Freire sustenta que o "*eu dialógico sabe que é exatamente o tu que o constitui. Sabe também que, constituído por um tu, um não-eu, esse tu que o constitui se constitui, por sua vez, como eu, ao ter no seu eu um tu. Desta forma, o eu e o tu passam a ser, na dialética destas relações constitutivas, dois tu que se fazem dois eu*" (Freire, 1974, p. 196).

Coincidentemente, na mesma época em que Paulo Freire escrevia *Pedagogia do oprimido*, eu estava concluindo o curso de Pedagogia (1967), com um trabalho final sobre seu livro *Educação como prática da liberdade*, publicado naquele ano e me preparando para o mestrado em Filosofia da educação. Martin Buber (2001) e Georges Gusdorf (1970) fizeram parte do referencial teórico da minha dissertação sobre o princípio dialógico da relação professor-aluno, cuja defesa foi em 1971, na PUC-SP, com o título *Comunicação docente* (Gadotti, 1975). Buber e Gusdorf eram companheiros de cabeceira de todos os que pesquisavam sobre formação docente na década de 1960.

Luiz Síveres, em seu livro *Encontros e diálogos*, nos fala de um "princípio do diálogo" no qual o diálogo, como um princípio, "estaria vinculado a uma energia germinadora e potencializadora da condição humana, do processo de construção do conhecimento e do percurso educativo" (Síveres, 2015, p. 27). O diálogo estaria na gênese da própria construção do conhecimento. Encontro esse princípio na teoria do conhecimento de Paulo Freire consubstanciada na categoria dodiscência. Paulo Freire fala de "dodiscência" em sua *Pedagogia da autonomia* numa reafirmação de sua teoria da ação dialógica. Nesse livro, ele não trata da teoria da ação dialógica, como o fez em sua *Pedagogia do oprimido*, mas aborda o "ciclo gnosiológico" que, em sua visão, não pode ser "dicotomizado" sob pena de transformar o aprendiz em "objeto", num "isto", segundo Buber.

Paulo Freire, ao nos propor uma pedagogia com base na dodiscência, nos chama a atenção para uma "temática central" de sua concepção da docência sob a perspectiva da educação transformadora, a qual respeita o saber do educando. No entanto, ele também nos mostra que não se trata apenas de uma postura ética, trata-se de uma teoria do conhecimento, um modo de ser docente coerente com uma visão de mundo. A dodiscência

> elimina a relação de supremacia do docente sobre o discente abrindo com esse conceito as portas para uma relação dialogal, respeitosa e de aprendizado mútuo entre professor e aluno. Dodiscência é conceito fundamental para se entender a reviravolta que provocou no campo educacional e sua centralidade da luta contra o pensamento autoritário. Nesse sentido, sua concepção do espaço escolar como círculo de cultura, no qual o papel do professor é o de coordenar os debates, e o do aluno é de ser participante do círculo de cultura, inverte a lógica do autoritarismo pedagógico. (Scofano, 2020, p. 16)

Como dissemos, a teoria do conhecimento de Paulo Freire está ancorada numa antropologia, como, da mesma forma, a sua concepção da didática está ancorada numa teoria do conhecimento que não dicotomiza a curiosidade epistemológica da rigorosidade: a rigorosidade freiriana na produção de novos conhecimentos "exige a aproximação dos sujeitos aos objetos num diálogo problematizador, de forma disciplinada, impedindo que essa construção aconteça de modo espontaneísta e ametódico. Esse rigor favorece o desenvolvimento da curiosidade crítica do sujeito, despertando-o a uma aproximação aos objetos cognoscíveis, de forma a experienciar uma curiosidade epistemológica" (Dickmann, 2015, p. 120). Para ensinar, o professor e a professora precisam apreender o contexto no qual seu aluno e aluna vivem, seus conhecimentos prévios e suas condições de vida e de aprendizagem. O novo conhecimento precisa do anterior para ser descoberto. Ensinar é organizar a aprendizagem do que o aluno já conhece para que ele possa construir seus próprios caminhos na produção de novos conhecimentos. O docente desperta a curiosidade epistemológica do discente e o desafia a ir mais longe sem fazer o caminho no lugar dele.

A experiência profissional dos docentes oferece vivências diversas que, refletidas criticamente, tornam a sua formação cada vez mais sólida, ressignificando suas práticas. Eles aprendem com os que são ensinados por eles, escutando-os, observando-os e acompanhando-os em seus múltiplos desafios de aprendizagem. Às vezes, uma simples troca de olhares diz muito nessa relação dialógica em que nem sempre a palavra é suficiente. A postura e o exemplo falam mais alto. Daí, não basta se preocupar com o que precisamos saber para ensinar. Precisamos nos preocupar em como devemos ser para ensinar. "Se, na verdade, o sonho que nos anima é democrático e solidário, não é falando aos outros, de cima para baixo, sobretudo, como se fôssemos os portadores da verdade a ser transmitida aos demais, que aprendemos a escutar; mas é escutando que aprendemos a falar com eles" (Freire, 1996, p. 128). No meu entender, esse é o sentido do neologismo dodiscência criado por Paulo Freire.

Além do mais, o conceito de dodiscência rompe com a tradição elitista da docência como uma relação de mando e subordinação, propondo uma relação dialógica entre iguais e diferentes em que professor e aluno são sujeitos de um mesmo processo de ensinar-e-aprender, no qual o ensinar "jamais se dá separado do aprender". O "saber/fazer docente" exige "reconhecer a dodiscência".

> Não há ensinar sem aprender e os dois são momentos de um processo maior, o de conhecimento. Essa compreensão reforça a necessidade de que se considere a importância da interação no ato de conhecer, e o outro, e não a si próprio, como referência para pensar a prática educativa. Essa perspectiva ajuda a desconstruir a visão da didática como um receituário de técnicas para ensinar, pois o que se verifica é que há muitos caminhos para aprender e portanto para ensinar os diferentes saberes que os sujeitos trazem consigo, a partir de suas experiências e necessidades. (Saul, 2017, p. 6-7)

2.3 O ciclo gnosiológico freiriano

Os numerosos leitores e leitoras de Paulo Freire buscam, na obra dele, respostas às mais variadas questões, por isso ela é lida de diferentes maneiras, muito embora todas essas possibilidades se encontrem sob uma concepção filosófica e metodológica particular do autor. Na constituição do seu método pedagógico, Paulo Freire fundamentava-se nas ciências da educação, principalmente na Psicologia e na Sociologia. Nessa constituição, teve importância capital a metodologia das Ciências Sociais. A sua teoria da codificação e da decodificação das palavras e temas geradores (interdisciplinaridade) caminhou passo a passo com o desenvolvimento da chamada pesquisa participante. Paulo Freire

> introduziu a pesquisa temática como etapa prévia à elaboração de conteúdos educativos e trouxe para a educação elementos de outras disciplinas, ampliando, com isso, o horizonte dos educadores. Ele utilizou focos e técnicas participativas de pesquisa social, demonstrando aos educadores que, por meio de sua prática, podiam não apenas comunicar conhecimentos, mas, também, os produzir em conjunto com os educandos, provocando uma reviravolta nas relações pedagógicas

e contribuindo para a redefinição dos processos de aprendizagem. (Gajardo, 2021, p. 80)

O que mais chamou a atenção nos primeiros experimentos de Paulo Freire foi o fato de que o seu método "acelerava" o processo de alfabetização de adultos, como observa Lauro de Oliveira Lima (1979), que foi um dos primeiros a escrever sobre esses resultados. Ele analisou a aplicação do método nas cidades-satélites de Brasília, no início dos anos 1960, e escreveu um relatório no qual sustenta que Paulo Freire parte de "estudos de caráter sociológico" e se baseia na "teoria das comunicações". Lauro de Oliveira Lima ainda sustenta que Paulo Freire não queria aplicar ao adulto analfabeto o mesmo método de alfabetização das crianças e que, por isso, foi o primeiro a sistematizar e experimentar um método inteiramente criado para a educação de adultos. Lauro afirma que o método proposto por Paulo Freire

> consiste em fazer a alfabetização decorrer de um processo de substituição de elementos reais por elementos simbólicos: primeiro figurados (cartazes), depois verbalizados oralmente (discussão) para finalmente chegar à fase de sinais escritos padronizados (leitura), sequência inversa à utilizada para crianças, em que a leitura figura como elemento instrumental de construção e enriquecimento dos círculos de representação mentais [...]. O que se propõe ao analfabeto não é, simplesmente, a aquisição de uma nova técnica que ele não deseja e cuja utilidade não percebe: propõe-se a solução de seus problemas vitais através do manejo de um instrumento que ele utilize de forma autônoma. (Lima, 1979, p. 175-176)

Esse é o ciclo gnosiológico de que fala Freire, o qual não pode ser quebrado em duas partes. Os dois momentos do ciclo gnosiológico não podem ser dicotomizados, isolados, tratados separadamente. Caso contrário, o educador realizaria uma transferência em que o aprendiz se torna objeto, e não sujeito do conhecimento.

No ciclo do conhecimento, que Paulo Freire chama de ciclo gnosiológico, podemos observar dois momentos que se relacionam dialeticamente. O primeiro é o momento da produção de um novo conhecimento, e o segundo é aquele em que o conhecimento produzido é reconhecido, refletido. O momento da criação e o momento da reflexão sobre ela. Ao ensinar, o dodiscente não acompanha apenas o primeiro momento, mas, igualmente, o segundo, o da conscientização, da reflexão crítica sobre o conhecimento conhecido, o momento que Paulo Freire chamava de problematização/conscientização.

Na visão estática, bancária, do ciclo do conhecimento, fica-se no primeiro momento, na pura assimilação do conhecimento, na repetição do já sabido, do já conhecido, do já feito, não levando para o segundo momento, o da reflexão-ação sobre a prática e sobre o conhecimento adquirido e sistematizado. É nessa reflexão que o conhecimento ganha sentido. Não há sentido em conhecer por conhecer. Nesse caso, na verdade, nem poderíamos falar de conhecimento, já que só conhecemos realmente o que construímos autonomamente e somos capazes de compartilhar.

O conhecimento, além de ser um ato histórico, gnosiológico e lógico, é também dialógico, como sustenta o filósofo espanhol Eduardo Nicol (1965), citado por Paulo Freire em seu livro *Extensão ou comunicação?* (Freire, 1969). A leitura de mundo, entendida como conhecimento da realidade, precisa ser compartilhada em diálogo, selando o ato de aprender pelo sujeito cognoscente, que confere ao conhecimento partilhado critério de veracidade. Em ciência, não basta fazer uma nova descoberta; o que confere à descoberta um valor científico é o reconhecimento pela comunidade científica daquela descoberta. Ao comunicar, pelo diálogo, o conhecimento que construo, e sendo reconhecido pelos que me cercam, posso ter mais segurança de que o que estou pensando é verdadeiro. O diálogo credencia meu saber.

A dodiscência estimula o compartilhamento de saberes, valores e experiências vividas. No ciclo gnosiológico freiriano, encontramos a superação do conhecimento como algo apenas individual para se tornar coletivo. É verdade, é um sujeito que aprende, e não um coletivo, mas é no coletivo que o sujeito constrói sentido para o que conhece. Então, nessa teoria do conhecimento, encontramos um sujeito individual e um sujeito social, dialeticamente envolvidos no mesmo processo de construção. Isso é o que chamamos de construtivismo crítico freiriano.

> Paulo Freire prioriza ver, reconhecer os outros como sujeitos de voz, sujeitos de saberes, culturas, consciência. Propõe uma visão dos outros de extrema radicalidade política, que se contrapõe a uma história de tentativas brutais de reprimir sua voz, suas presenças na política, na história, na cultura e até na pedagogia. (Arroyo, 2019)

É pelo conhecimento entendido dessa forma que, por meio dele, podemos construir sentido para nosso bem viver, conosco mesmos, como sujeitos individuais, com os outros, como sujeitos sociais e com a natureza, como terráqueos, cidadãos planetários. Como dizem Humberto Maturana e Francisco Varela, no livro *A árvore do conhecimento: as bases biológicas da compreensão humana*, "todo ato de conhecer faz surgir um mundo" (Maturana; Varela, 2001, p. 31). Nos constituímos como sujeitos individuais e sociais a partir da percepção que temos da realidade e do outro e, portanto, do conhecimento. Ao mesmo tempo que conhecemos a realidade, esse conhecimento nos constitui, renascemos com ele. "A aceitação do outro junto a nós na convivência é o fundamento biológico do fenômeno social. Sem amor, sem aceitação do outro junto a nós, não há socialização, e sem esta não há humanidade" (Maturana; Varela, 2001, p. 269). Talvez seja melhor falar que, ao nascer, "viemos do mundo", e não "ao mundo". Somos terra. Vivemos num mundo que podemos conhecer e transformar e que, ao conhecê-lo, também somos constituídos por ele. E um mundo onde é essencial a cooperação social, o que nos distingue, neste planeta, na grande e rica comunidade de vida que o habita:

> O que havia de tão especial na nova linguagem dos *sapiens* que nos permitiu conquistar o mundo? Não era o primeiro sistema de comunicação. Todos os animais sabem se comunicar [...]. O *Homo sapiens* é antes de mais nada um animal social. A cooperação social é essencial para a sobrevivência e a reprodução. (Harari, 2020, p. 40-41)

Ser professora, professor não se reduz à produção de conhecimentos. A docência — ou melhor, dodiscência — exige o compartilhamento de sonhos e utopias. Não há neutralidade possível na ação docente. Não há como nos esconder no ciclo gnosiológico. Toda neutralidade é falsa neutralidade. Como educadores, somos profissionais do sentido, somos profissionais do humano, somos mestres do amanhã. É por isso que a função docente é imprescindível, insubstituível. Nenhuma tecnologia poderá exercer essa função.

— Por que Paulo Freire fala de ciclo gnosiológico, e não ciclo do conhecimento?

Ele insistia sempre que não teria criado nenhum método de ensino, mas havia contribuído para a reflexão sobre o processo de conhecimento, de como conhecemos. Por que, então, não falar de ciclo do conhecimento? Podemos supor que Paulo Freire estava justamente querendo realçar o papel do sujeito na construção do conhecimento, no processo de aprendizagem. Daí ciclo gnosiológico, e não ciclo do conhecimento: "a gnose é um processo individual que ocorre por intermédio da interação social" (Guzzo Jr.; Bigler, 2018, p. 6). É sempre um sujeito que conhece, mas conhece em interação, em interlocução com o outro. Portanto, há um sujeito individual e um sujeito social na construção do conhecimento.

2.4 A prática à altura do sonho

Como vimos, a obra de Freire forma um todo harmônico: Filosofia, Antropologia, Teoria do conhecimento, Educação, Pedagogia, método...

mas não se trata de uma harmonia estática. Há uma constante evolução no seu pensamento, incorporando novos conceitos e ideias sem negar o sonho que perseguiu a vida toda de uma sociedade justa e igualitária. Uma evolução como superação dialética em que se mantém a coerência ética, política e ideológica, mas dizia que não era coerente por teimosia. Para ele, a coerência era uma virtude que tomava a forma da esperança.

Isso pode ser ilustrado pelo modo como deixou a Secretaria Municipal de Educação de São Paulo, dia 27 de maio de 1991. Depois de quase dois anos e meio, Paulo voltou à sua biblioteca e às suas atividades acadêmicas "à maneira de quem, saindo, fica", como afirma no epílogo do seu livro *A educação na cidade*. "Meu gosto de ler e de escrever", diz ele, "se dirige a uma certa utopia que envolve uma certa causa. É um gosto que tem que ver com a criação de uma sociedade menos perversa, menos discriminatória, menos racista, menos machista que esta". E continua: "Sou leal ao sonho. Minha ação tem sido coerente com ele. Exigente com a ética, considero que ler tem a ver com a coerência com que se vive no mundo, coerência entre o que se diz e o que se faz" (Freire, 1991, p. 144).

Paulo Freire insistia que estava profundamente empenhado na questão da formação permanente dos educadores. Seu programa de formação do magistério foi orientado por alguns princípios e eixos básicos (Freire, 1991, p. 80). Como princípios, destaca:

1º. O educador é o sujeito da sua prática, cumprindo a ele criá-la e recriá-la através da reflexão sobre o seu cotidiano;

2º. A formação do educador deve ser permanente e sistematizada, porque a prática se faz e refaz;

3º. A prática pedagógica requer a compreensão da própria gênese do conhecimento, ou seja, de como se dá o processo de conhecer;

4º. O programa de formação dos educadores é condição para o processo de reorientação curricular da escola.

Esse programa de formação dos educadores teve como eixos básicos:

1º. A fisionomia da escola que se quer enquanto horizonte da proposta pedagógica;

2º. A necessidade de suprir elementos de formação básica aos educadores nas diferentes áreas do conhecimento humano;

3º. A apropriação, pelos educadores, dos avanços científicos do conhecimento humano que possam contribuir para a qualidade da escola que se quer.

Com esse programa, Paulo Freire queria formar professores e professoras para uma nova postura pedagógica, considerando sobretudo a tradição autoritária brasileira. A formação do educador ultrapassa, transcende os cursos explicativos teóricos em torno da democracia. A formação deveria dar-se por meio da prática, da real participação, da intervenção na realidade. Em educação, a prática da democracia vale muito mais do que um curso sobre democracia.

Em 1987 e 1988, Paulo Freire desenvolveu o conceito de interdisciplinaridade dialogando com educadores de várias áreas na Universidade Estadual de Campinas, todos empenhados num projeto de educação popular informal. Na PUC de São Paulo, na qual Paulo Freire também trabalhava, esse conceito estava em debate nas análises de Ana Maria Saul e Ivani Fazenda, que aproximavam Gusdorf e Freire (Fazenda, 2008). Nas discussões com Paulo Freire, esse conceito surgiu da análise da prática concreta e da experiência vivida do grupo de reflexão voltado para a prática da Educação Popular. No ano seguinte, já como secretário municipal, ele deu início a um grande movimento de reorientação curricular. Essa reorientação foi chamada de "projeto da interdisciplinaridade" e contou com ampla participação coletiva e formação dos educadores.

A ação pedagógica através da interdisciplinaridade e da transdisciplinaridade aponta para a construção de uma escola participativa e decisiva na formação do sujeito social. O educador, sujeito de sua ação pedagógica, é capaz de elaborar programas e métodos de ensino-aprendizagem, sendo competente para inserir a sua escola numa comunidade. O objetivo fundamental da interdisciplinaridade é experimentar a vivência de uma realidade global que se inscreve nas experiências cotidianas do aluno, do professor e do povo e que, na escola tradicional, é compartimentada e fragmentada. Articular saber, conhecimento, vivência, escola, comunidade, meio ambiente, entre outros, enfim, é o objetivo da interdisciplinaridade que se traduz na prática por um trabalho coletivo e solidário na organização da escola. Não há interdisciplinaridade sem descentralização do poder e, portanto, sem uma efetiva autonomia da escola.

A obra de Paulo Freire não é um livro de receitas. Ela se constitui de relatos de práticas profundamente refletidas. Como ele disse certa vez: não leu Marx para aplicá-lo na prática; ao contrário, para a compreensão da prática é que ele teve de buscar, em Marx, elementos insubstituíveis. A universalidade da obra de Paulo Freire decorre muito dessa aliança entre teoria-prática, por isso é um pensamento vigoroso. Paulo Freire não pensa pensamentos. Pensa a realidade e a ação sobre ela. Trabalha teoricamente a partir dela: "na medida em que para ele teoria e prática da educação somente são determináveis uma em relação à outra, escapa inteiramente às abordagens unilaterais, em que a educação é concebida linearmente como processo evolutivo ou processo produtivo. Neste sentido, para Freire, a educação se torna um momento da experiência dialética total da humanização dos homens, com igual participação dialógica de educador e educando" (Schmied-Kowarzik, 1983, p. 69-70).

Talvez a palavra "prática" seja a que mais aparece no livro *Pedagogia da autonomia*.

— Como explicar a presença tão marcante dessa palavra no livro?

Creio que isso faz parte de uma certa postura de Paulo Freire no mundo que o acompanhou a vida toda: a de mudar a ordem das coisas. Ainda muito jovem, percebeu que algo estava "errado no mundo" e que "não podia continuar" (Freire, 1994, p. 38). Isso virou projeto de vida para ele. O que o levou para a docência foi justamente a possibilidade de um ofício que lhe possibilitasse realizar o sonho da mudança. Sendo professor, poderia contribuir com a superação do que estava considerando "errado". Daí o foco de Paulo Freire na práxis transformadora, na ação, e na reflexão sobre a ação: "a reflexão crítica sobre a prática se torna uma exigência da relação teoria-prática sem a qual a teoria pode ir virando blá-blá-blá e a prática, ativismo" (Freire, 1996, p. 24). Se isso vale para qualquer pessoa, para um docente é uma exigência fundamental:

> na formação permanente dos professores, o momento fundamental é o da reflexão crítica sobre a prática. É pensando criticamente a prática de ontem que se pode melhorar a próxima prática. O próprio discurso teórico, necessário à reflexão crítica, tem de ser de tal modo concreto que quase se confunda com a prática. (Freire, 1996, p. 43-44)

Impossível separar teoria e prática em Paulo Freire. Paulo Freire é, essencialmente, um ser da práxis.

Essa reflexão crítica sobre a prática não se limita ao seu cotidiano na sala de aula pois, como diz Francisco Imbernón (2000, p. 40), a sua reflexão "atravessa as paredes da instituição para analisar todo tipo de interesses subjacentes à educação, à realidade social, com o objetivo concreto de obter a emancipação das pessoas". Nesse sentido, deve-se realçar a importância da troca de experiências entre pares através de relatos, oficinas, grupos de trabalho: "quando os professores aprendem juntos, cada um pode aprender com o outro. Isso os leva a compartilhar evidências, informação e a buscar soluções. A partir daqui os problemas importantes das escolas começam a ser enfrentados com a colaboração entre todos" (Imbernón, 2000, p. 78). A troca de experiências e vivências dos profissionais da educação oferece a possibilidade não só de ressignificar suas práticas, mas, também, de enfrentar juntos o grande desafio que é "formar-se para a mudança e a incerteza", como diz Francisco Imbernón.

O conceito de dodiscência, que permeia toda a obra de Paulo Freire, nos remete a uma nova perspectiva na abordagem dos processos de ensino e aprendizagem, do currículo e da avaliação e, por aí, nos remete, igualmente, à reinvenção da escola e da educação que deve partir dos sujeitos da educação.

O aluno só aprenderá quando tiver um projeto de vida, quando desejar aprender, quando sentir prazer no que está aprendendo. Ele quer saber, mas nem sempre quer aprender o que lhe é ensinado. O estudante precisa ser autor, ser rebelde, criador. Para isso, o aprendiz, que também ensina, precisa ser respeitado em suas expectativas, em suas experiências culturais e em seus ritmos próprios de aprendizagem.

> Pensar certo, do ponto de vista do professor, tanto implica o respeito ao senso comum no processo de sua necessária superação quanto o respeito e o estímulo à capacidade criadora do educando. Implica o compromisso da educadora com a consciência crítica do educando cuja "promoção" da ingenuidade não se faz automaticamente. (Freire, 1996, p. 32-33)

2.5 Currículo e avaliação: eis a questão

A dodiscência é um projeto exigente. Ela coloca em questão os paradigmas atuais de ensino-aprendizagem e, com eles, o conceito de currículo e avaliação. Embora Paulo Freire não tenha tratado especificamente de currículo e avaliação em nenhum de seus livros, esses temas estão presentes em quase todos na medida em que ele não separa a docência do currículo, da avaliação, da concepção de educação.

Vejamos, por exemplo, o tema da avaliação, que resume um pouco as disputas atuais em torno do sentido da educação.

— O que dizia Paulo Freire?

Ele trabalhou esse tema em diferentes publicações. Em *Pedagogia do oprimido*, por exemplo, referindo-se à necessidade da participação dos aprendentes no seu processo de avaliação, ele fala de "Seminários avaliativos", "Seminários avaliativos e críticos", "Seminários de avaliação", "reuniões de avaliação" etc. (Freire, 1975, p. 124), destacando que eles deveriam "realizar-se, se possível, na área de trabalho para que possam estes participar dele". Ele escreveu isso quando estava avaliando o projeto do ICIRA (Instituto Chileno de Investigação para a Reforma Agrária) de formação de camponeses por pesquisadores e técnicos da reforma agrária e como eles deveriam proceder nas visitas de observação e nas reuniões de avaliação. Logo no início do capítulo segundo de *Pedagogia do oprimido*, quando Paulo Freire fala da "concepção bancária" e da "contradição educador-educando", ele diz: "Nas aulas verbalistas, nos métodos de avaliação dos 'conhecimentos', no chamado 'controle de leitura', na distância entre o educador e os educandos, nos critérios de promoção, na indicação bibliográfica, em tudo, há sempre a conotação 'digestiva' e a proibição ao pensar verdadeiro" (Freire, 1975, p. 73). Com isso, Paulo Freire quis mostrar que a avaliação deve basear-se nas necessidades e prioridades de quem é avaliado. Esse me parece o grande ensinamento e muito atual de Paulo Freire em relação à avaliação. Ele foi experimentado numa prática concreta em Guiné-Bissau (Freire, 1977).

A seguir, gostaria de destacar outras passagens sobre esse tema que marcam a concepção de Freire de avaliação, que pressupõe uma visão dodiscente do currículo e da prática pedagógica discutindo sua perspectiva na abordagem dos processos de ensino-aprendizagem.

No livro *Professora, sim; tia, não*, ele sustenta que a avaliação "não se dá apenas no momento que nos parece ser o final de certa prática". Ela se impõe como uma "necessidade que têm os seus sujeitos de, acompanhando passo a passo a ação dando-se, observar se seus objetivos estão por ser alcançados" (Freire, 1993, p. 14).

Num outro livro, *Medo e ousadia*, em parceria com o educador norte-americano Ira Shor, eles afirmam que "o controle estatal do currículo requer o reinado dos administradores e contadores que, então, necessitam de uma pedagogia quantificável para controlar o que os professores e alunos fazem em cada sala de aula", que tomam decisões em função de "testes e medidas" (Freire; Shor, 2003, p. 96; 99).

Desde os anos 1980, Paulo Freire chamava a atenção para a responsabilização dos docentes e das escolas a partir de uma cultura da testagem, por meio de políticas de sanções e/ou recompensas em função dos resultados alcançados nesses testes. Falando de "critérios de avaliação", ele sustenta, em seu livro *A educação na cidade* (Freire, 1991, p. 22), que o que a cultura da testagem entende como "*deficit* de aprendizagem" pode ser "diferença cultural" ou, simplesmente, uma questão de classe social. Quando a avaliação é homogeneizadora, ela se torna injusta, já que não considera essas diferenças. No livro *Ação cultural para a liberdade* (Freire, 1976, p. 26), ele fala da avaliação como um processo educativo que se dá num encontro intersubjetivo, um encontro de sujeitos mediados pelo conhecimento, destacando a dimensão dialógica do conhecimento. O educando também deve participar da avaliação da sua prática, como sujeito que é dessa prática, e não como objeto.

— Por que o educando deve participar da sua avaliação?

Porque ele é o principal interessado e a avaliação deve ser feita, antes de mais nada, em seu benefício, para que o discente possa se autoavaliar e melhorar a sua aprendizagem enquanto o docente também possa se autoavaliar e avaliar a sua prática pedagógica. No livro *A importância do ato de ler*, Paulo Freire afirma:

> não é possível praticar sem avaliar a prática. Avaliar a prática é analisar o que se faz, comparando os resultados obtidos com as finalidades que procuramos alcançar com a prática. A avaliação da prática revela

acertos, erros e imprecisões. A avaliação corrige a prática, melhora a prática, aumenta a nossa eficiência. O trabalho de avaliar a prática jamais deixa de acompanhá-la. (Freire, 1992, p. 83)

Enfim, em *Pedagogia da autonomia*, Paulo Freire sustenta que

o ideal é que, cedo ou tarde, se invente uma forma pela qual os educandos possam participar da avaliação. É que o trabalho do professor é o trabalho do professor com os alunos e não do professor consigo mesmo [...]. A questão que se coloca a nós, enquanto professores e alunos críticos e amorosos da liberdade, não é, naturalmente, ficar contra a avaliação, de resto necessária, mas resistir aos métodos silenciadores com que ela vem sendo às vezes realizada. (Freire, 1996, p. 71; 131)

Paulo Freire chama a atenção para um tema muito atual, que é a tentativa de colonização do currículo por uma concepção bancária da avaliação, com sua cultura da testagem, que se mundializou, promovida por organismos internacionais como a OCDE e o Banco Mundial. Precisamos relativizar a importância dos testes globais ou, pelo menos, aprimorá-los, complementá-los com testes nacionais, regionais, locais. A cultura da testagem não tem desempenhado um bom papel na melhoria da qualidade da educação. Não é nem eficaz nem equitativa na medida em que não leva em conta contextos culturais plurais, como mostrou a reforma norte-americana de George W. Bush chamada *No Child Left Behind* ("Nenhuma criança deixada para trás", em tradução livre), que se baseou nessa cultura da testagem. O fracasso desse tipo de avaliação foi reconhecido pelos seus próprios promotores, como Diana Ravitch (2011), em seu livro *Vida e morte do grande sistema escolar americano: como os testes padronizados e o modelo de mercado ameaçam a educação*.

Os testes têm sido utilizados como instrumentos de reorientação curricular e de responsabilização dos professores e das escolas. Isso foi fatal no caso americano. O currículo não pode ser um instrumento da avaliação. A avaliação não pode colonizar o currículo, limitando a aprendizagem do aluno ao que vai "cair no teste". E mais: punir professores e escolas com base no resultado desses testes é não levar em conta que a aprendizagem é resultado de múltiplos fatores, intra e extraescolares.

O problema central de todo o processo avaliativo foi muito bem detectado e analisado por Paulo Freire em muitas de suas obras: a avaliação precisa ser formativa, e não punitiva. Nenhuma avaliação é eficaz se quem for avaliado não participar da sua própria avaliação como sujeito.

— Como ser professor(a) dodiscente hoje?

Vivemos hoje numa sociedade de redes e de movimentos, uma sociedade de múltiplas oportunidades de aprendizagem na qual as consequências para a escola, para o professor e para a educação são enormes. Torna-se fundamental aprender a pensar autonomamente, saber comunicar-se, saber pesquisar, saber fazer, ter raciocínio lógico, aprender a trabalhar colaborativamente, fazer sínteses e elaborações teóricas, saber organizar o próprio trabalho, ter disciplina, ser sujeito da construção do conhecimento, estar aberto a novas aprendizagens, conhecer as fontes de informação, saber articular o conhecimento científico com a prática e com outros saberes, o saber sensível, o saber técnico, o saber popular. Tudo isso nos obriga a reinventar nossas práticas pedagógicas e abrir novas perspectivas para o processo de ensino-aprendizagem.

Nesse contexto de impregnação da informação, o professor, a professora é muito mais um mediador, mediadora do conhecimento. Ele é um "problematizador", na expressão de Paulo Freire. O estudante precisa construir e reconstruir o conhecimento a partir do que faz, revisitando permanentemente sua prática. Para isso, o professor também precisa ser curioso, buscar sentido para o que faz e apontar novos sentidos para o quefazer dos seus alunos. Ele deixará de ser um "lecionador" para ser um "gestor" do conhecimento (Dowbor, 1998), um organizador do conhecimento e da aprendizagem. Ele fará a gestão crítica do conhecimento utilizando mais intensamente o que as novas tecnologias lhe oferecem.

Diante dos novos espaços de formação — diversas mídias, ONGs, Internet, espaços públicos e privados, associações, empresas, sindicatos, partidos, parlamento... —, o professor integra esses espaços como profissional que seleciona a informação e constrói sentido para o conhecimento, mas atenção: "gestor" aqui significa construtor, organizador, mediador, coordenador. Não se confunde com um "gerente" de uma empresa.

Paulo Freire nos falava de uma ética inseparável da estética. Na docência, ser e saber são indissociáveis. Nossa tradição clássica na educação evita conectar nossos afetos com a nossa razão. Paulo Freire, ao contrário, com frequência, nos fala de uma "razão encharcada de emoção". Insistia muito nesse ponto. A educação responde pela criação da liberdade de cada ser, consciente, sensível, responsável, em que razão e emoção estão em equilíbrio ou em conflito, mas sempre em interação.

Todo conhecimento é sempre um conhecimento afetivo-cognitivo. Não existe um conhecimento puramente afetivo ou puramente cognitivo. Quem produz conhecimento é um ser humano, um ser de racionalidade e de afetividade, um ser "sentipensante" (Fals Borda, 2009). Nenhuma dessas características é superior à outra. É sempre um sujeito que constrói categorias de pensamento através de suas experiências com o outro, num determinado contexto, num determinado momento. A afetividade e a imaginação, nesta construção, continuam sempre presentes. Uma razão onipotente gera uma escola burocrática e racionalista, incapaz de compreender o mundo da vida e o ser humano em sua totalidade. É uma escola dogmática e adormecida. Não um organismo vivo e em evolução. É preciso compreender os processos cognitivos como processos vitais na medida em que o intelecto, a imaginação e a sensibilidade são inseparáveis.

Isso foi particularmente trabalhado nas obras de Carlos Rodrigues Brandão. Para ele, Paulo Freire

> foi um dos principais divulgadores da ideia de que não só aprendemos sempre uns com os outros, uns através dos outros, mas aprendemos envolvendo nisto tudo o que somos. Se pudéssemos brincar um momento com a letra "S", bem poderíamos lembrar que aprendemos: com as nossas *sensações* (visão, audição, olfato, tato e tudo o mais), com as nossas *sensibilidades* (afetos, emoções, sentimentos), com os nossos *saberes* (tudo o que aprendemos antes e integramos em nós como "aquilo que sabemos"), com os nossos *sentidos de vida* (os valores, os princípios, os preceitos que nos dizem quem somos, como devemos ser e como devemos conviver), os nossos *significados* (as ideias que temos sobre o mundo em que vivemos e sobre como ele deveria ser) e as nossas *sociabilidades* (a nossa vocação de criarmos juntos o mundo em que vivemos e de o transformarmos, para vivermos nele). Aprendemos o tempo todo com o todo que somos: corpo e espírito, razão e imaginação, racionalidade e sentimento, individualidade e partilha com os outros. Imagine tudo isto e você poderá compreender os princípios das inovações do "Método Paulo Freire". (Brandão, 2021, p. 14-15)

Como educadores, educadoras, precisamos nos indagar constantemente sobre o sentido do que estamos fazendo. Se isso é fundamental para todo ser humano, como ser que busca sentido o tempo todo, para nós, professores, é também um dever profissional. Não podemos mudar a história sem conhecimentos, mas temos de educar o conhecimento para colocá-lo a serviço da transformação social. Educar o conhecimento pelo entendimento da politicidade do conhecimento, como dizia Freire; entender o sentido histórico e político do conhecimento.

Educar e educar-se é sempre impregnar de sentido o que fazemos na vida cotidiana. É entender e transformar o mundo e a si mesmo. É compartilhar o mundo: compartilhar mais do que conhecimentos, ideias... compartilhar o coração. Numa sociedade violenta como a nossa, é preciso educar para o entendimento e humanizar-se. Educar é também desequilibrar, duvidar, suspeitar, lutar, tomar partido, estar presente no mundo. Educar é posicionar-se, não se omitir. É conscientizar, desalienar, desfetichizar, desbarbarizar.

2.6 Ser professor, ser professora hoje

Desde muito cedo, Paulo Freire sonhava ser professor. Numa conversa com o educador norte-americano Miles Horton, ele relembra seus sonhos, ainda menino, de um dia ser professor, na época em que estava na escola primária: "ainda sinto o gosto da primeira classe que dei. Foi algo que me encheu de emoção, de um sentimento de felicidade. Quase que chorei na rua depois de ter dado a primeira aula" (Freire; Horton, 2003, p. 80).

Sobre suas primeiras experiências como professor ele falou numa entrevista ao jornal *Folha de S.Paulo*, publicada no dia 29 de maio de 1994. Na ocasião, ele confessa que começou a dar aulas em casa e que só depois passou a lecionar no Colégio Osvaldo Cruz, em Recife: "eu ainda estava no 4º ano de ginásio, ainda estava estudando. Eu dava aula de Português e era um apaixonado pelo que fazia". Diz ele: "sem amar não dá, e eu realmente tinha e tenho um gosto tão grande pelo processo de ensinar que vocês não imaginam. Antes de começar a ensinar, eu sonhava com ensinar. Quer dizer, ficava horas sentado num canto, me experimentando em pura fantasia de professor. Vivi tão intensamente isso que, quando comecei a dar as primeiras aulas, elas eram tão concretas quanto as fantasias que desenvolvi como sonhador do magistério". Foi como professor do Colégio Osvaldo

Cruz que ele conheceu a professora Elza Maia Costa Oliveira, sua esposa por mais de 40 anos.

Aos 22 anos de idade, em 1943, Paulo Freire ingressou na Faculdade de Direito do Recife e continuou como professor até terminar o curso. Chegou a abrir, em 1947, um escritório de advocacia, mas abandonou a carreira de advogado, preferindo a docência. Entre 1947 e 1957, dirigindo o setor de educação do Serviço Social da Indústria (SESI), implantou uma efetiva integração entre professores e pais das escolas mantidas pelo SESI, criando o Círculo de Pais e Professores. Em 1959, prestou concurso para professor na Universidade do Recife e, em 1961, tomou posse como professor efetivo de Filosofia e História da Educação da mesma universidade, tendo de abandonar o cargo em 1964 em razão do Golpe civil-militar.

Ao falar de sua experiência como professor, no livro *Política e educação*, ele afirma que

> ninguém nasce feito: é experimentando-nos no mundo que nós nos fazemos. Ninguém nasce feito. Vamos nos fazendo aos poucos, na prática social de que tomamos parte. Não nasci professor ou marcado para sê-lo, embora minha infância e adolescência tenham estado sempre cheias de "sonhos" em que rara vez me vi encarnando figura que não fosse a de professor [...]. Eu tinha, na verdade, desde menino, um certo gosto docente, que jamais se desfez em mim. Um gosto de ensinar e de aprender que me empurrava à prática de ensinar que, por sua vez, veio dando forma e sentido àquele gosto. (Freire, 1993, p. 79)

Ele retoma aqui o que repetia com frequência: ele "gostava" de ensinar, tinha "gosto" de ensinar. Eu diria: ele tinha "paixão de ensinar" (Gadotti, 2007).

Ele dizia que, nesse processo, não faltaram dúvidas e inquietações, porque é assim mesmo que se constrói uma trajetória profissional, na qual não pode ficar de fora, como algo sem importância, a nossa "presença no mundo", do que ele foi como menino, com suas experiências de jovem, seus desejos, seus sonhos e, também, em sua experiência escolar. Diz ele: "na infância e na adolescência havia tido, entre outras, duas experiências com professoras que me desafiavam a entender as coisas em lugar de me fazer memorizar mecanicamente pedaços ou retalhos de pensamento" (Freire, 1993a, p. 83). Numa entrevista com o teólogo e professor William B. Kennedy (*In: Religious Education*, v. 79, nº 4, final de 1984, p. 520-521), Paulo Freire afirma que ensinar é uma "tarefa permanente em toda a história da humanidade". Diz ele: "Não existe nada que me envergonhe de ser um professor. Eu sou um professor. Ensinar é absolutamente fundamental. Para mim, a questão é como ser um professor que facilita o saber aos educandos, aos estudantes. Em outras palavras, como ensinar sem impor aos estudantes nosso próprio conhecimento, nossas opções políticas e ideológicas. Mas também sem omiti-las. Eu não tenho ocultado minhas opções aos estudantes. Mas eu também respeito as escolhas deles. Se nós entendemos que ensinar não é uma experiência de dar conhecimento aos outros nem de demonstrar conhecimento sobre isto ou aquilo, mas de trocar com os estudantes para que eles se apoderem do conhecimento que é de todos, para mim, esta é uma tarefa permanente em toda a história da humanidade".

Paulo Freire sonhava ser professor em meio a muitas dificuldades financeiras, tendo se mudado, com dez anos de idade, de um bairro de classe média de Recife para um bairro popular de Jaboatão, na periferia da cidade. Em Jaboatão, ele convivia com colegas que passavam fome e ele mesmo também passou por essa experiência. Disse ele que era uma realidade que, sendo professor, poderia fazer algo para mudar: "em tenra idade, já pensava que o mundo teria de ser mudado. Que havia algo errado no mundo que não podia nem devia continuar" (Freire, 1994, p. 38). Ele decidiu ser professor admitindo que algo estava errado e que precisava de conserto. Ele escolheu ser professor porque entendia, desde criança, que, por meio da docência, poderia ajudar a mudar a ordem injusta das coisas.

A essa altura, poderíamos nos perguntar como seria uma prática docente inspirada em Paulo Freire e quais seriam as exigências e as características dela. Certamente, seria uma prática inspirada no conceito de dodiscência. Como professor, essas perguntas aparecem com frequência nos meus cursos.

Como a prática docente de Paulo Freire sempre foi coerente com a visão dele sobre educação, entre as exigências dessa prática docente não faltará a sua perspectiva crítica, a visão transformadora da educação e a construção coletiva e dialógica do conhecimento. Foram muitos os momentos em que tive o privilégio de testemunhar essa coerência: tanto na USP, quando o convidava para falar em alguma de minhas aulas, quanto na Unicamp e na PUC-SP, onde assistia às suas aulas. Mas ninguém teve mais contato direto com essa vivência do que a professora Ana Maria Saul, da PUC-SP, onde Paulo Freire foi professor desde 1980 até o final da vida (Saul, 2012). Ana Maria Saul, em muitos momentos, testemunhou essa prática dele como pesquisou o "jeito de ser docente" de Paulo Freire. Diz ela:

> A sua atuação na aula era discreta. Apesar de ele saber que a sua palavra fazia diferença, com humildade autêntica, raramente era o primeiro a falar. Exercitava assim um dos saberes que em seu último livro apontou como necessários à prática educativa: "saber escutar". Ouvia a todos atenta e respeitosamente e, quando se posicionava, ouvíamos sua voz mansa que revelava, porém, uma postura forte que convidava a pensar. (Saul; Silva, 2012, p. 7-8)

A formação do professor foi uma preocupação constante de Paulo Freire, manifestada em suas numerosas obras. Em seu livro *Professora, sim; tia, não: cartas a quem ousa ensinar* (Freire, 1993), ele reafirma a necessária profissionalização da docência contra a desvalorização dessa profissão. O sonho de mudança não se consolida nas sociedades sem a presença da professora. No livro *Medo e ousadia: o cotidiano do professor*, analisando a dialética entre utopia e cotidiano, entre o sonho e a realidade, Paulo Freire e Ira Shor (Freire; Shor, 2003), em diálogo a partir de suas experiências pessoais como docentes, comparam a situação vivida no Brasil e nos Estados Unidos tendo como pano de fundo o sonho de uma educação libertadora, sustentando que aprender é ousar, é superar o medo. Nesse livro, os autores afirmam que a educação libertadora se constitui num estímulo para as pessoas se mobilizarem, se organizarem e se "empoderarem". Ambos criticam a ideia de um "currículo oficial", pois entendem que ele se baseia na falta de confiança na capacidade dos estudantes e dos professores, negando-lhes o exercício da criatividade.

Paulo Freire, seja como teórico da educação, seja como professor ou gestor público, por meio da sua práxis, nos convida a reinventar o mundo e a educação. Ele desenha a profissão docente como uma profissão particular que se distingue, entre tantas, porque exige o envolvimento do sujeito. Sua capacidade profissional depende muito desse envolvimento. As histórias de vida de muitos educadores demonstram essa caraterística profissional do docente. A docência precisa fazer sentido para o docente. Costumo dizer, por isso mesmo, que o professor, como profissional do humano, é um profissional do sentido.

Ao falar de dodiscência, Paulo Freire nos convida, como docentes, a pensar novos paradigmas em diferentes áreas a partir de uma perspectiva crítica. Desafios não faltam. Sabemos disso e não nos intimidamos diante dessa situação. Em tempos obscuros como os que vivemos hoje, de ascensão do neoconservadorismo e da intolerância, nossa saída é reforçar a crença na nossa capacidade como educadoras e educadores, docentes e discentes, de enfrentá-los com lucidez e força. Para isso, mais do que nunca, precisamos hoje estar atentos e atentas a um dos saberes necessários à prática educativa crítica que é saber escutar, como diz Paulo Freire em *Pedagogia da autonomia*: "quando entro em uma sala de aula devo estar sendo um ser aberto a indagações, à curiosidade, às perguntas dos alunos, a suas inibições; um ser crítico e inquiridor, inquieto em face da tarefa que tenho – *a de ensinar e não a de transferir conhecimento*" (Freire, 1996, p. 52).

Paulo Freire, em 1980, logo após voltar de 16 anos de exílio, reuniu-se com vários professores em Belo Horizonte. Falou-lhes de esperança, de "sonho possível", temendo por aqueles e aquelas que "pararem com a sua capacidade de sonhar", aqueles e aquelas que, "em lugar de visitar de vez em quando o amanhã, o futuro, se atrelam a um passado de exploração e de rotina" (Freire *In*: Brandão, 1982, p. 101). Ele nos falava da "boniteza" do sonho de ser professor. A realidade, contudo, é, muitas vezes, bem diferente do sonho. Por isso, muitos estudantes, mesmo estando num curso de formação de professores, revelam desinteresse em seguir a carreira do magistério. Pesam muito nessa decisão as condições concretas do exercício da profissão.

— Por que sou professor hoje?

É uma pergunta que tenho ouvido com frequência nesses 60 anos de magistério. Talvez esteja aqui a chave para entender a crise que vivemos: perdemos o sentido do que fazemos. Ensinar vem do latim *insignare*, que significa "marcar com um sinal", indicar um caminho, um sentido. Somos essencialmente profissionais do sentido. Educamos quando ensinamos com sentido. Educar é impregnar de sentido a vida. A profissão docente está centrada na vida, no bem viver.

Aprender e ensinar são experiências criadoras de vida, insubstituíveis, irredutíveis a quaisquer outras. Como diz Carlos Rodrigues Brandão, grande companheiro de muitas jornadas pelas sendas da utopia,

> aprender a saber cria em cada pessoa humana uma experiência contínua e crescentemente inacabável. Por isso, o aprender a que serve a educação não é um instrumento destinado a "outra coisa na vida", mas, antes, uma razão de ser essencial da própria experiência humana. E é, mais do que tudo, aquilo que nos torna humanos a cada instante e aquilo que possibilita, em cada uma e em cada um de nós,

um ir-além-de-si-mesmo infindo. Não somos o que somos, mas somos o que aprendemos a ser a cada instante da vida. Assim sendo, educar, educar-se, aprender não servem apenas a se ser "isto ou aquilo". Servem, em suas esferas mais profundas, a desafiar pessoas a reconstruírem continuamente o frágil e maravilhoso "ser-de-si-mesmo". (Brandão, 2021, p. 34)

Ser professor hoje é viver intensamente o seu tempo, com consciência e sensibilidade. Não se pode imaginar um futuro para a humanidade sem professores, sem professoras. Eles não só transformam a informação em conhecimento e em consciência crítica, mas formam pessoas. Eles fazem fluir o saber, porque constroem sentido para a vida das pessoas e para a humanidade e buscam, numa visão emancipadora, um mundo mais justo, mais produtivo e mais saudável para todos. Por isso, eles são imprescindíveis.

Referências

ARROYO, Miguel. "Paulo Freire: um outro paradigma pedagógico?" *In*: *Educação em Revista*. Belo Horizonte: Dossiê "Paulo Freire: o legado global". v. 35, 2019. Disponível em: http://dx.doi.org/10.1590/0102-4698214631. Acesso em: 14 ago. 2023.

AUSUBEL, Paul David. *Aquisição e retenção de conhecimentos*. Lisboa: Plátano, 2003.

BRANDÃO, Carlos Rodrigues. *Diálogos freirianos, virtuais, vivos e virtuosos*. Caderno de formação. São Paulo: Instituto Paulo Freire (e-book), 2021.

BRANDÃO, Carlos Rodrigues (Org.). *O educador*: vida e morte: escritos sobre uma espécie em perigo. São Paulo: Brasiliense, 1982.

BUBER, Martin. *Eu e tu*. 8. ed. São Paulo: Centauro, 2001 (originalmente publicado em 1923).

CURY, Carlos Roberto Jamil. *Educação e contradição*: elementos metodológicos para uma teoria crítica do fenômeno educativo. São Paulo: Cortez e Autores Associados, 1985.

DICKMANN, Ivo. *Formação de educadores ambientais*: contribuições de Paulo Freire. Curitiba: UFPR (Tese de doutoramento), 2015.

DOMONT, Beatriz. *Um sonho interrompido*. São Paulo: Porto Calendário, 1997.

DOWBOR, Ladislau. *A reprodução social*: propostas para uma gestão descentralizada. Petrópolis: Vozes, 1998.

FALS BORDA, Orlando. *Una sociología sentipensante para América Latina*. Antología. Compilador Víctor Manuel Moncayo. Bogotá: Siglo del Hombre Editores y Clacso, 2009.

FAZENDA, Ivani (Org.). *O que é interdisciplinaridade?* São Paulo: Cortez, 2008.

FREIRE, Paulo; SHOR, Ira. *Medo e ousadia*: o cotidiano do professor. Rio de Janeiro: Paz e Terra, 2003.

FREIRE, Paulo; HORTON, Miles. *Caminhando se faz o caminho*: conversas sobre educação e mudança social. 5. ed. Petrópolis, RJ: Vozes, 2003.

FREIRE, Paulo. "Conscientização e alfabetização: uma nova visão do processo". *In*: Revista *Estudos Universitários*, Revista de Cultura da Universidade do Recife, abr.-jun./1963, p. 5-23. n. 4.

FREIRE, Paulo. *Extensão ou comunicação?* Rio de Janeiro: Paz e Terra, 1969.

FREIRE, Paulo. *Pedagogia do oprimido*. Rio de Janeiro: Paz e Terra, 1975.

FREIRE, Paulo. *Ação cultural para a liberdade*: e outros escritos. Rio de Janeiro: Paz e Terra, 1976.

FREIRE, Paulo. *Cartas à Guiné-Bissau*: registros de uma experiência em processo. Rio de Janeiro: Paz e Terra, 1977.

FREIRE, Paulo. *A educação na cidade*. São Paulo: Cortez, 1991.

FREIRE, Paulo. *A importância do ato de ler em três artigos que se completam*. São Paulo: Cortez, 1992.

FREIRE, Paulo. *Professora, sim; tia, não*: cartas a quem ousa ensinar. São Paulo: Olho d'Água, 1993.

FREIRE, Paulo. *Política e educação*. São Paulo: Cortez, 1993a.

FREIRE, Paulo. *Cartas a Cristina*: reflexões sobre minha vida e minha práxis. São Paulo: Paz e Terra, 1994.

FREIRE, Paulo. *Pedagogia da autonomia*: saberes necessários à prática educativa. São Paulo: Paz e Terra, 1996.

FREIRE, Paulo. *Pedagogia da esperança*: um reencontro com a pedagogia do oprimido. 5. ed. Rio de Janeiro: Paz e Terra, 1998.

GADOTTI, Moacir. *Comunicação docente*. São Paulo: Loyola, 1975.

GADOTTI, Moacir. *A escola e o professor*: Paulo Freire e a paixão de ensinar. São Paulo: Publisher, 2007.

GADOTTI, Moacir. *Boniteza de um sonho*: ensinar-e-aprender com sentido. São Paulo: Instituto Paulo Freire, 2008.

GAJARDO, Marcela. "Procurando Paulo Freire no Chile: algumas observações sobre a origem e a evolução de suas ideias pedagógicas". *In*: *Ideação*. Revista do Centro de Educação, Letras e Saúde. Foz do Iguaçu: Unioeste, v. 23, n. 1, 2021, p. 72-104.

GUSDORF, Georges. *Professores. Para quê? Por uma pedagogia da pedagogia*. Lisboa: Moraes, 1970.

GUZZO JR.; ANTÔNIO, Nilson; BIGLER, Stephen. "A sala de aula de Paulo Freire: um estudo sobre o Ciclo do Conhecimento". *In*: *Revista Carioca de Ciência, Tecnologia e Educação* (on-line). Rio de Janeiro, v. 3, n. 2. 2018.

HARARI, Yuval Noah. *Sapiens — Uma breve história da humanidade*. Porto Alegre: L&PM, 2020.

IMBERNÓN, Francisco. *Formação docente e profissional*: formar-se para a mudança e a incerteza. São Paulo: Cortez, 2000.

LIMA, Lauro de Oliveira. "Método Paulo Freire: processo de aceleração de alfabetização da adultos". *In*: *Tecnologia, educação e democracia*. Rio de Janeiro: Civilização Brasileira, 1979.

MATURANA, Humberto; VARELA, Francisco. *A árvore do conhecimento*: as bases biológicas da compreensão humana. São Paulo: Palas Athena, 2001.

NICOL, Eduardo. *Los principios de la ciencia*. México y Madrid: Fondo de Cultura Económica, 1965.

PIAGET, Jean. *A psicologia da inteligência*. Petrópolis: Vozes, 2013.

PITANO, Sandro de Castro; Streck, Danilo Romeu; Moretti, Cheron Zanini (Orgs.). *Paulo Freire*: uma arqueologia bibliográfica. Curitiba: Appris, 2019.

RAVITCH, Diana. *Vida e morte do grande sistema escolar americano*: como os testes padronizados e o modelo de mercado ameaçam a educação. Porto Alegre: Sulina, 2011.

SARAMAGO, José. *Todos os nomes*. São Paulo: Companhia das Letras, 1997.

SAUL, Ana Maria; Saul, Alexandre. "O saber/fazer docente no contexto do pensamento de Paulo Freire: contribuições para a didática". *In*: *Cadernos de Pesquisa*, São Luís: EDUFMA, v. 24, n. 1, jan.-abr./2017. Disponível em: http://dx.doi.org/10.18764/2178-2229.v24n1p1-14.

SAUL, Ana Maria; Silva, Antonio Fernando Gouvêa. "Formando educadores no contexto da educação popular: a teoria e a prática de Paulo Freire na Secretaria de Educação da cidade de São Paulo (1989-1992)". *In*: 35ª Reunião Anual da Anped. Associação Nacional de Pesquisa e Pós-Graduação em Educação: São Paulo, 2012. Disponível em: http://www.anped.org.br/sites/default/files/gt06-1391_int.pdf. Acesso em: 14 ago. 2023.

SAUL, Ana Maria. "Uma prática docente inspirada no 'jeito de ser docente' de Paulo Freire". *In*: Revista *Rizoma freireano*, Espanha. v. 12, 2012. Disponível em: https://ury1.com/hpjaQ. Acesso em: 14 ago. 2023.

SCHMIED-KOWARZIK, Wolfdietrich. *Pedagogia dialética*: de Aristóteles a Paulo Freire. São Paulo: Brasiliense, 1983.

SCOFANO, Reuber Gerbassi. "A pedagogia dialógico-polifônica de Paulo Freire: um antídoto contra o emergente pensamento autoritário e antidemocrático". *In*: Revista *Ensaios e Pesquisa em Educação e Cultura*, 2020. 1, p. 16-27. v. 5. n. 8. Disponível em: https://periodicos.ufrrj.br/index.php/repecult/article/view/513 . Acesso em: 15 ago. 2023.

SÍVERES, Luiz. *Encontros e diálogos*: pedagogia da presença, proximidade e partida. Brasília: Liber Livro, 2015.

TORRES, Carlos Alberto; O'CADIZ, Maria Del Pilar; WONG, Pia Lindquist. *Educação e democracia*: a práxis de Paulo Freire em São Paulo. São Paulo: Cortez/Instituto Paulo Freire, 2002.

VASCONCELLOS, Celso dos Santos. *Para onde vai o professor? Resgate do professor como sujeito de transformação*. São Paulo: Libertad, 2001.

Terceiro ensaio

RETOMANDO O SONHO INTERROMPIDO

> *O meu sonho fundamental é o sonho pela liberdade que me estimula a brigar pela justiça, pelo respeito do outro, pelo respeito à diferença, pelo respeito ao direito que o outro tem, que a outra tem, de ser ele ou ela mesma. Quer dizer: o meu sonho é que nós inventemos uma sociedade menos feia do que a nossa de hoje, menos injusta, que tenha mais vergonha. Esse é o meu sonho. O meu sonho é um sonho da bondade e da beleza.* (Freire, 2014, p. 354)

Venho falando sobre uma educação voltada para o futuro porque muitas coisas precisam mudar. No entanto, isso não significa que precisamos simplesmente ignorar o passado. Precisamos partir dele para pensar a educação do futuro.

Não podemos descartar nossos sonhos antigos, realizados parcialmente ou não realizados. Sonhos por mais justiça e equidade nunca morrem. Não perdem a data de validade. São os sonhos de muitos lutadores e lutadoras pelos direitos humanos e pela Educação Popular do passado. Eles alimentaram, e continuam alimentando, a nossa esperança. Devemos honrá-los, nos inspirando neles, retomando e ressignificando suas lutas. Vamos pegar esse bastão que eles nos passaram, com firmeza, com orgulho. O sonho de liberdade, de outro mundo possível, radicalmente democrático, justo, continua vivo. Aquilo pelo que sempre lutamos e que vem de longe não podemos abandonar, mesmo diante de retrocessos e derrotas do passado e do presente.

Temos certeza, fazendo isso, de que não estamos repetindo o passado como se fosse uma volta atrás na história. A história e os contextos mudam e nós mesmos também mudamos com o tempo. Não somos mais os mesmos, mas não significa, com isso, que tenhamos perdido a esperança e a capacidade de sonhar.

Somos seres condicionados, jamais determinados. O que nos distingue, na comunidade de vida deste planeta, é nossa capacidade de sonhar. Temos o direito de sonhar com um mundo menos feio, imaginar outra realidade. Sabemos que esse mundo não é o único mundo possível. Sonhar e ir à luta são atos complementares. Eles enraízam nossa utopia no vivido de cada dia. Nossos sonhos sonhados juntos não são irrealizáveis, inalcançáveis.

Há duas palavras que encontramos em quase todos os escritos de Paulo Freire: sonho e luta. Sua pedagogia é, ao mesmo tempo, uma pedagogia dos sonhos possíveis e da luta para torná-los realidade. É o que fizeram, na história da educação, os educadores e as educadoras que ousaram nadar contra a correnteza. Eles nos deixaram muitas pistas a seguir e a reinventar, harmonizando, em suas práxis, a ideia da utopia com o cotidiano das lutas possíveis de agora.

Estamos bem acompanhados nessa retomada da caminhada por todas as lutas de movimentos sociais e populares e pelo movimento da Educação Popular, que já tem mais de 70 anos de história (Brandão, 1984). Não renunciamos à memória das lutas populares. Como disse Paulo Freire (1991, p. 72-73),

> nenhum educador faz sua caminhada indiferente ou apesar das ideias pedagógicas de seu tempo ou de seu espaço. Pelo contrário, faz sua caminhada desafiado por essas ideias que combate ou que defende [...].

Elas expressam as lutas sociais, os avanços e os recuos que se dão na história, mas, também, se fazem força atuante de mudança do mundo.

Paulo Freire se notabilizou pelas suas teorias pedagógicas emancipatórias, mas, tão importante quanto refletir sobre essas teorias e princípios pedagógicos é, também, verificar como ele as implementou e, portanto, nos debruçar sobre a sua práxis, sobre a sua experiência como gestor e o contexto histórico no qual lutou para realizar seus sonhos. Ele jamais dicotomizou o administrativo e o pedagógico. O administrativo não é algo menor frente ao pedagógico. Ele era, acima de tudo, um ser da práxis. Em diferentes momentos da trajetória de sua vida, ocupou cargos e realizou assessorias e consultorias, em diferentes países e governos, bem como em organismos internacionais, como a Unesco e o UNICEF. Entretanto, ele não é muito conhecido como gestor público. Ele ficou mais conhecido como educador e pedagogo. Eu diria que Paulo Freire pode ser considerado também um gestor de sonhos e de utopias. Ele não só concebeu teoricamente uma outra educação possível, como, também, a pôs em prática e aprendeu com sua prática político-administrativa enquanto gestor.

3.1 A gestão como ato político-pedagógico

Desde muito cedo, ele assumiu responsabilidades administrativas e de gestão, começando pelo Serviço Nacional da Indústria (SESI) de Pernambuco, onde começou a trabalhar em 1946, no mesmo ano em que essa instituição foi fundada. Em 1954, ele chegou a ocupar o cargo de diretor-superintendente regional do SESI de Pernambuco. Essa experiência teve grande influência na trajetória de Paulo Freire. Diz ele, no livro que publicou logo que saiu da Secretaria Municipal de Educação de São Paulo, em que fala dos seus planos de gestão: "Quando tinha vinte e cinco anos fui convidado a trabalhar numa instituição de serviço social que atendia a operários urbanos e a pescadores e cujas atividades de natureza educativa me levavam às áreas rurais e urbanas também, próximas do Recife. Refiro-me ao Serviço Social da Indústria, SESI, instituição privada, criada pela Confederação Nacional das Indústrias, no Brasil [...]. Sem aqueles anos de aprendizado com camponeses, pescadores e obreiros urbanos de que fez sempre parte o exercício crítico de pensar a prática, dificilmente teria escrito, anos depois, a *Pedagogia do oprimido*, em Santiago do Chile, em tempos de exílio" (Freire, 1991, p. 104-105).

Nos primeiros anos da década de 1960, ele criou e dirigiu o Serviço de Extensão Cultural da Universidade do Recife, de onde partiram seus primeiros projetos de alfabetização de adultos, em Pernambuco, na Paraíba e no Rio Grande do Norte, onde realizou a experiência de Angicos (Gadotti, 2014). O projeto político-pedagógico de Paulo Freire foi fundamentalmente um repensar da própria educação em geral e da educação pública, em particular, como uma contribuição para a constituição da democracia e da cidadania. O experimento de Angicos era apenas o primeiro passo do *Programa Nacional de Alfabetização*, que visava eliminar o analfabetismo no Brasil como compromisso ético e político. Angicos não é apenas um símbolo da luta contra o analfabetismo, é um marco da luta pela universalização da educação em todos os graus, superando a visão estreita de que os graus superiores são destinados apenas aos segmentos das elites e das vanguardas. Angicos foi um projeto de cultura popular que imaginou e concebeu um projeto nacional de educação popular para uma sociedade democrática com justiça social.

Foi a partir do Serviço de Extensão Cultural (SEC) que nasceu o sistema de educação chamado de "Sistema Paulo Freire", compreendendo todos os graus de ensino. Foi aí que ele pensou a extensão cultural como dimensão fundamental da nova universidade, uma universidade popular como ponto de partida para a democratização da cultura e alfabetização de adultos. Nesse contexto, surgiu o que ficou conhecido como "Método Paulo Freire", entendendo-o de forma ampla. A rigor, não se poderia falar em Método Paulo Freire, pois trata-se muito mais de uma teoria do conhecimento e de uma filosofia da educação do que propriamente de um método de ensino. É muito menos um método de ensino e muito mais um método de construção do conhecimento. Segundo Carlos Rodrigues Brandão (2003, p. 83-84),

> na cabeça dos seus primeiros idealizadores, o *método de alfabetização* de adultos era a menor parte de um sistema de educação, do mesmo modo como o trabalho de *alfabetizar* era só o momento do começo da aventura de *educar*, criando entre as pessoas sistemas novos de trocas de gestos, símbolos e significados, cujo resultado é a transformação de todos através do diálogo de que cada um aprende [...]. Em Pernambuco, este Sistema previa as seguintes etapas: 1ª) alfabetização infantil; 2ª) alfabetização de adultos; 3ª) ciclo primário rápido; 4ª) extensão universitária (universidade popular); 5ª) Instituto de Ciências do Homem (pensado para ser criado na Universidade do Recife); 6ª) Centro de Estudos Internacionais (com foco sobre questões do Terceiro Mundo).

Para sermos mais precisos, deveríamos chamar a esse método de sistema, filosofia, de teoria do conhecimento.

Entre 1963 e 1964, ele organizou e coordenou, a convite do presidente João Goulart, o Programa Nacional de Alfabetização (PNA). A ideia de um programa de tal natureza já havia surgido, em 1958, durante a realização do 2º Congresso Nacional de Educação de Adultos, o qual contou com a participação de Paulo Freire, como um programa permanente de enfrentamento do problema da alfabetização. A educação de adultos era entendida a partir de uma visão das causas do analfabetismo, como educação de base, articulada com as "reformas de base", defendidas pelo governo de João Goulart. O PNA representava não só um salto qualitativo em relação às campanhas de alfabetização anteriores, mas um momento do processo de construção de um novo projeto de poder e de desenvolvimento nacional. É certo que, como afirma Sílvia Manfredi (1981, p. 14),

> a adoção do Sistema Paulo Freire de Educação não exprime apenas um intento de renovação dos procedimentos até então adotados com relação à educação de adultos; quando encarada à luz de processos político-ideológicos mais abrangentes, sua institucionalização só pode ser entendida quando analisada em função do conjunto de práticas políticas vinculadas a um modelo de desenvolvimento socioeconômico específico (nacional-desenvolvimentista) e do estilo populista que caracterizava a relação entre os grupos dominantes, representados no poder, e as "massas populares".

No exílio, trabalhou primeiro como consultor do governo chileno (1964-1967), no Instituto de Desenvolvimento Agropecuário (INDAP), assessorando seus planos e programas de alfabetização camponesa e apoiando programas de capacitação executados com o Ministério da Educação e, depois, no ICIRA (Instituto de Capacitação e Investigação da Reforma Agrária), como consultor da Unesco (1967-1969), num programa de Extensão Cultural. Deixou o Chile, em abril de 1969, para assumir o cargo de professor visitante na Universidade de Harvard, "colocando em debate a sua teoria da ação cultural apresentada no livro *Pedagogia do oprimido*, livro que, nessa época, já circulava dentro e fora dos Estados Unidos" (Gajardo, 2021, p. 90). Em seguida, como coordenador do Departamento de Educação do Conselho Mundial das Igrejas, em Genebra (1970-1980), pôde assessorar diferentes países da África e da América Latina na implementação de políticas públicas de educação.

Voltando ao Brasil, em 1980, seu maior desafio no campo da gestão pública foi assumir o cargo de secretário de educação do Município de São Paulo (1989-1991). Eu tive a oportunidade de acompanhar e participar dessa gestão de Paulo Freire primeiramente como seu chefe de gabinete e, depois, como assessor especial. Vou me ater mais a essa última experiência, que acompanhei de perto, para dar sustentação ao propósito deste pequeno ensaio: o de retomar o sonho interrompido de Paulo Freire de uma Educação Popular como política pública.

O contexto no qual ele chegou à Secretaria Municipal de Educação era de grande efervescência política, no qual se destacava a luta pela Anistia, desembocando, no início dos anos 1980, no movimento pelas Diretas Já e pelo fim do regime militar. Ele assumiu a Secretaria Municipal de Educação um ano após a promulgação da nova Constituição de 1988, chamada por Ulisses Guimarães, então presidente do Congresso Nacional, de "Constituição Cidadã" e que gerou enorme expectativa na sociedade. Paulo Freire havia participado de audiências públicas que discutiam, na Assembleia Nacional Constituinte, os capítulos da educação e da cultura, defendendo a gestão democrática e a escola pública (Brasil, 1988).

Os anos 1980 mostraram a força de um novo ator político: os movimentos sociais e populares. Foi nesse contexto que o Partido dos Trabalhadores conseguiu eleger uma mulher imigrante nordestina, Luiza Erundina, como prefeita de uma das maiores cidades do mundo, com um projeto de inversão de prioridades e de gestão democrática e popular. Paulo Freire representava, no campo da educação, o símbolo desse projeto. Por essa razão, seu nome foi o primeiro a ser lembrado e o primeiro a ser escolhido como secretário municipal.

Ao assumir a Secretaria Municipal de Educação de São Paulo, no dia 2 de janeiro de 1989, ele nos falava de uma "nova qualidade" da educação, sustentando uma "escola pública popular", uma escola com "nova cara" e acrescentando que "não se muda a cara da escola por um ato de vontade do secretário" (Freire, 1991, p. 35). Ele nos dizia que essa nova escola deveria ser avaliada por novos padrões: a qualidade não deveria ser medida apenas pelos "palmos de saber sistematizado" que forem aprendidos, mas pelos "laços de solidariedade" que forem criados, acrescentando que não devemos

> chamar o povo à escola para receber instruções, postulados, receitas, ameaças, repreensões e punições, mas para participar coletivamente da construção de um saber, que vai além do saber de pura experiência feito, que leve em conta as suas necessidades e o torne instrumento de luta, possibilitando-lhe transformar-se em sujeito de sua própria história. A participação popular na criação da cultura e da educação rompe com a tradição de que só a elite é competente e sabe quais são as necessidades e interesses de toda a sociedade. A escola deve ser também um centro irradiador da cultura popular, à disposição da comunidade, não para consumi-la, mas para recriá-la. A escola é também um espaço de organização política das classes populares. A escola como um espaço de ensino-aprendizagem será então um centro de debates de ideias, soluções, reflexões, onde a organização popular vai sistematizando sua própria experiência. O filho do trabalhador deve encontrar nessa escola os meios de autoemancipação intelectual independentemente dos valores da classe dominante. A escola não é só um espaço físico. É um clima de trabalho, uma postura, um modo de ser. (Freire, 1991, p. 16)

Qualidade na educação implica saber de que educação estamos falando, já que não existe uma só concepção de educação. Defendíamos uma educação emancipadora como direito humano.

Uma das suas contribuições originais em relação à escola refere-se à importância da informalidade na aprendizagem:

> se estivesse claro para nós que foi aprendendo que aprendemos ser possível ensinar, teríamos entendido com facilidade a importância das experiências informais nas ruas, nas praças, no trabalho nas salas de aula das escolas, nos pátios dos recreios, em que variados gestos de alunos, de pessoal administrativo, de pessoal docente se cruzam cheios de significação. (Freire, 1996, p. 50)

Ele nos falava de "cidade educadora" e da "boniteza de ser gente", da boniteza de ser professor. Chamava a atenção para a essencialidade do componente estético na formação do educador e da importância da "boniteza" das escolas, da importância formadora dos espaços:

"é incrível que não imaginemos a significação do discurso 'pronunciado' na e pela limpeza do chão, na boniteza das salas, na higiene dos sanitários, nas flores que adornam. Há uma pedagogicidade indiscutível na materialidade do espaço" (Freire, 1996, p. 50).

Um pouco dessa história está registrada no livro A educação na cidade, publicado pela Editora Cortez, em 1991, que ajudei a organizar, logo depois que saiu do governo municipal:

> queremos uma escola pública popular, mas não populista e que, rejeitando o elitismo, não tenha raiva das crianças que comem e que vestem bem. Uma escola pública realmente competente, que respeite a forma de estar sendo de seus alunos e alunas, seus padrões culturais de classe, seus valores, sua sabedoria, sua linguagem. Uma escola que não avalie as possibilidades intelectuais das crianças populares com instrumentos de aferição aplicados às crianças cujos condicionamentos de classe lhes dão indiscutível vantagem sobre aquelas. (Freire, 1991, p. 42)

Paulo Freire foi um defensor da escola pública que é a escola da maioria, das periferias, dos cidadãos que só podem contar com ela. Ele entendia a escola pública como "escola pública popular" — grande mote de sua gestão. Ele defendia uma escola pública como espaço de resgate científico da cultura popular, uma escola como espaço de organização política das classes populares e instrumento de luta contra-hegemônica. Essa seria uma "Escola cidadã", disse ele, em 1997, numa entrevista concedida à TV Educativa do Rio de Janeiro, no Instituto Paulo Freire, em São Paulo: uma escola de companheirismo, de comunidade, que vive a experiência tensa da democracia.

Paulo Freire sempre considerou a escola muito mais do que as quatro paredes da sala de aula. Ele criou o "Círculo de Cultura" como expressão de sua pedagogia. Numa sociedade como do conhecimento de hoje, isso é ainda mais atual, já que agora o espaço escolar é muito maior do que a sala de aula e a escola. Posteriormente, o Instituto Paulo Freire tomou e desenvolveu o conceito e a prática de uma Escola

Cidadã, formando para e pela cidadania, partindo desse objetivo que é um dos últimos sonhos de Paulo Freire, como uma antevisão do futuro da educação.

Em 1986, ministrei um curso na PUC-SP com o tema "Escola pública popular". Mostrei o projeto do curso para Paulo Freire. Ele gostou muito da proposta e disse que deveríamos falar ao mesmo tempo da escola pública popular e da educação popular na escola pública. Alguns anos depois, ele escreveu um capítulo de seu livro *Política e educação* (Freire, 1993) com o título "Escola pública e educação popular", falando de como essa temática foi tratada na Secretaria Municipal de Educação de São Paulo quando ele foi secretário. "Escola pública popular" acabou sendo o mote da sua gestão. Mais tarde, Carlos Alberto Torres, analisando a gestão de Paulo Freire, sintetizou a importância dessa temática de sua gestão no livro *Pedagogia da luta: da pedagogia do oprimido à escola pública popular* (Torres, 1997), mostrando uma certa trajetória da pedagogia de Paulo Freire que vai da pedagogia do oprimido à escola/educação popular e cidadã.

A ideia de uma "escola de cidadania" já havia aparecido nos Estados Unidos na década de 1930 com as chamadas *Citizenship Schools*, organizadas pelo educador popular Myles Horton. Em coautoria com ele, Paulo Freire escreveu o livro *O caminho se faz caminhando: conversas sobre educação e mudança* (2003). Trata-se de uma escola que educa para e pela cidadania, uma escola como espaço de convivência, de formação em valores, de solidariedade, de amorosidade, um espaço acolhedor para as crianças, de construção da liberdade e da autonomia. Em vez de construir egoísmos e individualismos, a Escola Cidadã, uma escola pública popular, se propõe a construir o compartilhamento, a amizade, o sonho e a utopia. Por isso, Paulo Freire deixava muito claro, como dizia, que essa escola não seria fruto de um ato unilateral de um secretário de educação, mas um projeto muito maior, como mostraram, mais tarde, José Eustáquio Romão (2000) e Jose Clovis de Azevedo (2007).

3.2 Uma gestão coerente com o sonho político

Paulo Freire atuou na Secretaria Municipal de Educação como símbolo de uma outra escola possível: a escola pública popular democrática como lugar de resgate científico da cultura popular. Escola pública popular, muito mais do que um mote da sua gestão, representava um grande programa, uma transformação profunda da concepção mesma da educação pública que, ao se tornar popular, assumiria uma nova "cara". Carlos Alberto Torres, um dos primeiros leitores críticos de Freire, que acompanhou de perto a gestão de Paulo Freire em São Paulo (Torres; O'Cadiz; Wong, 2002), captou bem a importância desse tema em seu livro *Pedagogia da luta: da pedagogia do oprimido à escola pública popular* (Torres, 1997).

Quatro diretrizes fundamentais pautaram sua política educacional, transformadas em prioridades da sua gestão:

1ª. *Democratização da gestão* — democratizar o poder pedagógico e educativo por meio da participação de todos os segmentos da escola e da comunidade, reorganizando e fortalecendo os conselhos de escola, os grêmios estudantis e, por meio da criação dos núcleos de ação educativa que vieram a substituir as antigas delegacias de ensino, que tinham caráter mais ligado à fiscalização do trabalho nas escolas;

2ª. *Democratização do acesso* — ampliar o acesso e a permanência dos setores usuários da educação pública, ampliando as vagas, implementando ciclos de aprendizagem e salas de recursos para estudantes com dificuldades de aprendizagem e com necessidades educacionais especiais, integradas às salas regulares;

3ª. *Nova qualidade de ensino* — construir coletivamente um currículo interdisciplinar e investir na formação permanente do pessoal docente. A qualidade da educação era entendida como processo contínuo e de construção coletiva, por meio do movimento de reorientação curricular, numa perspectiva interdisciplinar pela formação dos educadores por meio dos Grupos de Formação, em geral, com dinâmicas semelhantes à dinâmica dos Círculos de Cultura, por meio da autoformação, da formação cooperada e da reflexão crítica sobre a prática. Um Plano de Carreira Docente foi discutido e criado coletivamente, envolvendo jornada de trabalho e melhoria salarial, bem como o Estatuto do Magistério;

4ª. *Educação de jovens e adultos* — contribuir na diminuição do analfabetismo de jovens e adultos em São Paulo com a criação do Movimento de educação de jovens e adultos da cidade de São Paulo (MOVA-SP), em parceria com movimentos sociais e organizações da sociedade civil. No lançamento do MOVA-SP, em outubro de 1989, Paulo Freire referiu-se aos movimentos sociais, surgidos muitas vezes em função da ausência do Estado no provimento da educação de jovens e adultos, acrescentando que, na gestão de Luiza Erundina, eles se encontravam diante de uma administração que mostrava vontade política de enfrentar esse desafio. Colocaram, então, a experiência deles a serviço do governo municipal, "sem com ele se confundir", dialogando num Fórum dos movimentos populares de educação de adultos da cidade de São Paulo, criado para isso, constituindo-se num espaço composto por representantes dos movimentos sociais e da administração.

É importante observar que a educação de jovens e adultos não era oferecida pela Secretaria Municipal de Educação, mas pela Secretaria Municipal de Bem-Estar Social (SEBES). Foi preciso transferir o Programa de Educação de Adultos (EDA) da SEBES para a SME e iniciar um processo de formação especial, autorizado pelo Conselho Estadual de Educação, para o magistério dirigido àqueles monitores que, ao se transferirem da SEBES (muitos oriundos do antigo Mobral), não tinham habilitação específica. Essas diretrizes foram construídas coletivamente e se desdobravam em princípios, prioridades, propostas, eixos, objetivos e metas.

No início de sua carreira, Paulo Freire foi professor de Português em escola do Ensino Médio, trabalhando com jovens, no Colégio Osvaldo Cruz, de Recife. Ele escreveu um dos seus primeiros textos abordando a educação para crianças e adolescentes. Já naquela época, ele chamava a atenção para a necessidade de oferecermos uma outra educação às crianças. No artigo "Escola Primária para o Brasil", Paulo Freire afirma que, "para atender aos anseios da nova sociedade brasileira em formação, há de ser uma escola de trabalho, de diálogo, da participação, da comunicação" (Freire, 1961, p. 22). Num outro trecho desse artigo, ele fala de meninos "a quem a escola nada oferecia senão repouso de suas canseiras de homens antecipados", destacando o fato de a escola estar distante da realidade dos educandos: "meninos e meninas de zona subproletárias e rurais, intensamente sofridas por suas precaríssimas condições econômicas, a ler descrições de passeios a fazendas de tios Mários, de que talvez apenas o nome do 'tio' lhes seja peculiar" (Freire, 1961, p. 24).

Ele tinha muita clareza sobre o que deveria fazer e não fazer ao chegar à secretaria. Em "Política e educação", texto escrito em 1992, logo após a sua saída da SME, ele afirma:

> Quando fui secretário de educação da cidade de São Paulo, obviamente comprometido com fazer uma administração que, em coerência com o nosso sonho político, com a nossa utopia, levasse a sério, como devia ser, a questão da participação popular nos destinos da escola, tivemos, meus companheiros de equipe e eu, de começar pelo começo mesmo. Quer dizer, começamos por fazer uma reforma administrativa para que a Secretaria de Educação trabalhasse de forma diferente. Era impossível fazer uma administração democrática, em favor da autonomia da escola que, sendo pública fosse também popular, com estruturas administrativas que só viabilizavam o poder autoritário e hierarquizado. (Freire, 1993, p. 74)

— Quais as mudanças estruturais mais importantes introduzidas por Paulo Freire nas escolas da rede municipal de ensino?

É ele mesmo que responde a essa pergunta: "as mudanças estruturais mais importantes introduzidas na escola incidiram sobre a autonomia da escola". Foram restabelecidos os conselhos de escola e os grêmios estudantis. No entanto, continua Paulo Freire: "o avanço maior ao nível da autonomia da escola foi o de permitir no seio da escola a gestação de projetos pedagógicos próprios que, com apoio da administração, pudessem acelerar a mudança da escola" (Freire, 1991, p. 79). Para isso, como seu primeiro ato como secretário, restaurou o "Regimento Comum das Escolas Municipais", abolido pelo prefeito anterior por julgá-lo excessivamente democrático, prevendo conselhos de escola com caráter deliberativo.

Desde os primeiros trabalhos em Recife, nas décadas de 1940 e 1950, ainda muito jovem, Paulo Freire dava grande importância a esses Conselhos — chamados, na época, de Círculos de Pais e Professores — como instrumentos de participação da comunidade. Por isso, investiu muito na sua implementação assim que chegou à Secretaria Municipal de Educação: "tudo o que for possível fazer de forma competente", diz ele, "para introduzir mudanças democráticas no aparato escolar, deve ser feito. Formação permanente das educadoras, sem manipulação ideológica, mas, com clareza política, deixando iluminada a opção progressista da administração" (Freire, 1991, p. 53).

Desde seus primeiros trabalhos, em Recife, ele dava grande importância à participação da família e das comunidades na escola. Por isso, investiu muito na sua implementação em São Paulo. Ele pensava a formação do educador a partir da relação da escola com a família, ou seja, pais, mães e familiares como sujeitos pedagógicos, realçando a importância da sua participação na vida escolar. Quando assumiu a Divisão de Divulgação, Educação e Cultura do SESI, em 1947, criou os Círculos de Pais e Professores (Batista Neto, 2014). Nas cartas convocatórias para as reuniões desses círculos, Paulo Freire chama a atenção para a formação permanente dos professores junto com a formação das mães e dos pais:

> Democratizar a escola era não só avançar na direção de uma participação democraticamente responsável dos sesianos na gestão de núcleos e de centros sociais, mas, também, de preparar essas unidades educativas para a diminuição da evasão, da reprovação e do abandono. Implicava repensar o significado do aprender e da aprendizagem, ampliando a compreensão com a incorporação de outros fatores condicionantes de sua existência [...]. Os Círculos de Pais e Professores foram instrumentos de formação permanente de mães, pais e educadores/as. (Batista Neto; Guedes, 2021, p. 197-198)

A gestão democrática como princípio pedagógico não poderia ser implementada sem a formação do professor, da professora. Por isso, ele desenvolveu um programa de formação permanente do professor e a prática da interdisciplinaridade.

Desde o início da administração, Paulo Freire insistia que estava profundamente empenhado na questão da formação permanente dos educadores. Seu programa de formação do magistério tinha por princípio "o educador como sujeito da sua prática, cumprindo a ele criá-la e recriá-la através da reflexão sobre o seu cotidiano" e, por eixo básico, "a fisionomia da escola que se quer enquanto horizonte da proposta pedagógica". A prática da interdisciplinaridade visava articular saber, conhecimento, vivência, escola, comunidade, meio ambiente etc., era o objetivo da interdisciplinaridade que se traduzia na prática por um trabalho coletivo e solidário na organização da escola.

Não há interdisciplinaridade sem descentralização do poder e, portanto, sem uma efetiva autonomia da escola. Ele afirma, em *Política e educação*, que "a democracia demanda estruturas democratizantes e não estruturas inibidoras da presença participativa da sociedade civil no comando da res-pública. Foi isso o que fizemos" (Freire, 1993, p. 75).

A qualidade da educação e do ensino foi um tema constante dos debates de Paulo Freire. Qualidade, para ele, era um conceito político. Como ele afirma em seu livro *Política e educação*,

> exatamente porque não há uma qualidade substantiva, cujo perfil se ache universalmente feito, uma qualidade da qual se diga: esta é a qualidade, temos que nos aproximar do conceito e nos indagar em torno de que qualidade estamos falando [...]. Educação e qualidade são sempre uma questão política, fora de cuja reflexão, de cuja compreensão não nos é possível entender nem uma nem outra. (Freire, 1993, p. 42-43)

Por isso, ele falava da necessidade de construir uma "nova" qualidade. A qualidade do ensino também se mede pela formação de um aluno crítico. Os neoliberais confundem qualidade com competitividade.

A autonomia da escola era uma das principais metas que Paulo Freire queria alcançar. E ela não seria alcançada sem conectar dois fundamentos pedagógico-políticos de sua administração: de um lado, a descentralização do poder e, de outro, a participação social, numa relação direta entre a administração pública e a unidade escolar:

> o que quero deixar claro é que um maior nível de participação democrática dos alunos, dos professores, das professoras, das mães, dos pais da comunidade local, de uma escola que, sendo pública, pretenda ir tornando-se popular, demanda estruturas leves, disponíveis à mudança, descentralizadas, que viabilizem, com rapidez e eficiência, a ação governamental. (Freire, 1993, p. 75)

Essa é a concepção de autonomia de Paulo Freire. Não é qualquer autonomia. Em *Pedagogia da autonomia* (Freire, 1996), ele sustenta que a autonomia da escola reflete uma certa concepção da administração, que ela é relativa, é processo, que não é uma conquista definitiva, que ela requer competência, autoridade e liberdade. A autonomia da escola está estreitamente ligada à autonomia pedagógica, que pressupõe a autonomia de sujeitos, docentes e discentes, comunidades, poder de decisão e de escolha.

Enfim, a autonomia da escola é pedagógica, isto é, ela forma para a autonomia.

Em Freire, a ideia de autonomia está ligada a um projeto de educação, que, por sua vez, se liga a um projeto de sociedade e de país. Não se trata, assim, de pensar a concepção política e a concepção pedagógica de autonomia de forma separada, mas, ao contrário, de uni-las em uma concepção única de autonomia da escola situada política e pedagogicamente. (Vilella, 2017, p. 20)

3.3 O trabalho coletivo como princípio pedagógico

A política de gestão de Paulo Freire estava centrada na participação, que era implementada por meio de vários instrumentos, alcançando tanto os trabalhadores em educação no interior das escolas quanto os pais e as comunidades, passando por um processo de escuta. Assim, a própria implementação das mudanças oportunizava formação para e pela cidadania. Ele não queria melhorar apenas a qualidade do ensino. Queria, com esse processo, formar também o cidadão. Esse era um princípio orientador de sua gestão.

Começamos a gestão visitando escolas. Paulo Freire sentava-se, ouvia pacientemente, perguntava, era perguntado. Ele não economizava tempo e não tinha pressa de interromper encontros e reuniões quando se tratava da escuta dos que faziam a educação com ele. Dizia que tínhamos de ser impacientemente pacientes.

Por vezes, eu ficava meio impaciente porque não me saía da cabeça a fila de pessoas que estavam me esperando no gabinete com uma lista de urgências. Na minha compreensão, era crucial resolver as condições precárias dos prédios das escolas. Ao sair da reunião, Paulo me dizia: "Gadotti, como podemos ser impacientes, depois de tantos anos de cultura do silêncio? Temos o dever de ouvir, eles têm o direito de falar e de se indignar". Eu dizia: "Paulo, veja quantas demandas eles fizeram. Estão faltando giz, livros, cadernos, bibliotecas, computadores. Estão faltando carteiras e cadeiras para as crianças se sentarem.

Tem crianças se sentando no chão. Tem goteiras nas salas de aula". Diante desses relatos, eu tinha vontade de sair correndo da reunião para voltar ao gabinete e providenciar tudo isso.

"Sim", disse ele, "vamos equipar todas as escolas". E, de fato, acabamos equipando todas elas. E acrescentou: "se os problemas da secretaria fossem só de infraestrutura, seria fácil resolver. Há um desafio ainda maior, Gadotti. São quinhentos anos de autoritarismo. São séculos de escravidão. Essa é uma marca profunda da nossa história e da nossa cultura. Precisamos trabalhar as relações sociais e humanas para que sejam mais dialógicas, mais horizontais, menos verticalizadas. Tão importante quanto a infraestrutura dos prédios é nossa capacidade de construir decisões coletivas, é criar condições para uma cultura democrática e solidária".

Eu ficava encantado com as falas de Paulo Freire nas escolas que visitávamos, sobretudo quando falava com as crianças. Em qualquer ambiente onde ele falava, ele primava pela simplicidade e pela consistência. Lembro-me de uma fala em que ele explicava a relação entre autoridade e liberdade para as crianças, mostrando que é necessário um certo equilíbrio para não cair nem na licenciosidade (distorção da liberdade) nem no autoritarismo (distorção da autoridade). Foi muito didático, podemos dizer, e acrescentou: "se vocês não entenderam, podem perguntar". Ninguém estranharia se um secretário da educação estivesse se reunindo com especialistas. Mas, ao falar assim com crianças e adolescentes da secretaria, sendo secretário, alguns poderiam achar estranho ou, pelo menos, inusitado. Poucos secretários de educação costumam fazer isso. Ele justificava dizendo que fazia isso por uma opção político-pedagógica como secretário, em respeito aos direitos das crianças, reconhecendo a importância de ouvi-las. Ele dizia que gostava de falar com os "meninos" sem medo nenhum de ouvir críticas. Dizia que falava com eles porque eram os principais interessados nas mudanças que estávamos fazendo na estrutura da secretaria e que era importante ouvir mais as crianças e os adolescentes das escolas, inclusive para aprender com eles.

A gestão democrática era parte de uma concepção democrática da educação que impregnava tanto o planejamento e a gestão quanto as relações sociais na escola, a interdisciplinaridade, o currículo e a articulação com outras secretarias e com os movimentos sociais e populares. Era o que caracterizava o modo de ser gestor e de governar de Paulo Freire, não se impondo, mas negociando, dialogando.

Mais tarde, vários autores se debruçaram sobre a experiência de Paulo Freire como gestor público. Rubens Barbosa de Camargo, em seu doutorado, depois de analisar amplamente as grandes prioridades da gestão de Paulo Freire, aponta como importantes aspectos inovadores da política educacional de Freire, entre outros, o trabalho coletivo, a autonomia escolar, o estudo da realidade, a relação democrática entre saber e poder, a dialogicidade e a educação política. Ele destaca particularmente a importância que Paulo Freire e sua equipe deram à questão do trabalho coletivo, que "revela-se como expressão maior da participação de todos os envolvidos nas decisões e nas ações engendradas, seja em âmbito escolar, seja na administração de um sistema público" (Camargo, 1977, p. 348).

Paulo Freire nos falava da "inexperiência democrática" brasileira, pois tivemos pouquíssimos períodos de democracia na nossa história. Daí nossa democracia ser mais formal do que real. Esse era um tema muito caro para alguém como ele, que se preocupava com uma pedagogia baseada na leitura dessa realidade com vistas à superação do que chamava de "cultura do silêncio" provocada pela falta de democracia. O centro de seu pensamento era a formação para e pela cidadania, um tema recorrente e que se cristalizou na sua visão da "Escola cidadã" para formar o cidadão, para formar o povo soberano.

Licínio Lima (2000), analisando a gestão de Paulo Freire à frente da Secretaria Municipal de Educação, parte do princípio de que "toda ação pedagógica pressupõe um suporte organizacional, organizativo" e que "a administração também é pedagógica". Ele afirma que Paulo Freire assumiu uma postura radicalmente democrática. Política e administração são inseparáveis. A gestão, como a educação, não é neutra e "jamais pode ser entendida como meramente instrumental" (Lima, 2000, p. 29). Segundo ele, Paulo Freire, com sua proposta de uma gestão democrática da escola pública, enfrentou as "ideologias gerencialistas" segundo as quais procedimentos democráticos de tomada de decisões e de consulta do colegiado escolar são vistos como impedimento para uma gestão escolar moderna:

> neste exercício de resistência à despolitização (e tantas vezes à privatização) da escola pública, de defesa de uma educação escolar comprometida com os valores do domínio público, com o aprofundamento da democracia e da cidadania, com a igualdade e a justiça, os contributos, as interrogações e os desafios propostos por Freire parecem-me incontornáveis. (Lima, 2000, p. 18)

A participação popular era um compromisso de campanha da prefeita Luiza Erundina, o que exigiria uma profunda reforma do Estado e implicava a inversão de prioridades políticas e a eliminação de inúmeros obstáculos ao projeto de um governo democrático popular. Todos que assumimos com Paulo Freire a gestão colegiada da Secretaria Municipal de Educação reconhecíamos que a participação popular é um processo educativo que busca fortalecer a consciência de cidadania da população para que ela possa assumir o papel de sujeito das políticas públicas na transformação da cidade. Tínhamos consciência de que não haveria emancipação sem participação, isso na mesma linha do que defendia Florestan Fernandes ao retornar do exílio, para o qual a participação popular era a "chave fundamental para a emancipação do trabalho" (Fernandes, 2020, p. 12).

A Secretaria Municipal de Educação, articulada com a política do governo municipal, visando à melhoria do ensino público, promoveu uma reorganização administrativa que garantia o estímulo à participação popular na gestão por meio de instâncias de decisões locais e regionais, tais como conselhos e fóruns. No primeiro documento enviado à Rede Municipal de Educação, publicada no *Diário Oficial* do município no dia 1º de fevereiro de 1989 — *Aos que fazem a educação conosco em São Paulo* — Paulo Freire afirma que

> entendemos que é a falta de participação nas decisões que muitas vezes leva ao desânimo e à descrença em relação à escola. Pretendemos implantar os conselhos de escola, fortalecer os grêmios estudantis e rever o papel das APMs (Associações de Pais e Mestres). Pretendemos substituir gradativamente a atual função de controle burocrático das DREMs (Delegacias Regionais do Ensino Municipal) por Núcleos de Ação Educativa (NAEs), rompendo com uma estrutura hierárquica de tomada de decisões sustentada de cima para baixo, e substituindo por instâncias de assistência, acompanhamento, planejamento participativo e atividade pedagógica.

O que marcou Paulo Freire como gestor público foi a sua capacidade de trabalhar em equipe, em diálogo. É justamente essa característica que ele destaca no livro *Educação na cidade*, dizendo que esse livro é, na verdade, "uma espécie de livro introdutório sobre o que sonhamos e o que fizemos e continua sendo feito, em equipe, na Secretaria Municipal de São Paulo" (Freire, 1991, p. 9). Essa característica está estampada desde o título do primeiro documento da sua gestão: "Aos que fazem a educação conosco em São Paulo" e já deixa claro o que ele entendia por "nova qualidade do ensino":

> A qualidade dessa escola deverá ser medida não apenas pela quantidade de conteúdos transmitidos e assimilados, mas, igualmente, pela solidariedade de classe que tiver construído, pela possibilidade que todos os usuários da escola — incluindo pais e comunidade — tiverem de utilizá-la como um espaço para a elaboração de sua cultura [...].

> A marca que queremos imprimir coletivamente à escola privilegiará a associação da educação formal com a educação não formal. A escola não é o único espaço de veiculação do conhecimento. Procuraremos outros espaços que possam propiciar a interação de práticas pedagógicas diferenciadas de modo a possibilitar a interação de experiência. (São Paulo, 1989)

A nova qualidade de ensino incluía a gestão democrática e a autonomia da escola, bem como a participação dos familiares e da comunidade na construção do projeto político-pedagógico. As escolas foram estimuladas a criar projetos e foi nesse contexto que surgiram diferentes demandas que resultaram em distintos projetos especiais, surgidos no diálogo com a rede, e que revitalizaram a educação municipal. Entre eles, destacam-se:

1º. O projeto de informática educacional chamado "Gênese", envolvendo trinta mil alunos e vinte mil professores em cinquenta escolas, sendo 45 delas na periferia.

2º. O projeto de prevenção à aids, desenvolvido em mais de quatrocentas escolas e formando dois mil multiplicadores em parceria com a Secretaria de Saúde e com organizações não governamentais.

3º. O projeto "Orientação sexual", oportunizando a discussão sobre a vida sexual nas escolas que nele voluntariamente se inscreveram.

4º. O projeto "Pela vida, não à violência" em cumprimento ao Estatuto da Criança e do Adolescente.

5º. O projeto "RAP — Repensando a escola", com dança e música pela superação da discriminação social, e o projeto "A Escola vai ao Teatro", promovido pela Secretaria Municipal de Educação, pelo Anhembi, pela SEMAB e CMTC.

6º. Por sua vez, o setor de educação ambiental também desenvolveu vários projetos, entre eles: "Primeiros passos em educação ambiental", "Arco-íris", "Hortas educacionais" e "Cursos de noções de horticultura e jardinagem".

Para os que conheciam de perto Paulo Freire, não foi surpresa a sua capacidade administrativa. O segredo dele foi saber governar de forma democrática. Nos quase dois anos e meio à frente da Secretaria de Educação, ele conseguiu criar uma equipe de cinco ou seis auxiliares que podiam trabalhar com muita autonomia, com a possibilidade de substituí-lo em qualquer emergência. O trabalho em equipe repercute na qualidade do ensino.

Tínhamos uma reunião semanal (Colegiado central) em que se discutiam as linhas gerais da política da secretaria. Se fosse necessário, novos rumos eram tomados. Paulo Freire defendia, com clareza, suas opiniões, mas sabia trabalhar em equipe, muito longe do espontaneísmo de que havia sido acusado. Ele tinha autoridade, mas a exercia de forma democrática. Enfrentava situações conflituosas com muita paciência. Dizia que o trabalho de mudança na educação exigia "paciência histórica" porque a educação é um processo a longo prazo.

Quando assumiu a Secretaria Municipal de Educação, Paulo Freire deparou-se com um contexto educacional degradado. A maioria das 750 escolas municipais existentes na cidade de São Paulo estava em péssimas condições de funcionamento. A administração que Freire assumiu era muito desafiadora tanto no que se referia à realidade física das salas de aula quanto em relação às condições salariais dos professores e à qualidade de ensino. Entrevistado no dia 19 de fevereiro de 1989 pelo jornal *Leia*, afirmou:

> se não apenas construirmos mais salas de aula, mas, também, as mantivermos bem cuidadas, zeladas, limpas, alegres, bonitas, cedo ou tarde a própria boniteza do espaço requer outra boniteza: a do ensino competente, a da alegria de aprender, a da imaginação criadora tendo liberdade de exercitar-se, a da aventura de criar. (Freire, 1991, p. 22)

Paulo Freire defendia uma escola competente, séria, mas dizia que

> a seriedade não precisa ser pesada. Quanto mais leve é a seriedade, mais eficaz e convincente é ela [...]. Precisamos é remover os obstáculos que

> dificultam que a alegria tome conta de nós e não aceitar que ensinar e aprender são práticas necessariamente enfadonhas e tristes [...]. Sonhamos com uma escola realmente popular, que atenda, por isso mesmo, aos interesses das crianças populares e que, tão rapidamente quanto possível, irá diminuindo as razões em seu seio para a "expulsão" das crianças do povo. (Freire, 1991, p. 37)

Ele era amoroso, mas igualmente rigoroso e exigente. Não admitia negligência. Dizia que o erro faz parte da caminhada, do processo de construção do inédito viável.

O trabalho em equipe se traduziu também por uma mudança estrutural na governança da Secretaria Municipal de Educação. Além do Colegiado Central, ele criou um Colegiado Intermediário com os coordenadores de NAEs (Núcleos de Ação Educativa, antigas Delegacias de Ensino), os conselhos de escola e os CRECEs (Conselhos de Representantes dos Conselhos de Escola).

A gestão democrática e o trabalho em equipe vinham acompanhados por mudanças estruturais como o fez por meio, por exemplo, da criação dos CRECEs que, depois, o Instituto Paulo Freire transformou numa de suas linhas de ação mais importantes. Esses conselhos continuam ativos até hoje (Silva; Constantino, 2021). O CRECE tem sido essencial no fortalecimento da democracia e dos Direitos Humanos na escola em São Paulo. Nós sonhamos com uma escola que seja democrática, que garanta o direito à educação de qualidade social e sabemos que ela só será construída com participação de todos(as) e, em especial, das famílias e dos alunos. A dinamização das instâncias colegiadas, como os conselhos de escola e o CRECE, representa a possibilidade de estimular formas de cooperação com setores organizados e não organizados da cidadania em que não se percam de vista alguns temas essenciais à democratização da gestão. Esses temas centram-se na possibilidade de reforçar a capacidade de crítica e de intervenção dos setores populares através de um processo pedagógico e informativo de base relacional e a capacidade de multiplicação e aproveitamento do potencial dos cidadãos no processo decisório dentro de uma lógica não cooptativa. Essa educação cidadã é também uma educação popular e uma educação em direitos humanos.

Com Paulo Freire, esse trabalho em equipe não se reduzia à gestão interna da secretaria. Ele era exercitado também na relação com as outras secretarias. Logo que assumiu, em fevereiro de 1989, numa entrevista concedida à revista *Escola Nova*, ele afirmou:

> neste momento, uma equipe intersecretarial — Secretaria da Cultura, Secretaria da Educação, Secretaria da Saúde, Secretaria da Habitação, Secretaria do Bem-Estar Social, Secretaria dos Esportes — trabalha em relação direta com movimentos sociais na elaboração de projetos de educação popular. O ponto de partida de um desses projetos é uma pesquisa participante que nos dará uma espécie de repertório dos anseios, dos sonhos, dos desejos da população da área em que a pesquisa se fará. Uma das vantagens de um trabalho assim está em que a própria metodologia da pesquisa a faz pedagógica e conscientizante. Talvez tão importante ou até mais do que esse caráter referido da pesquisa são o esforço e a decisão política de as secretarias trabalharem juntas. (Freire, 1991, p. 32)

3.4 Uma educação substantivamente democrática

Paulo Freire pensava grande, mas com os pés no chão. Seu sonho, sua utopia, não se distanciava do cotidiano. Vinte e cinco anos depois de ter sido exilado, ele assumia a Secretaria Municipal de Educação com a mesma energia que havia dedicado ao Programa Nacional de Alfabetização, extinto pela ditadura, em favor de uma política pública de Educação Popular. Agora, retomando um cargo público, não abandonaria seus ideais e retomaria sua concepção popular da educação num outro contexto e com muita experiência acumulada nos trabalhos de Educação Popular, em diversas partes do mundo como gestor e assessor pedagógico-político.

— O que ele entendia por Educação Popular?

No livro que Freire publicou ao sair da SME, *Política e educação*, ele dedica um capítulo à relação entre Escola Pública e Educação Popular se perguntando sobre a possibilidade de fazer educação popular na escola pública. Primeiramente, ele afirma que a educação popular não é só aquela que se faz em espaços informais. Em seguida, deixa claro que, numa "sociedade de classes", colocar em prática "em termos amplos, profundos e radicais" se constitui como um "nadar contra a correnteza", e que a Educação Popular "é exatamente a que, substantivamente democrática, jamais separa do ensino dos conteúdos o desvelamento da realidade" e que "estimula a presença organizada das classes sociais populares na luta em favor da transformação democrática da sociedade, no sentido da superação das injustiças sociais" (Freire, 1993, p. 101).

Ele entendia a Educação Popular não como aquela que me torna melhor do que os outros, acima deles, mas como aquela educação que me muda para melhorar o mundo para todos os outros. Exatamente isso: é aquela que me permite atuar para que eu possa atuar — seja qual for o espaço onde atuo, na universidade, na empresa, na área de saúde, de educação, na cultura, no meio ambiente etc. — para que o mundo seja melhor para todos e todas; ou seja, a Educação Popular como cultura e processo de mobilização social com vistas à criação de um poder popular. Foi assim que ele a definiu, em agosto de 1985, numa entrevista concedida à educadora Rosa Maria Torres. Nessa entrevista, ele afirma que "a Educação Popular se delineia como um esforço no sentido da mobilização e da organização das classes populares com vistas à criação de um poder popular" (Freire *In*: Torres, 1987, p. 74). A Educação Popular é um conceito de educação que independe da idade do educando, "porque a Educação Popular, na minha opinião", diz Paulo Freire, "não se confunde, nem se restringe apenas aos adultos. Eu diria que o que marca, o que define a Educação Popular não é a idade dos educandos, mas a opção política, a prática política entendida e assumida na prática educativa" (Id., ib., p. 86-87).

O espaço público será sempre um espaço de disputa de hegemonia, de disputa de projetos de sociedade. Hoje, como ontem, o grande desafio da Educação Popular é constituir-se como um paradigma de educação emancipadora, transformadora. "Popular", aqui, deve ser entendido em seu duplo sentido: do "povo social" — dos setores populares — e do "povo como sujeito político" — todos aqueles e aquelas que se identificam com um projeto político de poder popular. Os processos de educação popular são políticos porque criam poder, constroem poder. Fazer Educação Popular é construir poder popular.

Paulo Freire pegou, no final da sua vida, um período de "refundamentação" (Paludo, 2004) da Educação Popular, correspondente ao final dos anos 1980 e início dos 1990. A escola pública entrava, definitivamente, na pauta da Educação Popular. A Educação Popular incorporou novos temas, como os conceitos de política cultural, a questão de gênero, a questão ambiental, a valorização da subjetividade, da intertransculturalidade, os direitos humanos etc. O Estado deixou de ser encarado como inimigo, como na época das ditaduras. Com o processo de redemocratização, alguns educadores populares assumiram responsabilidades governamentais comprometendo-se a fazer funcionar o Estado em favor dos setores mais pobres, o que implica viver a contradição de fazer parte de um Estado que funciona majoritariamente a favor dos poderosos e tentar "inverter as prioridades", como dizia Paulo Freire, para colocar o Estado a serviço das classes populares. Nesse contexto, algumas ONGs passaram a fazer parcerias com administrações populares e democráticas. O processo da Educação Popular se enriqueceu com as novas propostas de educação para a cidadania e para os direitos humanos geradas nesse contexto.

Paulo Freire concebeu e propôs a Educação Popular como política pública desde suas primeiras experiências pedagógicas, lá nos anos 1960. Ele apresenta a Educação Popular como uma concepção geral da educação. Como secretário da educação, ele instituiu o que chamava de "Educação Pública Popular". Numa época em que a Educação Popular estava restrita a experiências não estatais, Paulo Freire se propôs a instituí-la como política pública sem torná-la exclusivamente estatal, mantendo essa tensão de estar taticamente dentro do Estado e estrategicamente fora dele.

Como secretário de educação, Paulo Freire deu cursos para merendeiras, vigias, pais de alunos e trabalhadores(as) em educação. Ele fez parcerias com associações e movimentos sociais, universidades públicas e privadas. Além disso, criou uma equipe na secretaria para atender àquelas associações e aos movimentos sociais e populares que não dispunham de condições estruturais para fazer convênios com a Prefeitura Municipal de São Paulo. Qualificou juridicamente movimentos que antes não tinham a documentação exigida pela prefeitura, como era o caso das parcerias instituídas com o Programa MOVA-SP (Movimento de Alfabetização de Jovens e Adultos da Cidade de São Paulo).

> Como nos anos de 1960, foi no campo da alfabetização de jovens e adultos que Freire melhor conseguiu expressar suas ideias políticas e filosóficas. A proposta de unificar vários movimentos sociais com experiências diversificadas (movimentos de defesa da mulher, institutos de alfabetização, movimento por moradia etc.) em um movimento de educação popular, criado a partir de uma parceria entre Estado e sociedade civil, constituiu a principal contribuição do educador Paulo Freire para o campo das políticas públicas em educação na atualidade. (Néspoli, 2013, p. 38)

O MOVA-SP não era apenas um programa conjuntural restrito à cidade de São Paulo, ele representava um projeto maior, uma concepção de política pública. Por isso, não morreu com o término daquela gestão e continua vivo até hoje. Continuou porque representava um novo paradigma capaz de oferecer elementos essenciais para a eliminação do analfabetismo. Esse modelo de parceria entre Estado e sociedade civil, inaugurado pelo MOVA-SP, apesar das dificuldades encontradas (Pontual, 1996), firmou-se como uma nova tecnologia social, especialmente inovadora no que se refere ao enfrentamento de problemas sociais associados ao analfabetismo. "Mais do que modelos a serem copiados, trata-se de caminhos possíveis, inspirações. Voltar a Freire, na atualidade em que vivemos, convida educadores/as comprometidos com a garantia de uma educação de qualidade socialmente referenciada a ter esperança e a criar 'inéditos viáveis'" (Waks, 2021, p. 14).

Paulo Freire entendia que o papel da Educação Popular é formar sujeitos capazes de intervir politicamente como cidadãos ativos pela radicalização da democracia. Diz ele:

> cabe ressaltar que, para nós, o trabalho de alfabetização, na medida em que possibilita uma leitura crítica da realidade, se constitui como um importante instrumento de resgate da cidadania e que reforça o engajamento do cidadão nos movimentos sociais que lutam pela melhora da qualidade de vida e pela transformação social. (Freire, 1991, p. 68)

Ao contrário da educação bancária, na qual falta o protagonismo dos sujeitos na promoção da democracia e da participação social, a educação transformadora se constitui numa educação para e pela cidadania. Ele fala desse tema no livro em que apresenta suas propostas como secretário de educação, *A educação na cidade*, dizendo que,

> para nós, a participação não pode ser reduzida a uma pura colaboração que setores populacionais devessem e pudessem dar à administração pública [...]. A participação, para nós, sem negar esse tipo de colaboração,

> vai mais além. Implica, por parte das classes populares, um "estar presente na História e não simplesmente nela estar representadas". Implica a participação ao nível das opções, das decisões e não só do fazer o já programado. (Freire, 1991, p. 75)

Esse é um processo contraditório e de resistência no interior de um Estado que funciona em função dos interesses das classes dominantes, não das classes populares. Paulo Freire tinha consciência dos seus limites e dos desafios que enfrentaria ao propor a construção de uma escola como espaço de organização social das classes populares. O desenho desse paradigma político-pedagógico,

> de articulação entre políticas públicas e movimentos sociais, baseado no respeito pela autogestão organizativa e a autonomia política, foi uma das marcas que deixou esse processo histórico. Assim como a elaboração de um discurso da Educação Popular habitualmente limitado a âmbitos periféricos do sistema educativo. (Elisalde, 2015, p. 129)

Como legado, nos deixou a utopia.

3.5 A semente do sonho de Paulo Freire foi plantada e germinou

A gestão de Paulo Freire pode ser considerada como um grande laboratório que permitiu enormes conquistas, continuadas e reinventadas depois por várias Secretarias Municipais de Educação que seguiram seu modo docente de ser, ou melhor, de ser dodiscente (docência mais discência). Ela é considerada até hoje como "um marco do desenvolvimento da educação pública, consolidando-se como referência para gestões posteriores e demais propostas em outros municípios do país" (Paz, 2020, p. 37). Dalva Souza Franco aponta, entre as "conquistas que tiveram continuidade" no Município de São Paulo: 1. O Regimento Comum das Escolas Municipais; 2. O Estatuto do Magistério; 3. Os conselhos de escola; 4. A EJA e o MOVA; 5. Os Ciclos de aprendizagem; e 6. O atendimento às crianças com

Necessidades Educacionais Especiais, com as salas de apoio (Franco, 2014, p. 117-119).

Como em 1964, Paulo Freire enfrentou duríssimas críticas da imprensa, que o acusava de não valorizar a norma-padrão, mesmo sem que ele jamais tenha defendido esse disparate. Ele deixava claro que não deveríamos inferiorizar crianças pobres que falavam "a gente cheguemos", mas que deveríamos respeitá-las e partir dessa expressão para construir a leitura e a escrita da norma-padrão da língua portuguesa. Ele não polemizava com a imprensa que o criticava, mas não deixava de evidenciar o quanto essas críticas eram preconceituosas e de gosto autoritário, próprio da nossa conhecida "elite do atraso" (Souza, 2017). Ele dizia que "mudar é difícil, mas é possível e urgente". Sabíamos disso e isso servia mais de estímulo para continuar a mudança, e não como um empecilho.

Como pessoa, Paulo Freire era quase uma unanimidade. Já como pensador e como gestor, ele não podia agradar a todos. Ele era uma pessoa alegre, bem-humorada, agregadora, inclusiva. O clima de trabalho na secretaria era convivial, de muita camaradagem, companheirismo. Todos se sentiam muito próximos dele e felizes de trabalhar com ele. Esse era o Paulo que conheci, com o qual convivi durante 23 anos. Como chefe de gabinete e depois como assessor especial, experimentei com ele o verdadeiro sentido do que é participar e a imensa capacidade de ouvir, de dialogar de Freire, seja no enfrentamento dos grandes desafios que encontrou como secretário, seja no cotidiano da sua gestão, que, como toda gestão pública, é naturalmente tensa. Aprendi com ele que a construção democrática é uma experiência tensa.

Muito ao contrário da falsa participação que manipula colaboradores mais próximos, a participação da equipe de Paulo Freire assumiu o mais radical dos significados na tomada coletiva de decisões político-pedagógicos. Paulo Freire nunca se considerou acima de nós. Ele compartilhava o seu poder de secretário de educação com a sua equipe. "Devo ter sido o secretário de educação da cidade de São Paulo que menos poder pessoal teve, mas pude, por isso mesmo, trabalhar eficazmente e decidir com os outros" (Freire, 1993, p. 75), disse ele no ano em que saiu da secretaria.

Vários são os pontos de tensão quando se procura compartilhar o poder de decisão. A sociedade brasileira tem uma histórica inexperiência democrática que dificulta a implementação de políticas democráticas e a participação social na definição e no acompanhamento das diretrizes de governo.

> Dividir o poder de pensar, elaborar e decidir requer sistematicamente a socialização de informações e a capacidade de conviver e experimentar as tensões e contradições inerentes à democracia. Isto só não acontece quando o autoritarismo impera e mata a riqueza e as dificuldades próprias de qualquer processo que tenha a participação como pressuposto. (Cortella, 1992, p. 63)

Apesar desses obstáculos, canais de participação foram construídos, ampliando a participação cidadã, o debate de ideias e o aperfeiçoamento democrático.

Enfim, podemos dizer que, anos depois, a semente plantada por Paulo Freire germinou. Tivemos avanços nas últimas décadas, mesmo que atualmente ameaçados, no campo da democracia e da participação cidadã que se devem, em grande parte, à Educação Popular. Entre elas, destaco: a *política nacional de educação popular em saúde* (2012); o *Marco de referência da educação popular para as políticas públicas* (2014) — como base para uma *política nacional de educação popular* — e a *Política nacional de participação social* (2014).

O *Marco de referência da educação popular para as políticas públicas* incorporou no seu programa instrumentos da democracia participativa, fortaleceu os conselhos escolares e a participação popular ("conselhos participativos", "conselhos populares", "assembleias populares") como métodos de governo, envolvendo diversas ações governamentais, tais como a economia solidária, a educação ambiental, a educação de jovens e adultos, a educação popular em saúde e outras em torno de um referencial comum, baseado nos princípios da Educação Popular.

A Educação Popular como política pública, como queria Paulo Freire, é um processo que se constrói ao mesmo tempo dentro e fora do Estado. Daí a importância dos movimentos sociais como educadores populares. Eles se fortalecem como portadores da esperança, com suas múltiplas subjetividades políticas, lutando por moradia, pelo direito à terra, por transporte, segurança, pelos direitos humanos, pelo meio ambiente, por saúde, emprego, diversidade étnica, racial, de gênero, sexual, dando um novo rosto à Educação Popular.

Quando os educadores populares se confrontaram com essa possibilidade de uma *política nacional de educação popular*, se perguntaram como ficaria, nesse caso, a autonomia das práticas não estatais de Educação Popular. Como a *política nacional de educação popular* não saiu do papel e só ficamos com o *Marco de referência da educação popular para as políticas públicas*, ficou claro que ele estava voltado apenas para ações, planos e programas estatais. Trata-se de uma referência para as políticas "públicas" e que não interfere, necessariamente, nas práticas de Educação Popular existentes na sociedade, práticas que vêm se constituindo ao longo de décadas e que são a razão mesma de ser dessa política, além de serem muito vigorosas, fazendo contraponto às políticas estatais de educação.

Paulo Freire tinha um profundo respeito pela autogestão organizativa e pela autonomia política dos movimentos sociais e populares, assim como pelas iniciativas da sociedade civil. Não haveria sentido em interferir nesses processos originários, bem como não haveria sentido em ignorá-los e não os levar em consideração como base de uma política pública de Educação Popular, o que supõe a sua participação na constituição e implementação de tal política. Ela não seria possível sem a tradição do movimento de Educação Popular. O *Marco de Referência* só foi possível com a participação social e popular (Farah, 2014). Uma política nacional de educação popular deve ser parte da construção de um projeto democrático e popular de nação. De qualquer forma, mesmo em condições favoráveis, esse seria um processo desafiador e necessariamente negociado. Como afirma Pedro Pontual (2017, p. 80): "a incidência em políticas públicas é um processo largo e complexo que exige persistência, credibilidade e criatividade [...]. Quanto mais claras e precisas forem as propostas, maiores serão as possibilidades de êxito". Resistências e contradições não faltarão, mas essa não é uma missão impossível. A meta 7 do Plano Nacional de Educação prevê "fomentar a qualidade da educação básica em todas as etapas e modalidades" e, para isso, inclui a estratégia 28, que estabelece: "mobilizar as famílias e setores da sociedade civil, articulando a educação formal com experiências de educação popular e cidadã, com os propósitos de que a educação seja assumida como responsabilidade de todos e de ampliar o controle social sobre o cumprimento das políticas públicas educacionais".

Não é preciso dizer que o Golpe de 2016 e o governo fascista que se seguiu caminharam em direção oposta a essa estratégia, combatendo a Educação Popular com a pretensão de "expurgar" Paulo Freire. Entretanto, a sociedade e os movimentos sociais e populares resistem e continuam mobilizados em favor da educação popular como política pública, como vem demonstrando o movimento da Conferência Nacional Popular de Educação (CONAPE). Esse processo só será retomado com vigor em nível federal quando tivermos um governo democrático e um Congresso Nacional menos reacionário. O Marco de Referência resultou de uma grande mobilização de um pequeno setor do governo federal e de movimentos sociais e populares, além de ONGs como o Instituto Paulo Freire no sentido de incidir sobre as políticas públicas a partir do referencial da Educação Popular.

Quando estivemos com Paulo Freire à frente da Secretaria Municipal de Educação de São Paulo, alguns duvidavam não só da capacidade dele como gestor, mas da viabilidade de implementação de suas propostas, como a da escola pública popular. Parece que a viabilidade de uma política pública de educação popular depende de um processo lento que começa pela base, isto é, em pequenos grupos e iniciativas, acumulando forças e, gradativamente, ampliando sua extensão. Essa foi a estratégia utilizada por Paulo Freire com seus "Grupos de reflexão", que consistiam em grupos de reflexão e ação. Uma política pública de educação popular depende muito de amadurecimento teórico-prático e das condições concretas político-pedagógicas. Só governos democrático-populares têm essas condições. Mesmo assim, eles enfrentam sérias resistências e há evidentes riscos de assimilação, adaptação e mesmo de perda de identidade ao se institucionalizar a Educação Popular como política pública. Riscos e possibilidades que dependem muito de "um esforço para que ela se mantenha na fronteira entre 'ser movimento' e 'ser instituição'" (Schönardie, 2015, p. 14). Isso era o que Paulo Freire queria dizer quando ele nos falava sobre estar taticamente dentro e estrategicamente fora do Estado. Exemplos como os da educação no campo e o da *política nacional de educação popular em saúde* demonstram que é possível vencer essas resistências quando existem vontade política e mobilização social. Em tempos menos obscuros, sugeri que um bom começo poderia ser o de uma *política nacional de educação popular de jovens e adultos*: "a EJA já trabalha, em grande parte de seus programas, com o paradigma da Educação Popular; portanto, daria institucionalidade ao que já existe na prática" (Gadotti, 2014, p. 27).

É verdade que tivemos conquistas nas últimas décadas no campo da educação, mas não conseguimos construir uma sólida cultura de direitos humanos, uma cultura democrática, cidadã, de solidariedade, de companheirismo e de compromisso com uma sociedade justa e igualitária. Prevaleceu um certo descuido com a formação política cidadã e isso abriu espaço para a manipulação e a doutrinação política, as quais incutem a intolerância e o ódio, em que o diferente é transformado em "inimigo". Os frutos desse golpe todos nós conhecemos.

Nesse contexto, a Educação Popular freiriana se constitui hoje como uma resposta positiva, propositiva e alternativa à concepção dominante de educação. Por isso, ela representa uma grande esperança e um projeto maior que não se limita à escola, mas na qual a escola tem um papel primordial, como um lugar onde também se decide o futuro de uma geração que precisa pronunciar-se sobre o mundo no qual deseja viver. A escola é um lugar onde outro mundo pode estar sendo gestado.

3.6 Temos referenciais para seguir em frente

Paulo Freire nos deixou um imenso legado de luta e de esperança, um legado que continua muito atual, além de necessário, para enfrentarmos os desafios do presente. Sandro de Castro Pitano e Danilo Romeu Streck (2021) foram muito felizes quando fizeram uma espécie de balanço das contribuições de Paulo Freire para a educação e a sua atualidade com base em seis dimensões — epistemológica, tecnológica, política, social, profissional e estética — "permeadas pelos princípios da ruptura e da conexão":

> ruptura com o objetivismo, empobrecedor do processo epistemológico; ruptura com o tecnicismo do mercado, limitador da criatividade; ruptura com o arranjo social marcado pela injustiça, materializada pela pobreza e pela fome; ruptura com uma democracia representativa que, astutamente defendida, nega o protagonismo da participação; ruptura com processos de profissionalização por modelos, ajustados a partir de interesses externos aos educadores e educadoras. Ao mesmo tempo, percebem-se conexões necessárias, como a disciplinar, fruto da ruptura

com a tradição cartesiana, capaz de instituir uma conexão de saberes; conexão entre teoria e prática, a partir do qual se concretiza a práxis transformadora; entre a rigorosidade e a alegria; conexões de tempos e espaços vividos, como seres históricos; entre resistência e esperança, denúncia e anúncio, entre tantas outras. (Pitano; Streck, 2021, p. 357)

Pensando agora no que fizemos nos anos 1980, quando Paulo Freire retornou ao Brasil, poderia dizer que, de alguma forma, ele, ao assumir a Secretaria Municipal de Educação, estava retomando um projeto que havia sido interrompido pela brutalidade vivida nos anos 1960, entre "rupturas e conexões", que permeia sua vida e sua obra.

Ao longo de seus 16 anos de exílio, Paulo Freire aprendeu muito. Ele trazia para a Secretaria de Educação uma rica experiência de gestão em diferentes partes do mundo. Estava muito seguro em relação às possibilidades e aos limites que esse novo contexto lhe proporcionava. André de Freitas Dutra (2016), em sua tese de doutorado sobre a gestão de Paulo Freire na Secretaria Municipal de Educação, partindo de entrevistas com educadoras que vivenciaram a gestão de Freire como docentes, afirma que

> o Brasil não era o mesmo da década de 60, as condições sociais e políticas eram bastante distintas, assim como os agentes, o povo e o próprio Paulo Freire não eram mais os mesmos daqueles anos, por conta de toda a experiência acumulada e os contextos transformados, mas a proposta era, em sua essência, a mesma. Transformar as relações dentro da escola de modo que a educação pudesse capacitar a população para transformar a sociedade brasileira. (Dutra, 1916, p. 54)

Com base em sua pesquisa, André Dutra conclui que

> Freire apontou para um caminho para a democratização da sociedade na qual a escola, mais do que fruto, compõe-se entre os agentes proporcionadores dos valores e das práticas democráticas. Nesse caminho, os educadores, mais do que meros executores de políticas públicas, constituem agentes importantes nessa escola que produz um saber popular e é um instrumento de sua organização. (Dutra, 1916, p. 398)

Essa conclusão é coerente com o que Paulo Freire sustenta em seu livro *A educação na cidade*, publicado logo depois de sua saída da secretaria, dedicado à sua gestão e que mostra como ele não só pensou um projeto de educação transformadora, mas, igualmente, pensou e realizou uma gestão coerente com essa visão da educação focada em princípios e valores democráticos. Daí insistir na importância dos conselhos de escola, nas relações sociais no ambiente escolar e no envolvimento de todos(as) os (as) trabalhadores(as) da educação e das comunidades.

Se essa conclusão está correta, Paulo Freire estaria, hoje também, apontando para o mesmo caminho: o papel da escola e do professor no processo de democratização da sociedade. Como sustenta Célestin Freinet, em sua 27ª "invariante pedagógica": "a democracia de amanhã prepara-se pela democracia na escola de hoje". Esses dois educadores, entre outros, estão apontando para a educação de amanhã, do futuro, apontando o caminho que precisamos seguir hoje. Portanto, precisamos, sim, retomar o sonho desses educadores e de outros que se completam em suas diferentes perspectivas — como os brasileiros Álvaro Vieira Pinto, Florestan Fernandes, Maria Nilde Mascelani, Anísio Teixeira, Darcy Ribeiro, Milton Santos, Maurício Tragtenberg, Antonio Candido, Rubem Alves — e não abdicar de uma educação transformadora.

Precisamos começar pelas origens do pensamento e da práxis freirianos cujas propostas se encontram sistematizadas desde seu primeiro trabalho acadêmico. Lá encontramos — mesmo que datado, situado no contexto em que foi escrito (1959) — um pensar sistêmico, expresso na maneira como finaliza sua tese de concurso para a cadeira de Filosofia e História da educação da Escola de Belas Artes da Universidade do Recife, que tem por título *Educação e atualidade brasileira*. Falando da "consciência em elaboração" dessa atualidade, ele sustenta que a grande tarefa do nosso agir educativo, repitamos, para concluir, está centralmente aí — em ajudar a nação brasileira a crescer nessa elaboração. Daí não ser possível uma revisão fragmentária desse agir, mas total, em relação de organicidade com as nossas atuais condições de vida. (Freire, 2001, p. 111)

Os anos 1960 — muito distantes do momento atual — foram particularmente marcados pelo otimismo pedagógico, seguidos por uma década de pessimismo que levou, mais tarde, às teses do "fim da história" e da ascensão do neoliberalismo, criticados por Paulo Freire em seu último livro, *Pedagogia da autonomia* (1996). Pode-se dizer que Paulo Freire ficou distante dessa polêmica, mantendo a dialética entre otimismo e pessimismo na perspectiva gramsciana — pessimismo da inteligência e otimismo da vontade —, sendo caracterizado pelos seus estudiosos ora como andarilho do óbvio, ora como andarilho da utopia.

Desde muito cedo, como um pensador global, como pensador da cultura, envolveu-se em projetos muito ambiciosos, a começar pela tese que defendeu naquele momento. Todos sabemos que esse grande projeto de poder e de desenvolvimento nacional foi interrompido pelo Golpe civil-militar de 1964. E sabemos, também, que ele assumiu a Secretaria Municipal de Educação de São Paulo 30 anos depois de defender sua tese (1959) com a mesma energia do jovem Freire e com os mesmos ideais.

O que proponho é a retomada do projeto de país de Paulo Freire. Fizemos isso no Instituto Paulo Freire, preparando as celebrações de seus 30 anos de existência, quando publicamos o livro *Reinventando Freire: a práxis do Instituto Paulo Freire* (Gadotti; Carnoy (Orgs.), 2018), no qual falamos da atualidade do pensamento de Freire e apresentamos realizações e propostas do IPF referentes à Educação Básica e ao Ensino Superior, formando um todo "orgânico", como queria Freire, com os olhos voltados para o futuro, para "outras educações possíveis".

Agora, em 2022, precisamos ir além, a começar pelo resgate do sonho da Educação Popular como uma educação ligada à cultura, à vida, à saúde, ao emprego, ao trabalho etc. Uma educação como parte de um projeto político mais amplo. Parece-me que esse é o caminho a seguir: acreditar no "sonho da bondade e da beleza" de Paulo Freire e ir à luta.

Referências

ALMEIDA, Maria de Lourdes Granato. *Possibilidades e desafios de gestão democrática em escola pública*: contexto paulistano de 89-92. São Paulo, 1993. PUC-SP. Dissertação de Mestrado.

ANTUNES, Ângela. *Aceita um conselho? Como organizar o colegiado escolar.* 2. ed. São Paulo: Cortez/Instituto Paulo Freire, 2002.

AZEVEDO, Jose Clovis. *Reconversão cultural da escola*: mercoescola e escola cidadã. Porto Alegre: Sulina, 2007.

BATISTA NETO, José; GUEDES, Marilia Gabriela Menezes. "Círculos de Pais e Professores: uma contribuição de Paulo Freire à formação de educadores/as". In: *Revista Educação e Cultura Contemporânea*. Rio de Janeiro: PPGE/UNESA, 2021. v. 18, n. 55, p. 189-210.

BATISTA NETO, José. "Relação escola e família: essa aliança pode dar certo". Revista *FAFIRE*, Recife, v. 7, n. 2, p. 122-133, jul.-dez./2014.

BRANDÃO, Carlos Rodrigues. *O que é educação popular.* São Paulo: Brasiliense, 1984.

BRANDÃO, Carlos Rodrigues. *O que é Método Paulo Freire.* 24. Reimp. São Paulo: Brasiliense, 2003. (A primeira edição é de 1991.)

BRASIL. *Atas da Subcomissão de Educação, Cultura e Esportes. Anais da Assembleia Nacional Constituinte 1987-1988.* Brasília, DF: Senado Federal, 1988. Disponível em: https://encurtador.com.br/hpw29. Acesso em 16 ago. 2023.

CAMARGO, Rubens Barbosa de. *Gestão democrática e nova qualidade de ensino*: O conselho de escola e o projeto da interdisciplinaridade nas escolas municipais da cidade de São Paulo (1989-1992). São Paulo: FEUSP, 1997. Tese de doutorado.

CÓRDOVA, Rogério de Andrade. *Educação, instituição e autonomia* — uma análise da gestão educacional no município de São Paulo no período 1989/1992. São Paulo: PUC-SP, 1997. Tese de doutorado.

CORTELLA, Mario Sergio. "A reconstrução da escola: a educação municipal em São Paulo de 1989 a 1991". In: *Em Aberto*, Brasília, INEP, ano 11, n. 53, jan.-mar./1992, p. 54-63.

DUTRA, André Freitas. *As memórias de professoras municipais sobre a gestão Paulo Freire na secretaria municipal de educação de São Paulo*. São Paulo: FEUSP, 2015. Tese de doutorado.

ELISALDE, Roberto. *Paulo Freire*: educación popular, Estado y movimientos sociales. Una experiencia de gestión al frente de la Secretaria de Educación de San Pablo (1989-1991). Buenos Aires: Biblos, 2015.

FARAH, Marcel Franco Araújo. *Uma política pública de educação popular?* Brasília, 22 jul. 2014. Disponível em: http://recid.redelivre.org.br/%20 2014/07/22/uma-politica-publica-de-educacao-popular.

FERNANDES, Florestan. *A conspiração contra a escola pública*. OKUMURA, Julio (Org.); NOVAES, Henrique Tahan (Org.); RODRIGUES, Fabiana de Cássia; TOTTI, Marcelo. Marília: Lutas Anticapital, 2020. p. 11-12.

FRANCO, Dalva Souza. "A gestão de Paulo Freire à frente da Secretaria Municipal de Educação de São Paulo (1989 - 1991) e suas consequências". Campinas, Revista *Pro-posições*, v. 25, n. 3, p. 103-121, 2014.

FREIRE, Paulo; HORTON, Myles. *O caminho se faz caminhando*: conversas sobre educação e mudança. Petrópolis: Vozes, 2003.

FREIRE, Paulo. "Escola Primária para o Brasil". In: *Revista brasileira de estudos pedagógicos*. Rio de Janeiro, abr.-jun/1961. v. 35, n. 82, p. 15-33.

FREIRE, Paulo. *A educação na cidade*. São Paulo: Cortez, 1991.

FREIRE, Paulo. *Política e educação*. São Paulo: Cortez, 1993.

FREIRE, Paulo. *Pedagogia da autonomia*: saberes necessários à prática educativa. Rio de Janeiro: Paz e Terra, 1996.

FREIRE, Paulo. *Educação e atualidade brasileira*. São Paulo: Cortez/ Instituto Paulo Freire (original de 1959), 2001.

FREIRE, Paulo. *Pedagogia da tolerância*. Ana Maria Araújo Freire (Org. e notas). São Paulo: Paz e Terra, 2014.

GADOTTI, Moaci; CARNOY, Martin (Orgs.). *Reinventando Freire*: A práxis do Instituto Paulo Freire. São Paulo: Instituto Paulo Freire, 2018.

GADOTTI, Moacir. *Por uma política nacional de educação popular de jovens e adultos*. São Paulo: Moderna/Fundação Santillana, 2014.

GADOTTI, Moacir (Org.). *Paulo Freire*: uma biobibliografia. São Paulo: Cortez/Instituto Paulo Freire; Brasília (DF): Unesco, 1996.

GADOTTI, Moacir. "Administrador público, maestro y amigo". In: *Novedades Educativas*, Buenos Aires, 1997. n. 78, 1.

GADOTTI, Moacir (Org.). *Alfabetizar e conscientizar*: Paulo Freire, 50 anos de Angicos. São Paulo: Instituto Paulo Freire, 2014.

GAJARDO, Marcela. "Procurando Paulo Freire no Chile: algumas observações sobre a origem e a evolução de suas ideias pedagógicas". In: *Ideação*. Revista do Centro de Educação, Letras e Saúde. Foz do Iguaçu: Unioeste, 2021. v. 23, n. 1, p. 72-104.

LIMA, Licínio C. *Organização escolar e a democracia radical*: Paulo Freire e a governação democrática da escola pública. São Paulo: Cortez/Instituto Paulo Freire, 2000.

MANFREDI, Sílvia Maria. *Política e educação popular*: experiências de alfabetização no Brasil com o Método Paulo Freire – 1960/1964. São Paulo: Cortez, 1981.

NÉSPOLI, José Henrique Singolano. "Paulo Freire e Educação Popular no Brasil contemporâneo: Programa MOVA-SP (1989-1992) no Brasil". In: *Revista Educação Popular*, Uberlândia. jan.-jun./2013. v. 12, n. 1, p. 31-40.

PALUDO, Conceição. "Educación Popular: Dialogando con Redes Latino-americanas (2000-2003)". In: *Revista Piragua*. México: CEAAL, 2004. n. 20.

PAZ, Adriana Oliveira Rodrigues. *A formação permanente de supervisores escolares inspirada na pedagogia de Paulo Freire*: desafios e possibilidades. São Paulo: PUC-SP, 2020. Dissertação de Mestrado.

PITANO, Sandro de Castro; Streck, Danilo Romeu. "A atualidade de Paulo Freire em seis dimensões: epistemológica, tecnológica, política, social, profissional e estética". In: *Revista Educação e Cultura Contemporânea*, Rio de Janeiro: PPGE/UNESA. 2021. v. 18, n. 55, p. 340-359.

PONTUAL, Pedro de Carvalho. *Desafios pedagógicos na construção de uma relação de parceria entre Movimentos Populares e o Governo Municipal da cidade de São Paulo na gestão Luiza Erundina*: a experiência do MOVA-SP — 1989-1992. 1996. São Paulo: PUC-SP. Dissertação de Mestrado.

PONTUAL, Pedro de Carvalho. "Educação popular e incidência em políticas públicas". In: *Revista e-Curriculum*, São Paulo: PUC-SP, jan.-mar/2017. v. 15, n. 1, p. 62-81.

PONTUSCHKA, Nídia Nacib (Org.). *Ousadia no diálogo*: interdisciplinaridade na escola pública. São Paulo: Loyola, 1993.

QUERUBIM, Viviane. *Paulo Freire e a administração pública*. Desafios de um intelectual orgânico na Secretaria Municipal de Educação de São Paulo (1989-1991). 2008. São Paulo: FEUSP. Dissertação de Mestrado.

ROMÃO, José Eustáquio. *Dialética da diferença*: o projeto da escola cidadã frente ao projeto pedagógico neoliberal. São Paulo: Cortez/Instituto Paulo Freire, 2000.

SÃO PAULO. "Aos que fazem a Educação Conosco em São Paulo". In: *Diário Oficial do Município*: São Paulo, 34 (021), quarta-feira, 01/02/1989 (Suplemento).

SCHÖNARDIE, Paulo Alfredo. *Educação Popular como política pública*: análise crítica. 2015. Disponível em: http://37reuniao.anped.org.br/wp-content/uploads/2015/02/Trabalho-GT06-3501.pdf. Acesso em: 30 out. 2021.

SCHÖNARDIE, Paulo Alfredo. "A educação popular em tessitura com as políticas públicas: ponderando estranhamentos e possibilidades". In: Revista *Educação Popular*. Uberlândia, jan.-abr./2018. v. 17, n. 1, p. 28-44.

SILVA, Juliana Cristina Oliveira de Castro; CONSTANTINO, Paulo Roberto Prado. "CRECE: a busca pelo fortalecimento da gestão democrática da escola pública na cidade de São Paulo". In: *Revista Humanidades e Inovação*. Palmas (TO): Unitins, 2021. v. 8, n. 44, p. 308-378.

SOUZA, Angélica Riello. *Resistência e desistência*: os conflitos na experiência de Paulo Freire como secretário municipal de educação de São Paulo (1989-1991). São Paulo: PUC-SP, 2018. Dissertação de Mestrado.

SOUZA, Jessé. *A elite do atraso*: da escravidão a Bolsonaro. Belo Horizonte: UFMG, 2019.

TORRES, Carlos Alberto. *Pedagogia da luta*: da pedagogia do oprimido à escola pública popular. Campinas: Papirus, 1997.

TORRES, Carlos Alberto; O'CADIZ, Maria Del Pilar; WONG, Pia Lindquist. *Educação e democracia*: a práxis de Paulo Freire em São Paulo. São Paulo: IPF/Cortez, 2002.

TORRES, Rosa Maria (Org.). *Educação Popular*: um encontro com Paulo Freire. São Paulo: Loyola, 1987.

VILELLA, Mariana. *Autonomia pedagógica da escola*: base legal e conceitual e os desafios de uma experiência na rede municipal de São Paulo. São Paulo: PUC-SP, 2017. Dissertação de Mestrado.

WAKS, Jonas Tabacof. "Escola pública popular e inéditos viáveis: A gestão de Paulo Freire na Secretaria Municipal de Educação de São Paulo (1989-1991)". *In*: CLACSO, 2021. Educar en la Diversidad. Disputas por la educación pública, organización popular y subjetividades críticas. Cartografías latinoamericanas / Piedad Ortega... [*et al.*]; coordinación general de Fabián Cabaluz... [*et al.*]. – 1. ed. – Ciudad Autónoma de Buenos Aires: CLACSO, 2021. Libro digital, p. 9-15.

ZANETTI, Alexsandra. *Uma proposta de gestão escolar democrática e popular, suas possibilidades e limites*: o caso da Secretaria Municipal de Educação de São Paulo. São Paulo: PUC-SP, 1998. Dissertação de Mestrado.

_____ Quarto ensaio

MESTRES DO AMANHÃ, FAZEDORES DO FUTURO

> *Quando consideramos a história possível e não apenas a história existente, passamos a acreditar que outro mundo é viável. E não há intelectual que trabalhe sem ideia de futuro. Para ser digno do homem, qual seja, do homem visto como projeto, o trabalho intelectual e educacional tem que ser fundado no futuro. É dessa forma que os professores podem tornar-se intelectuais: olhando o futuro.*
> (Santos, 1999, p. 14)

Ao completar 60 anos de magistério, em tempo de reflexão e despojamento, fiquei me perguntando sobre minhas escolhas. A resposta é simples: não tenho dúvidas de que fiz a escolha certa. A pedagogia foi minha primeira escolha profissional e minha paixão. Neste pequeno ensaio, gostaria de compartilhar um pouco dessa minha trajetória pensando no convite feito acima por Milton Santos: "olhando para o futuro".

O que aprendi como professor de História e Filosofia da educação, estudando os clássicos da Pedagogia desde a Antiguidade, foi que, para enxergar longe, precisamos subir nos ombros desses gigantes, que são os grandes mestres de ontem. Seria então necessário fazer um périplo, uma caminhada longa por eles, para enxergar melhor o futuro. Isso não posso fazer aqui. O que posso fazer é traçar um perfil dessa caminhada histórica e discutir criticamente o que podemos fazer hoje e amanhã com o legado que eles nos deixaram.

Nós fazemos a nossa história em determinadas circunstâncias e essas circunstâncias são principalmente as que nos foram legadas pelos que já nos deixaram. Suas ideias e realizações. Seus êxitos e fracassos. Não podemos desconhecer esse legado. Sem conhecer nosso passado, não podemos construir nosso futuro.

Minha intenção é compartilhar um sonho que me perseguiu durante a vida toda. Sou professor, tenho orgulho de ser professor, gosto de ser professor; por isso, aqui, no Instituto Paulo Freire, onde ultimamente venho oferecendo meus cursos, não sou chamado pelo nome, sou chamado apenas de "professor".

Os que foram meus alunos e alunas sabem que minhas aulas sempre foram relativamente descontraídas. Em geral, eu entrava na sala perguntando: "Vocês estão felizes hoje?". Em retorno, recebia um sonoro "Sim!" e fazia de conta que todos estavam dizendo a verdade. Pelos menos, eles estavam sorrindo, e começar uma aula com alegria é sempre um bom começo.

4.1 Não espere o amanhã chegar a você

Vamos lá. Gosto muito do conceito de práxis, que é a soma da teoria e da prática. A educação é isso mesmo: teoria, mas, fundamentalmente, prática. É arte e ciência. Ela é vivenciada por todas as sociedades desde a Antiguidade. É uma prática que foi sendo pensada e estruturada de diferentes maneiras. Por isso, seria melhor falar de "educações", e não "educação".

Para esse gigantesco processo vivido ao logo da história, contribuíram diferentes profissionais que hoje chamamos de trabalhadores da educação, profissionais da educação. O professor, a professora: a maioria desses profissionais é composta de mulheres. E aqui está uma característica fundamental desse trabalho: a mulher como educadora, o seu papel na história, por uma educação mais humanizadora, mesmo que por séculos a escola tenha sido negada a elas.

Defendo a tese de que a escola foi a instituição humana mais importante criada pela humanidade, e a participação da mulher, nessa criação, foi decisiva para manter viva a escola como espaço de múltiplas vivências, onde se experimenta viver o presente e projetar o futuro. A escola nada mais é do que um conjunto de relações sociais e humanas. Essa é sua principal caraterística como instituição humana e humanizadora.

Vivemos tempos obscuros. Precisamos de luz, orientações, caminhos, sentido. Qual é o caminho a seguir? Essa foi minha preocupação principal ao pensar no título deste ensaio: "Mestres do amanhã, fazedores do futuro".

— Por que "mestres do amanhã"?

Inspirei-me num artigo de Anísio Teixeira de 1963, "*Mestres de amanhã*", publicado na *Revista Brasileira de Estudos Pedagógicos*, no qual ele reflete sobre o papel do professor frente aos novos meios de comunicação e de informação. No entanto, aqui, fiz uma pequena alteração no título de Anísio: substituí o "de" por "do". Há uma intenção específica ao fazer essa mudança. Ao substituir o "e" pelo "o", quero ressaltar a necessidade de abordar um determinado amanhã, um amanhã específico. Não qualquer amanhã, mas "o" amanhã que desejamos.

Quando falamos "mestres do amanhã", estamos ressaltando o papel dos educadores como "fazedores do futuro" com uma função eminentemente humanizadora, emancipadora. Encontrei essa expressão em Paulo Freire quando ele disse, numa fala de 1993 e que se encontra no vídeo "Teto e Chão: a história do Movimento de Defesa do Favelado", que "o futuro não é uma província que fica distanciada de mim, à espera de que eu chegue lá. Pelo contrário, eu sou fazedor do futuro".

Assim, juntando esses grandes educadores nordestinos — Anísio Teixeira, da Bahia, e Paulo Freire, de Pernambuco —, estamos homenageando, por meio deles, os mestres do amanhã de todos nós.

Os mestres de ontem já nos deixaram suas lições. É o lugar dos projetos realizados. Precisamos respeitá-los, estudá-los e revalorizá-los. Eles são necessários na formação dos mestres do amanhã como fazedores do futuro. Se o passado é o campo da necessidade, o futuro é o campo da possibilidade de uma pluralidade de projetos a realizar, um campo aberto, um lugar da liberdade e de escolhas do futuro que queremos.

— Por que uma educação voltada para o futuro?

Porque a realidade atual, o mundo atual, não é o único mundo possível, a única realidade possível nem é uma realidade imutável. A educação pode contribuir para a mudança do presente e a construção do futuro. A escola vivida hoje está em mudança, em função da escola projetada de hoje e de amanhã.

Para entender melhor o papel da docência nesse processo, numa perspectiva transformadora, precisamos revisitar o passado sob novas óticas, novos referenciais político-pedagógicos. Proponho, para isso, que se faça uma releitura da história da educação e da Pedagogia a partir do quadro teórico oferecido pela *Pedagogia do oprimido* de Paulo Freire. Ter Paulo Freire como referencial e fio condutor para uma releitura crítica da história das ideias pedagógicas nos leva a olhar essas ideias e suas práticas político--pedagógicas a partir da relação oprimido-opressor e entender o papel do sujeito, do oprimido, na história como um ser da procura cuja "vocação ontológica" é "ser mais", é humanizar-se frente à desumanização causada por essa relação.

— Qual é o papel da educação transformadora e do professor transformador nesse processo?

Seu papel é o de confrontar a educação para a submissão, para a servidão dominante na sociedade de hoje e que reproduz a desigualdade por meio de uma formação para a consciência crítica e o pensar crítico, envolvendo educador e educando numa tarefa comum em que ambos são sujeitos: dizer a sua palavra e construir a sua história como fazedores do futuro e, assim fazendo, tornarem-se cidadãos governantes, soberanos, e não governados, sujeitados, submissos, subservientes.

A história da educação é a história da desigualdade e da luta contra ela. O dualismo educacional é o fio condutor que interliga toda a história da educação e, por isso mesmo, é estruturante de todas as políticas educacionais. Contudo, nem a desigualdade social nem o dualismo educacional são inquebráveis. A história da educação é, também, a história da luta pela liberdade e pela justiça. Daí Paulo Freire ter perseguido, durante toda a sua vida, o sonho de uma *Educação como prática da liberdade*, título de seu primeiro livro. E, no final da vida, ter dito que, desde sempre, o seu sonho era o sonho da liberdade, mas não qualquer liberdade, o sonho da liberdade para poder "brigar pela justiça" (Freire, 2014, p. 354).

E aqui entra outro referencial importante deste ensaio, além de Paulo Freire, para essa caminhada, revisitando a história das ideias pedagógicas: a estreita relação entre educação e modo de produção. Nessa tarefa, muito me tem ajudado a releitura do livro de Mário Alighiero Manacorda, *História da educação: da antiguidade aos nossos dias*, resultante de um curso oferecido por meio de programas radiofônicos com um título muito sugestivo: *A escola nos séculos*. Ele nos lembra, no final do livro, que será preciso "voltar atrás para considerar o quanto as coisas vêm de longe, para prosseguir à frente, bem mais longe" (Manacorda, 1989, p. 355).

Ele mostra que é por meio do processo educativo que a humanidade constrói a si mesma, sempre oscilando entre o passado e o futuro, a reprodução da ordem estabelecida ou a sua transformação. Entendemos o modo de produção como a forma que o ser humano tem de produzir e reproduzir a sua existência no planeta. O modo de produção pode ser definido como a soma das forças produtivas e das relações de produção, como o definiu Karl Marx. As relações de produção organizam todos os aspectos da vida em sociedade, inclusive a educação. Mas essa produção não é apenas material. É imaterial, cultural. E aqui entra o papel da educação e dos educadores na história.

Uma educação voltada para o futuro é essencialmente uma educação para o bem viver — consigo mesmo, com os outros e com a natureza — e para a construção de outros mundos possíveis. Quando os globalizadores capitalistas, por meio de seus organismos internacionais, direcionam o trabalho do educador, o futuro acaba se tornando o campo da determinação. Nessa visão de mundo, o trabalho do educador será cumprir metas e preparar seus alunos para passar em testes globais.

Ao contrário desses globalizadores da história como repetição do passado, concordo com Mario Alighiero Manacorda quando ele afirma que "o caminho do futuro seja aquele que o passado nunca soube percorrer, mas que nos mostrou, em negativo, descortinando suas contradições" (MANACORDA, 1989, p. 360). O tempo da decisão é hoje. É o tempo do mestre do amanhã, o tempo da esperança. Como disse Jean-Paul Sartre, no final da vida: "o mundo está mal, mas eu resistirei, morrerei na esperança, dentro da esperança, mas essa esperança teremos de fundá-la [...]. É preciso tentar explicar por que é que o mundo de agora, que é horrível, não passa de um momento no longo desenvolvimento histórico, e que a esperança sempre foi uma das forças dominantes das revoluções e das insurreições e como sinto, ainda, a esperança como minha concepção de futuro" (Sartre, 1986, p. 64).

Como estamos vendo, temos referenciais. Não estamos sozinhos nessa caminhada histórica. Esses referenciais nos apontam para a educação do século XXI, e não para a expansão da educação do século XIX. Uma educação para a emergência do que ainda não é, o ainda-não, a utopia, o inédito viável, uma educação crítica e criativa. Isso foi particularmente expresso por um amigo de Paulo Freire, o filósofo polonês Bogdan Suchodolski (1972), que nos fala de uma Pedagogia social — para ele, sinônimo de "pedagogia socialista" —, a Pedagogia como a teoria de uma educação "voltada para o futuro". Eu o conheci em Genebra, na década de 1970, e chegamos a trocar correspondências. Ao adjetivar a Pedagogia como "social", ele acaba colocando em questão a própria Pedagogia como desabrochamento das capacidades individuais. Somos seres únicos, irredutíveis, mas, também, somos seres sociais. Com isso, ele coloca em questão o próprio modelo da educação adotado pelo capitalismo que nega o social e sobrevaloriza o individual e o econômico. O que estamos nos propondo a fazer aqui é educar "socialmente" numa sociedade que só valoriza o individual, a competição, a propriedade privada, exacerbando o individualismo. Os sistemas educacionais capitalistas formam capitalistas, isto é, formam para a competitividade capitalista, para o individualismo possessivo, não para a solidariedade.

Falando em referenciais, não posso deixar de mencionar o quanto devo a dois mestres do amanhã que tive como professores na Universidade de Genebra nos anos 1970: Pierre Furter e Claude Pantillon. Furter foi um adepto do pensamento utópico de Ernst Bloch (Furter, 1974), mais conhecido no Brasil por seus livros *Educação e reflexão* (Furter, 1970) e por *Educação e vida: uma contribuição à definição da educação permanente* (Furter, 1968). Para ele, o pensamento utópico não é um mero devaneio, pois ele se fundamenta na reflexão e no estudo. Sem utopia, sem projeto, não há pedagogia. O "princípio esperança" (Bloch) é a escolha de uma existência voltada para o futuro. É o princípio instituinte do futuro humano. Para ele, a utopia é uma forma de ação, não uma mera interpretação da realidade.

Claude Pantillon, orientador do meu doutorado (Gadotti, 1981), convidou-me, em 1974, para criar o Centro de Filosofia da Educação na Universidade de Genebra. Pantillon ensinou-me muitas coisas, inclusive que a vida é a realidade mais radical do Universo. É também uma realidade histórica, muito mais do que uma realidade biológica. Ao entender o fenômeno da vida, entendemos o sentido do Universo. Ele me ensinou a ler Marx de um ponto de vista humanista. Chegamos até a escrever juntos um *Manifesto filosófico*, lembrando o texto de Marx e Engels de 1848, um manifesto que alertava para o confronto que estava se dando, naquele momento, no campo das ciências da educação (Pantillon, 1981, p. 57-101). Juntos, criticávamos a filosofia que ficava num círculo restrito a especialistas. Insistíamos que era tarefa da filosofia "despertar a consciência política, que filosofar não é tarefa exclusiva do filósofo, que a filosofia não deve permanecer simplesmente na reflexão" (Gadotti, 1880, p. 23). A filosofia, diz ele,

> deve estabelecer um diálogo com a educação atual, seja para reencontrá-la, questioná-la, fecundá-la ou interpenetrar-se com ela. Para que esse diálogo necessário seja realmente estabelecido, a filosofia deve formar-se e informar-se, estudando o mundo da educação e prestando toda a atenção que exigem suas múltiplas manifestações. (Pantillon, 1981, p. 53)

Seu último livro aborda a temática da mudança na educação permanente frente à permanência da finalidade da educação (Pantillon, 1983). Seria possível mudar qualquer coisa na educação sem questionar seus fins e objetivos?

Na nossa releitura da história da educação e da Pedagogia, não devemos negar a contribuição de autores, considerados polêmicos nas décadas de 1960 e 1970, como Illich e McLuhan. Em sua época, foram considerados polêmicos, mas suas previsões acabaram se confirmando mais de meio século depois.

Herbert Marshall McLuhan (1911-1980) cunhou a expressão "aldeia global", um mundo retribalizado sob a influência da expansão dos meios de comunicação e das novas tecnologias. Ele previu que, mais do que uma simples era de "mudanças", iríamos entrar numa era de "mutações", principalmente na educação. Ele é o autor de *A galáxia de Gutemberg* e de *Os meios de comunicação como extensões do homem*. Suas previsões se realizaram.

Cheguei a conhecer pessoalmente Ivan Illich (1926-2002), em Genebra, em 1974, quando ocorreu um conhecido debate com Paulo Freire (Oliveira; Dominicé, 1977). Para ele, as tecnologias iriam se popularizar de tal forma que tornariam obsoletas as formas de ensinar na escola e que as pessoas aprenderiam muito mais por meio de "teias de aprendizagem". Hoje, os ambientes virtuais de aprendizagem são uma conquista definitiva, incorporada em todos os processos de ensino-aprendizagem. Esses ambientes de aprendizagem móvel podem nos ajudar na criação de uma outra cultura educacional que não se restrinja à escola. Illich também foi profético.

Entretanto, fica um alerta de Paulo Freire: o futuro não pode ser concebido apenas em função das novas tecnologias. A tecnologia tem um papel importante, mas não suficiente para caminhar na direção por mais justiça social e sustentabilidade. O componente ético-político é que faz grande diferença.

4.2 Voltar atrás para prosseguir à frente

A cultura dos semitas, que domesticaram o camelo, nos herdou uma educação doméstica, do lar, viver no interior da casa, uma "toca" (*ethos*) onde nos abrigamos das ameaças e dos obstáculos da vida fora dela, um lugar onde nos sentimos bem, seguros, protegidos.

A educação em casa, na família, não era uma educação para a guerra, combatendo os outros, era mais convivial, mas nem por isso isenta de conflitos. Na mesma época, a cultura indo-europeia, que domesticou o cavalo, no norte da Ásia, promoveu uma educação para a conquista, para a guerra, utilizando a velocidade desse animal (Cintra, 1998). A primeira educação era mais centrada no conviver, na intimidade com o outro; já a segunda, no vencer, cujo sucesso era medido pela conquista, pela colonização. A educação greco-romana é o resultado mais evidente desse segundo tipo de educação. Entre o grego e o semita, existe uma enorme distância no que se refere ao entendimento do que é a vida, que se traduzia em dois modelos de educação ainda hoje presentes na cultura contemporânea.

Olhando para o passado das educações antiga e moderna, podemos constatar o nascimento e a consolidação de uma visão e uma prática dualista, seguindo o ritmo da evolução das classes sociais. O que eram a *paideia* e a *humanitas* senão uma educação das elites, preparando-as para o exercício do poder, da dominação não só pelas armas, mas pela oratória? Formar para conquistar. Vemos isso em Homero, no seu relato de guerra de conquista. Vemos isso entre os romanos, em seu sonho de "dividir e imperar" (*divide et impera*).

Nesse contexto, seria preciso formar o homem "virtuoso" como um ser humano eficaz. César foi um homem culto e cruel ao mesmo tempo. Para essa visão da educação, educar é humanizar como processo civilizatório, isto é, tornar civilizado o bárbaro ou o herege à força, como fez a Igreja. Impor uma visão de mundo aos "bárbaros" e, mais tarde, aos "selvícolas", como no processo de evangelização. Protótipo desse educador era o missionário que tinha por missão servir a Cristo e combater o mal (hereges, árabes, judeus, indígenas...) e evangelizar todos os povos, mesmo que isso lhe custasse a própria vida. Como afirma Manacorda:

> para as classes dominantes uma escola, isto é, um processo de educação separado, visando preparar para as tarefas do poder [...]. Para as classes excluídas e oprimidas, sem arte nem parte, nenhuma escola e nenhum treinamento, mas, em modo e em graus diferentes, a aculturação que descende do alto para as classes subalternas. (Manacorda, 1989, p. 41)

Quando muito, uma escola para o povo, catequética, dogmática, doutrinadora, e uma escola para o clérigo, humanista e filosófico-teológica. A finalidade das escolas catequéticas, destinadas aos servos, "era menos ensinar a ler e escrever e muito mais catequizá-los para se manterem dóceis e conformados com sua situação social, servindo aos seus senhores" (Ponce, 1981, p. 91).

Universalismo e expansionismo são sinônimos. Cristãos, hereges, pagãos. O Islã vira o inimigo. Frente ao Islamismo, a conversão imposta com "ardor bélico" pelos soldados de Cristo. Dualismo e disputas religiosas na sociedade agrária da Idade Média: para as elites, educação integral; para os outros, o catecismo e a obediência obsequiosa. Assim, vão crescendo as tensões entre escravizado e senhor, entre senhor e servo, num confronto que resulta em graus mais elevados de liberdade como conquista da luta por direitos contra o obscurantismo.

Surge uma nova *paideia* e uma nova *humanitas* a partir dos reformadores, da invenção da imprensa e das Grandes Navegações. Chegamos, assim, à "escola pública religiosa" com Martinho Lutero (1483-1546), em que a língua pátria, a língua do povo era a base, e não mais o latim. Lutero traduziu a *Bíblia* para o alemão, tornando-a mais acessível, mas a escola pública religiosa mantinha o seu caráter elitista: essa educação pública "destinava-se em primeiro lugar às classes superiores e secundariamente às classes populares, às quais deveriam ser ensinados apenas os elementos imprescindíveis, entre os quais a doutrina cristã reformada" (Luzuriaga, 1958, p. 7-8).

Nesse contexto, fica difícil superar a educação centrada na autoridade como a que era defendida pela *Ratio Studiorum* dos contrarreformadores. O abuso do princípio da autoridade foi fortemente combatido pelos renascentistas. Ao contrário do pensamento teocrático, eles valorizavam as humanidades, reagindo ao estado-igreja medieval. O Renascimento foi um movimento rico na busca por uma educação mais popular, humanista e democrática, mas enfrentou o poder das elites que não renunciaram a seus privilégios. "As classes trabalhadoras nascentes não tinham senão a educação oral, transmitida de pai para filho: só herdavam a cultura da luta pela sobrevivência" (Gadotti, 1999, p. 55), o "saber de experiência feito", diria Paulo Freire.

Humanismo e educação nasceram juntos. Tornamo-nos humanos pela educação. A educação nos constitui como humanos. Entretanto, não há uma só concepção de Humanismo nem de educação. E aquela que mais contribuiu com esse processo revolucionário de transformação da humanidade, a mulher, enfrentou enormes desafios para ter acesso ao que ela mesma oferecia. A primeira construtora da humanidade não teve acesso a ela sem lutar por isso. Assim, desde os primórdios da humanidade, a educação propriamente humanista só avançou mediante a organização e a luta dos oprimidos, entre eles a mulher. A educação humanista é uma conquista, um resultado das lutas por direitos das mulheres, das mães na educação de seus filhos.

No entanto, não demorou muito para tirarem também esse direito da mulher educadora. Em Roma, ela acaba sendo substituída pelo *pater familiae* como primeiro educador homem e que só educava a homens por direito, excluindo a mulher. Essa educação familiar machista foi exaltada pelos escritores romanos. O pai, omnipotente, não é apenas dono de seus escravizados; é dono de seus filhos homens, artífice deles. Cultiva neles a *virtus*, a força e o domínio, uma educação rígida, severa, que exaltava a disciplina, não a liberdade.

A primeira educação doméstica e comunitária, das aldeias, muda totalmente com a divisão social do trabalho e a criação de um lugar especializado. Relações sociais, mais familiares, vão sendo substituídas por relação de classe, de mando e subordinação. A comunidade perde a hegemonia sobre o processo educativo. Os proprietários controlam a educação pelo controle do Estado. O Estado surge como instrumento de organização social e de dominação, como uma forma do mercado. Mas a contradição persiste e ele também se transforma numa arena onde projetos opostos de mundo se confrontam.

Com o aparecimento do Estado, alguns assumem o poder em seu benefício, se apropriando dos meios de produção (terras e instrumentos), escravizando os seus produtores e tornando-os sua propriedade privada. O status social de um homem livre era medido pelo número de escravizados que possuía. Passamos da propriedade coletiva para a propriedade privada. O escravizado era considerado um instrumento, um objeto, assim como um animal ou uma ferramenta. Com o Estado, com seus exércitos e suas leis, garantindo o direito à propriedade privada, uns poucos senhores exploram grandes massas de escravizados ou servos que não tinham nenhum direito. "Em toda parte, brotaram governantes e elites, vivendo do excedente dos camponeses e deixando-os com o mínimo para a subsistência [...]. Os excedentes que produziam alimentavam a ínfima minoria das elites — reis, oficiais do governo, soldados, padres, artistas e pensadores —, que enchem os livros de História. A história é o que algumas poucas pessoas fizeram enquanto todas as outras estavam arando campos e carregando baldes de água" (Harari, 2020, p. 144).

A educação também divide senhores e escravizados. Aos primeiros tudo, aos segundos nada de educação. Escravizados informados e conscientizados poderiam pôr em risco a dominação política e a exploração econômica. Então, eles eram mantidos longe do direito à educação. Os senhores eram proprietários da força de trabalho (dos escravizados), dos meios de produção (terras, gado, minas, instrumentos) e do produto de trabalho. Entre nós, a escravidão forjou o traço mais forte da nossa cultura, continuada pelos herdeiros dos senhores de escravizados que compõem parte da elite dominante até hoje no Brasil (Souza, 2019).

Fica claro, assim, que a educação nasce contaminada e dividida: uma para os que mandam e outra para os que obedecem. Mas a sociedade e o Estado não são imutáveis. Desde os primórdios, temos duas visões antagônicas de Estado: uma fundamentada na liberdade e outra na eficácia: em Atenas, a pólis era concebida como um Estado que se autogoverna, e em Esparta como uma pólis concebida a *manu militari*, separando governantes de governados. Mesmo assim, em ambas, a escola era para poucos, com uma reservada àqueles destinados ao poder e outra aos governados, doutrinados e treinados para o trabalho. Tinha razão Aristóteles: uma sociedade fundada no trabalho escravo não podia assegurar cultura para todos.

Passados mais de dois mil anos, parece que a disputa entre eficácia e liberdade continua viva nos debates pedagógicos atuais e na práxis educacional.

— E a modernidade, que legados nos deixou?

Dois autores se destacam na passagem do modo de pensar antigo para o moderno: João Amós Comênio (1592-1670) e Jean-Jacques Rousseau (1712-1778). Ambos demarcam a passagem da Pedagogia tradicional para a Pedagogia nova. Influenciaram profundamente a educação por suas intuições originais e propostas pedagógicas. Ambos defendem uma educação democrática e inclusiva, contribuições que embasariam, mais tarde, o Movimento da Escola Nova.

Comênio, autor de *Didática Magna*, dividia o ensino em quatro períodos: a infância, a puerícia, a adolescência e a juventude, sustentando que a educação deveria ser ao mesmo tempo afetiva, imaginativa e cognitiva, não só racional. *Didática Magna*, uma obra minuciosa sobre o cotidiano escolar, é uma grande sistematização das suas ideias pedagógicas, sustentada no ideal democrático de ensinar tudo a todos, conhecida como a *pansofia*, como está no subtítulo: *Tratado da arte universal de ensinar tudo a todos*. Isso numa época em que as mulheres não tinham acesso à educação, muito menos as classes populares. Nesse sentido, ele foi um educador revolucionário. Alguns entendem que essa seria apenas uma visão enciclopédica, mas, ao mencionar "tudo a todos", ele também estava destacando a necessidade de **democratizar o acesso à educação** e a seus fundamentos a todos e todas.

Comênio vivia numa época em que predominava a centralidade no ensino, próprio da educação clássica, antiga. Contudo, ele mudou esse foco afirmando que o ensino deveria atender primeiramente aos interesses das crianças, tese sustentada mais tarde pelo Movimento da Escola Nova. Nisso, ele contrariou também a educação católica, centrada no *magister dixit*, voltada às elites, apesar de ser religioso. Com isso, ele marca a passagem da centralidade da educação do ensino para a aprendizagem. Só muito mais tarde, com Paulo Freire, é que a educação superou essa dicotomia e se entendeu a educação mais centrada na relação inseparável ensino-aprendizagem, "indicotomizável" da "dodiscência". Pode-se dizer que Comênio criticava tanto o empirismo quanto o inatismo. Ele reconhece a diversidade e a individualidade dos educandos tendo em comum a predisposição natural para a aprendizagem.

— O que aproxima Comênio e Rousseau?

Sem dúvida, a preocupação pela infância, o cuidado com essas pequenas e frágeis plantinhas. Comênio fala em dirigir a educação para os interesses das crianças, enquanto Rousseau chama a atenção do educador ao convidá-lo a aprender com as crianças, dizendo: "Mestres, sejais zelosos, simples, discretos, reservados [...]. Nada de grandes discursos, absolutamente nenhuma palavra. Deixai vir a criança: espantada pelo espetáculo, ela não deixará de vos questionar" (Rousseau, 1966, p. 116-117).

Jean-Jacques Rousseau viveu no Século das Luzes, do Iluminismo, a era da razão. Associava política e educação, assim como Comênio associava filosofia e educação. Aqui, podemos notar alguma diferença entre eles. Rousseau se opôs à ideia de que a razão é a única marca da humanidade. Para ele, a história da humanidade é uma história de paixões e, por isso, precisamos de um pacto, de um "contrato social". A natureza humana é cheia de paixões, sentimentos, atitudes e ações que se misturam. Rousseau foi também um revolucionário no entendimento da educação. Em seu livro *Emílio ou da educação*, ele condena a educação de sua época sustentando que a escola tradicional, extensão da sociedade, pervertia a criança, que nascia boa, em seu estado natural. Sua mais veemente denúncia refere-se ao descaso da sociedade frente ao tema da infância. Por isso, é considerado o criador da infância (Badinter, 1985).

Rousseau inicia seu livro *Emílio ou da educação* com uma afirmação conhecida: "Tudo está bem quando sai das mãos do autor das coisas, tudo degenera entre as mãos do homem" (Rousseau, 1966, p. 35). E continua:

> Moldam-se as plantas pela cultura, e os homens pela educação [...]. Nascemos fracos, precisamos de força; nascemos carentes de tudo, precisamos de assistência; nascemos estúpidos, precisamos de juízo. Tudo o que não temos ao nascer e de que precisamos quando grandes nos é dado pela educação. Essa educação vem-nos da natureza, ou dos homens ou das coisas. O desenvolvimento interno de nossas faculdades e dos nossos órgãos é a educação da natureza; o uso que nos ensinam a fazer desse desenvolvimento é a educação dos homens; e a aquisição de nossa própria experiência sobre os objetos que nos afetam é a educação das coisas. Assim, cada um de nós é formado por três tipos de mestres. (Rousseau, 1966, p. 36-37)

Em outras palavras, podemos afirmar que existem três educações: a do eu, da natureza humana como uma autoeducação, a dos outros, uma heteroeducação, e uma ecoeducação, a educação das coisas. A partir de Rousseau, "não há mais possibilidade de separar a educação do meio ambiente. A ecoformação, com outras palavras, está presente em sua concepção da educação. A Ecologia não explica apenas a vida, mas, também, o desenvolvimento humano. Como indivíduos, somos seres inseparáveis da espécie e do meio ambiente. Essas relações vitais são constituintes do nosso ser no mundo, que é 'sendo', não apenas pelo nosso inacabamento inicial, como queria Rousseau, mas, também, porque nos descobrimos inacabados permanentemente". (Gadotti, 2004, p. 21)

Para Rousseau, o método de ensino é tão importante quanto os conteúdos. Ele criticou o ideal burguês de cidadania, entendendo-o como uma máscara, um fetiche, como uma imposição cultural que impede o crescimento autônomo do sujeito. Defendeu uma pedagogia da existência frente à pedagogia da essência da Igreja e do Iluminismo com seu ideal de cidadão que nada mais é do que uma máscara, um fetiche de cidadania. A pedagogia da essência, querendo impor uma visão de mundo e da sociedade, faz com que se esqueça da existência própria de cada indivíduo, seus sonhos, suas utopias, sua vontade de "ser mais", na expressão de Freire.

Como num passeio informal pelas sendas da história, podemos refletir sobre o passado da educação a partir do referencial oferecido pela *Pedagogia do oprimido* de Freire, num mundo em transformação onde há uma disputa de hegemonia. O nascimento da Modernidade nos revela o confronto entre o clero e a nobreza *versus* a insurgência da burguesia. A Igreja detinha o monopólio da educação. A burguesia revolucionária, naquele momento, se opôs aos dogmas religiosos defendendo a razão e a ciência no confronto com a religião. Contra o obscurantismo da Igreja (clero) e a prepotência dos governantes (nobreza), os intelectuais iluministas declaram sua crença na racionalidade e nas liberdades individuais. Eles captaram o sentimento popular da sua época, aquele que reivindicava acesso ao saber. A pressão popular conquista a escola pública no início ainda ligada à religião e, depois, instituída como laica, gratuita e para todos na Revolução Francesa, defendendo a educação como direito e dever do Estado, obrigatória até a criança atingir 12 anos de idade, mas ainda elitista em sua concepção, não verdadeiramente popular. A tese de uma Escola Pública Popular só apareceria na segunda metade do século 20, com Paulo Freire.

Apesar disso, logo a educação também entra em crise na Modernidade, mas deixa um grande legado: a escola atual é filha da Modernidade, filha do desenvolvimento científico e tecnológico. Essa escola tão promissora do início da era industrial entra em crise. Ninguém melhor do que Jesús Palacios (1978) analisou essa crise, afirmando que a crise da escola — escola em sentido amplo para além de graus e modalidades de ensino — começou com a perda da certeza na qual ela se apoiava em relação à sua função reprodutora, já apontada por Rousseau. Segundo Palacios, respostas a essa crise vieram em seguida e podem ser divididas em três grupos. Os dois primeiros estão mais centrados em questões metodológicas: o primeiro criticava o magistrocentrismo e apostava no puerocentrismo, e o segundo tem como característica central a oposição ao autoritarismo escolar. Esses grandes movimentos da história do pensamento pedagógico e da prática educativa têm um traço em comum, que é o de conceber a educação como um processo de desenvolvimento pessoal e individual independentemente do social e do político.

Para Palacios, há ainda um terceiro grupo ao qual ele se filia: a perspectiva sociopolítica que explica a crise da escola a partir da questão dos seus fins e objetivos em relação ao *status quo*. Ele situa a discussão da crise em relação à função social da escola, dando destaque particular a Paulo Freire. Educação e sociedade são interdependentes. A educação é política.

O primeiro grupo insiste que o enfrentamento da crise estaria na superação de uma série de "disfunções" da escola, entre elas a incapacidade de oferecer instrução, simplesmente, e a sua incapacidade de equacionar a relação entre educação e política. O segundo grupo de respostas reúne várias tendências não autoritárias, passando pela perspectiva marxista e pela desescolarização, que cai na ilusão pedagogista de pretender resolver a crise com propostas puramente pedagógicas. Para Palacios, "só a crítica que se converte em práxis" pode superar as "ilusões" pedagógicas. É preciso saber articular os sonhos e as utopias com o cotidiano da vida escolar: "cada professor, cada centro de ensino, cada sociedade deve desenvolver seu esforço em função de seus problemas e de suas possibilidades". E conclui afirmando que

> a escola sirva à integração social e à cooperação entre os indivíduos; que desenvolva ao máximo as possibilidades e os interesses de cada um; que utilize todos os recursos disponíveis da sociedade para a aprendizagem e o desenvolvimento dos alunos, que a escola, finalmente, deixe de reproduzir o *status quo* e ajude a transformá-lo (PALACIOS, 1978, p. 647).

O vigor político e ideológico da Modernidade estava assentado sobretudo no embate e no debate de projetos de sociedade, associados a movimentos sociais e culturais opostos. Entre eles, o movimento orientado por ideais socialistas e democráticos e o movimento positivista e conservador, orientado por uma ideologia da ordem. O primeiro, muito bem captado por Karl Marx (1818-1883), e o segundo, por Augusto Comte (1798-1857). Esses paradigmas clássicos da era industrial moderna — o capitalista e o socialista — se consolidam e entram em rota de colisão.

O capitalismo neoliberal globalizado hoje acentuou ainda mais o dualismo educacional e internacionalizou uma prática educativa "bancária" (Paulo Freire), uniformizadora, que vem corroendo a liberdade e a autonomia do ensino, reduzindo as diferenças culturais. A resistência socialista a esse modelo vem hoje sobretudo dos movimentos sociais e populares, de muitas ONGs, de associações e sindicatos de docentes, principais vítimas desse modelo educativo. A experiência socialista democrática está viva hoje na Educação Popular e Cidadã que propõe educar o povo para o exercício da sua soberania numa perspectiva emancipatória, numa "escola de companheirismo, de comunidade, que vive a experiência tensa da democracia", nas palavras de Paulo Freire.

4.3 Marcas de um passado recente

Para enxergar o futuro, um futuro diferente e melhor do que o passado, foi preciso revisitar o passado. Se a inteligência da realidade histórica nos incita ao pessimismo, a nossa vontade política nos faz um convite ao otimismo. Porque entendemos que a educação é, acima de tudo, um exercício de otimismo.

Uma leitura atenta da história vai nos evidenciar que o dualismo educacional, associado à desigualdade social, está presente desde os primórdios da educação. E não é de se estranhar que ele persista até hoje. Mas nos mostra, também, que a desigualdade social e o dualismo educacional não são inquebráveis e que a educação continua sendo um campo de disputa de concepções e realizações.

Podemos dizer que o dualismo educacional é praticamente um fenômeno universal. É a marca dominante dos sistemas educacionais de ontem e de hoje e que, por isso, chamou tanto a atenção de Anísio Teixeira em seu artigo sobre "O problema de formação do magistério". Diz ele:

> o fato dominante nos últimos cinquenta anos de vida brasileira, com referência à educação, é a expansão e fusão gradual dos dois sistemas escolares que serviram ao país em seu dualismo orgânico de duas sociedades, primeiro de senhores e escravos, depois de senhores e povo, e que se iriam integrar progressivamente na sociedade de classe média em processo. (Teixeira, 1966, p. 278)

E acrescento que esse é um processo inconcluso, já que somos um dos países com maior desigualdade social do planeta. Em síntese, o que ele sustenta é que esse "dualismo substancial" se reflete na educação pela manutenção de dois sistemas escolares: um destinado à formação da elite e outro destinado ao povo.

O dualismo educacional se caracteriza pela forma distinta de educação oferecida às camadas mais pobres ou mais ricas da sociedade. Ela sempre existiu, desde as civilizações mais antigas até a atualidade. Na prática, ela se traduz por uma educação empobrecida e aligeirada — ou nenhuma educação — para os pobres e uma educação rica, integral, só para os ricos. Por isso, é uma falácia dizer que a educação é igual para todos.

O dualismo educacional é, ao mesmo tempo, produto e produtor da desigualdade social. Desigualdade social é sinônimo de falta de oportunidades iguais para todos e, portanto, da existência de uma democracia formal, e não uma democracia real que permitiria igualdade de chances educacionais para todos.

— Se o dualismo educacional é estrutural, decorrente da desigualdade social, o que pode fazer a escola?

Talvez a melhor resposta a essa pergunta é a que foi formulada por Célestin Freinet (1998) ao afirmar que "a democracia de amanhã prepara-se pela democracia na escola de hoje". Ele defendia uma escola do trabalho e pelo trabalho, sustentando que, assim como a Igreja manteve uma educação a seu serviço, assim como o feudalismo teve sua escola feudal e o capitalismo teve a sua escola capitalista, quando o povo chegar ao poder, terá a sua escola, uma "escola popular".

As resistências ao dualismo educacional começam dentro e fora da escola, em busca de uma escola unitária, levadas à frente principalmente pelos movimentos antiautoritários na educação e que propunham educar para a liberdade e a emancipação, como o da Escola Moderna, criada em 1901, em Barcelona, por

Francisco Ferrer y Guardia (1859-1909) e chamada por ele de "escola emancipadora do século XX" (Guardia, 1976). Essa escola era baseada nos princípios de uma pedagogia libertária e Guardia sustentava que, para emancipar um indivíduo, seria necessário despertar nele, desde a infância, o afã de conhecer a origem da injustiça social para que, com seu conhecimento, ele pudesse combatê-la.

O dualismo educacional é uma forma eficaz de reforçar a desigualdade social e de reprodução das classes sociais. Esse dualismo se reproduz tanto no ensino privado quanto no interior do sistema público de ensino, como sustentam os educadores Baudelot e Establet (1971) ao demonstrar a existência de itinerários educacionais diferenciados segundo a classe social.

Paulo Freire, no primeiro capítulo de *Pedagogia do oprimido*, falando da "situação concreta de opressão", nos alerta também para outro tipo de dualismo, o "dualismo existencial" como extensão da "dualidade gerada pela submissão", que leva o oprimido a "assumir atitudes fatalistas, religiosas, mágicas ou místicas" e que não permitem a superação da "visão inautêntica de si e do mundo" (Freire, 1974, p. 52-56) no processo de desumanização causada pela opressão. O professor, ao assumir uma concepção bancária da educação, não transformadora, faz de seu aluno um mero depositário ao considerá-lo como incapaz de produzir conhecimento, impedindo-o de dizer a sua própria palavra. Assim fazendo, ele também se torna instrumento de manutenção da desigualdade como qualquer opressor.

A história da educação nos mostra como foi se estabelecendo o dualismo educacional como fator e produto da desigualdade social. Não é de se estranhar que Jean-Jacques Rousseau tenha escrito *Emílio ou da educação* na mesma época em que escreveu *Contrato social* (1962). Em *Discurso sobre a origem e os fundamentos da desigualdade entre os homens* (Rousseau, 1958), ele mostra que a desigualdade social é uma "desgraça" para a humanidade. Há várias interpretações possíveis dessas três obras de Rousseau. O que mais se destaca nelas, no meu entender, e que as entrelaça, é a crença do autor nas possibilidades da educação na superação dessa desgraça e dos males causados por ela, os quais assolam a humanidade. O ser humano pode ser melhor do que é graças a uma outra educação. A desigualdade social foi construída pelos seres humanos que têm a capacidade de desconstruí-la. Ela não é irreversível.

Afirmamos no início deste ensaio que a história da humanidade se confunde com a história da desigualdade e da luta contra ela, em que uns são formados para a servidão (a maioria) e outros são formados para o comando (uma minoria). A desigualdade é reforçada por uma herança cultural de mando e subordinação inculcada por uma educação cuja marca original é a servidão. Contudo, isso não é inquebrável. É aqui que uma outra educação possível pode fazer a diferença, uma educação radicalmente democrática, cidadã, emancipadora. Toda educação que ignora ou minimiza a importância do tema das desigualdades sociais acaba reforçando a desigualdade e o dualismo educacional, além de contribuir com a formação para a servidão. O contrário da servidão é a emancipação. Trata-se de desvelar as contradições do contexto social e intervir nelas como sujeitos. Para isso, precisamos de uma educação cidadã e emancipadora.

Analisando a história da educação até aqui, em busca dos mestres do amanhã, percorrendo esse longo caminho para chegar a eles, já identificamos métodos científicos opostos: um partindo do geral para o particular (método dedutivo) e outro do particular para o geral (método indutivo). Teoria e método são inseparáveis. Na história das ideias pedagógicas, encontramos o primeiro método na *Pedagogia da essência* (dedutivo) e, depois, o segundo, na chamada *Pedagogia da existência* (indutivo), como nos mostra Bogdan Suchodolski em seu livro *A pedagogia e as grandes correntes filosóficas* (Suchodolski, 1972). Ele dividiu as manifestações pedagógicas surgidas desde a Antiguidade até os nossos dias em duas grandes correntes: as pedagogias da essência e as pedagogias da existência.

Em resumo, poderíamos dizer que a pedagogia da essência propõe um programa, um ideal, para levar a criança a conhecer sistematicamente as etapas do desenvolvimento da humanidade. Ao contrário, o programa da pedagogia da existência leva a criança para a organização e a satisfação das suas necessidades atuais por meio do conhecimento e da ação. Suchodolski propõe superar essa dicotomia sustentando que a Pedagogia deve ser simultaneamente da existência e da essência e que essa síntese superadora exige condições que a sociedade burguesa não oferece. Segundo ele, o mais importante é que cada ser humano tenha garantias e condições existenciais para construir sua própria essência.

Algumas marcas do passado permanecem até hoje. Não nos livramos ainda de uma educação como processo de aculturação e de evangelização, típica da educação greco-romana e cristã e de uma educação como colonização. Não é de se estranhar, portanto, que a educação tenha sido, até hoje, um campo de disputas e tensões de toda ordem. E que bom que esses conflitos existem, pois eles refletem o descontentamento e podem provocar mudanças. Assim caminha a humanidade, poderíamos dizer. Foi assim com o Renascimento, provocando divisões no interior do Cristianismo. A Filosofia deixou de ser a "escrava da Teologia". As ciências e as descobertas científicas e de novos continentes provocaram uma abertura dos espíritos, renovando a educação e a sociedade.

A educação clássica, primeiramente assentada na Teologia e, depois, na Filosofia e no tipo ideal de ser humano como o ideal cristão, centrado no mestre, no *magister dixit* e no ideal romano da *Roma locuta causa finita* (Roma falou a causa acabou), foi abalada pelo desenvolvimento científico e tecnológico da Modernidade, provocando um grande movimento de renovação pedagógica conhecido como "Escola

Nova". A centralidade do processo educativo passa a ser a criança, o aprendiz, e não o mestre, aquele que tudo sabe. Mas avançamos mais quando Paulo Freire supera essa dicotomia sustentando que a educação não deveria centrar-se nem na criança nem no educador, mas na relação entre ambos, que a educação é ensino e aprendizagem e que o educador deveria ser formado por uma pedagogia da dodiscência (docência mais discência).

A ideia de fundamentar o ato educativo na ação, na atividade da criança, já vinha se formando desde a "Escola Alegre" de Vitorino de Feltre (1278-1446). A teoria e a prática da Escola Nova se disseminaram em muitas partes do mundo, fruto certamente de uma renovação geral que valorizava a autodeterminação e a atividade espontânea da criança. A teoria da Escola Nova propunha que a educação fosse instigadora da mudança social e, ao mesmo tempo, se transformasse porque a sociedade estava em mudança. Posteriormente, o desenvolvimento da sociologia da educação e da psicologia educacional também contribuiu para essa renovação da escola. Como bem sintetizou Jean Piaget,

> o princípio fundamental dos métodos ativos só se pode beneficiar com a história das ciências e assim pode ser expresso: compreender é inventar, ou reconstruir através da reinvenção, e será preciso curvar-se ante tais necessidades se o que se pretende, para o futuro, é moldar indivíduos capazes de produzir ou de criar, e não apenas de repetir (Piaget, 1988, p. 17).

Como disse antes, mudanças em educação são lentas e difíceis. Vejamos o exemplo do Brasil no que se refere às dificuldades que enfrentamos para superar a concepção/realização tradicional de educação para uma educação "nova". Um pequeno salto que levou muito tempo. E ele foi possível graças a um conflito entre liberais e católicos. Refiro-me particularmente ao Movimento da Escola Nova encarnado no *Manifesto dos pioneiros da educação nova* de 1932

(Cunha; Gadotti; Bordignon; Nogueira, 2014). O *Manifesto* nasceu em meio à efervescência política dos anos 1920 e 1930, no contexto do chamado "entusiasmo pela educação" e de defesa da escola pública, marcando a passagem de uma sociedade oligárquica para uma sociedade republicana. Pelo seu caráter prospectivo, estratégico e mobilizador, ele pode ser considerado como um documento fundador da educação nacional. Os pioneiros afirmavam o dever do Estado para com a educação e apontavam para uma política educacional central forte, capaz de criar uma identidade nacional, mas, ao mesmo tempo, descentralizada, articulando responsabilidades próprias e compartilhadas entre os entes federados. A tese de uma organização sistêmica da educação nacional, tema central do *Manifesto*, traduzir-se-ia na Constituição de 1934, nos dispositivos que instituíram os sistemas de ensino e os conselhos de educação articulados por um Plano Nacional de Educação (PNE).

Não se trata apenas de um manifesto pedagógico, mas de um manifesto político e civilizatório. Os pioneiros defendiam um modelo econômico centrado na educação, afirmando ser impossível desenvolver as forças econômicas sem o preparo das forças culturais, priorizando, na "hierarquia dos problemas nacionais", a formação dos profissionais necessários para o projeto de país que estava em construção. Ele discute os fundamentos e as finalidades da educação na "reconstrução social" pela "reconstrução educacional", apontando para a constituição de um sistema nacional de educação ancorado num projeto de nação. A realidade atual, porém, nos permite afirmar que o projeto dos pioneiros ainda não se concretizou. Suas propostas não lograram êxito do ponto de vista federativo.

A partir do *Manifesto*, estabeleceu-se um rico debate entre liberais e progressistas. Os católicos e os liberais representavam grupos diferentes, correntes históricas opostas, porém não antagônicas. Só o pensamento pedagógico progressista, a partir das reflexões de Paschoal Lemme, Anísio Teixeira, Álvaro Vieira Pinto, Maria Nilde Mascelani e Paulo Freire, entre outros, é que coloca a questão da transformação radical da sociedade e o papel da educação nessa transformação.

Os educadores e teóricos da educação liberal defendiam a liberdade de ensino, de pensamento, pesquisa e de métodos novos, mas restringiam o papel da escola ao estritamente pedagógico. Os educadores e teóricos da educação progressista defendiam o envolvimento da escola na formação de um cidadão crítico e participante na mudança social. Aqui, destaco a importância desse movimento renovador da educação porque ele desembocou, nos anos 1950 e 1960, num outro movimento, ainda mais rico, o da Educação Popular.

No Brasil, tivemos conquistas importantes nas últimas décadas, mas não conseguimos deter a mercantilização do ensino. O Estado foi perdendo gradativamente a hegemonia do projeto educacional frente à mercantilização da educação. Empresas privadas impõem políticas instrucionistas, instrumentais, a governos que não têm projetos educacionais. Vemos governos comprarem pseudo-"sistemas" cuja referência é o mercado, não a cidadania. São "sistemas" que transformam os professores das redes públicas em máquinas de ensinar, meros executores de tarefas previamente apostiladas. Os professores estão excluídos de toda a discussão do tema da qualidade. Eles não têm voz. Esses "sistemas" arrancam a alma da escola, aquela que é a sua capacidade criadora. Transformam o professor num mero aplicador de textos, um repassador de informações, um "facilitador", o que o faz perder sua função de dirigente, autor e organizador da aprendizagem. Por isso, a mercantilização é um conceito que pode estar presente tanto na escola estatal quanto na escola privada. Ela reproduz o modelo global de educação do colonizador, hoje em colapso, para o qual toda escola deve reproduzir os valores culturais pertinentes aos parâmetros da economia globalizada. "Dentro dessa lógica, é necessário reconverter o conteúdo cultural da escola, orientá-la com um conjunto de valores que garantam uma formação essencial para os objetivos de mercado: a mercoescola" (Azevedo, 2007, p. 88). A cultura da mercantilização se traduz, inclusive, pela adoção de uma linguagem empresarial: excelência, produtividade, qualidade total etc. "Formar cidadãos clientes e consumidores, portadores da cultura de mercado, passou a ser tarefa primordial da escola" (Azevedo, 2007, p. 99).

A educação neoliberal investe muita energia nos meios e, particularmente, na avaliação e na cultura da testagem. Faz um profundo silêncio sobre as finalidades. Oculta, camufla, deturpa. Tenta nos convencer sobre a inexistência da politicidade da educação. O importante é cumprir o programa e saber avaliar. Aperfeiçoar, uniformizar, informatizar, colonizar o currículo, ampliar o alcance da avaliação, ter dados à mão para medir a qualidade da educação sob os critérios do mercado. Induzem-nos a não nos perguntar sobre o que estamos avaliando. O que queremos aferir e para quê? Para essa concepção de educação, os docentes não constroem conhecimento científico; seu saber é inútil, incompetente, não atende às necessidades. Útil e necessário é o que está organizado, estruturado, planejado nas apostilas, nos "sistemas" de ensino, com clareza das habilidades e competências a serem alcançadas. Por isso, os professores não precisam ser consultados. Eles precisam ser preparados para entender as apostilas. Aprender a seguir preceitos. Precisam da prescrição e da avaliação externa. Devem se atualizar, ou melhor, se "reciclar". Conhecer e saber aplicar as novas tecnologias, as novas metodologias sem se perguntar para qual projeto de sociedade, para viver em que mundo, para formar que tipo de ser humano.

Entre nós, um dos grandes desafios da educação atual é justamente reverter heranças de uma concepção/realização da educação predominantemente autoritária e mercantil que ocuparam espaços públicos. É a esfera pública perdendo a hegemonia do projeto educacional para a esfera privada, para o mercado. Passamos de uma sociedade com mercado para uma sociedade de mercado. A lógica do mercado, com suas grandes corporações, passa a ser a lógica de tudo, inclusive da educação, causando imensa dor aos docentes, que perdem sua capacidade de serem sujeitos de sua ação. Por isso, vivemos hoje uma profunda crise da relação professor-aluno, com evidentes reflexos na qualidade da educação e nas relações sociais e humanas. A relação professor-aluno tornou-se tensa, agressiva, porque reproduz relações competitivas de mercado. Ela adquiriu a forma do mercado, reproduzindo, na escola, as relações de produção dominantes na sociedade. Daí o estresse e a perda da autoestima, a síndrome de *burnout*, a desistência do professor. É uma sociedade que não valoriza seus profissionais da educação. Retira-lhe a alma. Os professores vão se tornando máquinas de reprodução social. A educação não pode subordinar-se às exigências do mercado.

Numa perspectiva freiriana, todo educador é um problematizador. Ele precisa explorar as determinações e contradições de um determinado contexto ou processo com vistas à transformação, à emancipação humana. Como método, ele utiliza-se do diálogo, essência da educação emancipadora. Ele não é nem um facilitador, como pensa a educação neoliberal, nem um multiplicador. O facilitador não faz mediação: ele é apenas um *expert* à disposição do grupo. Ele não intervém no processo como educador. Para o educador problematizador, facilitador é o computador, a tecnologia, os meios que possibilitam a potencialização de sua ação transformadora. Educar é intervir, indicar um caminho, dialogar. Não é ficar indiferente. Nesse sentido, a educação emancipadora é necessariamente diretiva. Da mesma forma, o multiplicador apenas replica o que aprendeu. Não forma pessoas criativas, inventivas, protagonistas da sua história. Um computador pode fazer melhor isso do que um ser humano.

O papel do educador não é repetir mecanicamente conhecimentos e processos. É produzir conhecimento e reinventar a realidade. Educar é reproduzir ou transformar, repetir servilmente aquilo que foi, optar pela segurança do conformismo ou partir do passado, da tradição para construir outra coisa.

4.4 Não nascemos programados para nos tornar predadores

— Para onde vai a educação? É o que se perguntava Jean Piaget (1988).

Podemos nos colocar hoje a mesma pergunta. Pelo que estamos vendo até agora, a resposta não parece muito animadora. Cada vez mais, nossos sistemas educacionais propõem educar nossas crianças e nossos jovens para disputarem um lugar no topo da sociedade, formar pessoas para serem mais poderosas do que as outras, às custas das outras. Dividimos os seres humanos em vencedores e vencidos. Inculcamos o ideal de sermos sempre os primeiros, nos sobrepujando aos outros, derrotando-os, vencendo os demais. Para que seja educado, preciso espezinhar, humilhar, derrotar os demais. A educação capitalista dominante forma pessoas em série como automóveis (fordismo), como máquinas, orientadas por finalidades e objetivos predatórios, não por valores emancipatórios. É uma educação que tem o mercado de consumo como referência, e não a cidadania.

Paulo Freire, ao apontar para a Escola Cidadã como seu sonho, buscou inverter essa lógica educativa neoliberal. A referência central da educação emancipadora é a cidadania. A promessa não cumprida da educação neoliberal é que você pode ser feliz se conseguir consumir mais e mais. Ser mais é consumir mais. O ser é substituído pelo consumir. É essa a ética do mercado de que nos fala Freire em *Pedagogia da autonomia*. Mas sabemos que isso só faz a felicidade dos mais ricos. Essa é uma educação que forma predadores. Rousseau dizia que o homem nasce bom e que a sociedade o perverte. Hoje, podemos dizer: o homem nasce bom e o mercado o perverte. Isso porque a sociedade em que vivemos é a sociedade de mercado. Mercado que controla os rumos da sociedade e do Estado. O Estado capitalista neoliberal já não mais protege o cidadão. Ele assume a forma do mercado para defender os interesses do mercado.

> O capital e a política se influenciam mutuamente a tal ponto que a relação entre os dois é acaloradamente debatida por economistas, políticos e pelo público. Capitalistas convictos costumam alegar que o capital deveria ter a liberdade de influenciar a política, mas a política não deveria ter a liberdade de influenciar o capital [...]. Não existe um mercado completamente isento de interesses políticos. (Harari, 2020, p. 439)

Se amanhã houver vida inteligente e consciente no planeta Terra, essa vida vai depender muito dos rumos que a educação tomar, não só dos rumos da Economia e da Ecologia. Precisamos de uma outra educação e de um outro modo de produzir e reproduzir nossa existência no planeta, de uma outra economia possível. E precisamos urgentemente de uma *Pedagogia da economia*. Porque não basta eu me tornar mais solidário, mais sustentável. Ao mesmo tempo que eu mudo o meu estilo de vida para ser mais sustentável, preciso lutar para mudar o sistema que produz estilos de vida insustentáveis. Preciso mudar o modo de produção que produz seres insustentáveis, seres não solidários.

As mudanças e transformações na história não se dão de forma brusca, mas por meio de um lento amadurecimento das consciências, das subjetividades. Rupturas bruscas existem em função desses processos que acumularam forças transformadoras. São as pessoas que mudam a história pelo desenvolvimento das consciências responsáveis por moverem estruturas seculares. Ao pensar numa educação emancipadora, Paulo Freire ressignificou a palavra "conscientização" de tal forma que é considerado como criador desse conceito, o qual, por sua vez, é isebiano (ISEB — Instituto Superior de Estudos Brasileiros). Para mudar o mundo, primeiro precisamos mudar nossa percepção sobre ele por meio da conscientização. A força que temos está na conexão, na conectividade, na união em torno de uma causa comum, a começar pela causa da democracia e dos direitos humanos. Isso supõe uma outra educação, uma educação transformadora, não bancária.

A lógica da empresa capitalista é crescer sem parar e fazer você comprar indefinidamente. Por isso, ela entra diariamente em nossos celulares, *tablets*, computadores, nos bombardeando com imagens sedutoras, nos dizendo que não seremos felizes se não comprarmos mais isso e mais aquilo. Focados no consumo que nos endivida, que nos deixa inadimplentes, "negativados" — na expressão do mercado — e que nos aprisiona. Acabamos sendo possuídos por nossas próprias posses e perdemos aquilo que pode realmente nos tornar mais felizes, que é o convívio com as pessoas que mais amamos. Renunciamos à nossa liberdade em troca de coisas que logo não valerão mais nada. O mercado projeta a obsolescência do que vende para você, criando assim uma espécie de dependência e síndrome de abstinência. Dessa forma, a posse acaba possuindo o possuidor.

O mercado não atenderá às demandas sociais dos mais empobrecidos, como supõe o filantrocapitalismo. Esses só poderão contar com o Estado. A justiça social não virá sem conscientização, sem organização e luta por direitos de cidadania plena. A educação cidadã se constitui, por isso mesmo, numa Educação Popular em direitos humanos. O Estado capitalista sempre dará prioridade aos interesses do capital. Por isso, disputará recursos públicos para interesses privados. Paulo Freire entendia a Educação Popular como um projeto de poder popular que implica a participação popular e o fortalecimento dos mecanismos de controle cidadão do Estado como conquistas democráticas.

Hoje, vivemos um verdadeiro colapso do modelo educacional no mundo, focado nos critérios de eficácia e de rentabilidade estabelecidos com base numa lógica mercantil, e não num projeto civilizatório. Não se discutem os fins da educação, apenas a sua capacidade de reproduzir o sistema capitalista. É certo que houve conquistas no que se refere ao acesso à educação em todos os níveis, mas essa inclusão não garante a permanência nem uma qualidade social e humana da educação. Portanto, o modelo educacional continua injusto e desigual, refletindo as condições sociais e econômicas dos alunos e da sociedade, que é desigual e injusta. Esse é um modelo de reprodução, não de transformação.

Os sistemas de avaliação internacionais, de caráter estandardizado, fundamentados na medição de resultados de aprendizagem, como o PISA (Programa Internacional de Avaliação de Alunos), estão se impondo como modelos globais, para todos os países, com sua visão neocolonial. Essa é uma concepção de avaliação que coloniza o currículo. Eles medem resultados, não processos e condições. Resultado: não melhoraram o desempenho escolar porque não incidem sobre as condições de aprendizagem. Sua preocupação está focada em resultados e produtos e, como se não bastasse, classificam os países em relação a isso. Toda homogeneização, toda uniformização que visa eliminar a diversidade cultural é uma violência. No mínimo, esses modelos de avaliação precisam ser completados por outros modelos qualiquantitativos que considerem diferentes dimensões (regional, territorial, local) e permitam pensar processos educativos contextualizados, não só resultados, se quisermos que a avaliação ajude a qualificar a educação.

Também não podemos ficar reféns das avaliações nacionais. Na alfabetização, por exemplo: não ficarmos reféns apenas de testes cognitivos classificatórios. Avaliação final sem acompanhamento na ponta, de perto, é um castigo, não uma avaliação. É uma avaliação feita para classificar e punir. O IDEB (Índice de Desenvolvimento da Educação Básica), tal como foi concebido, é importante, mas tem de ser reconhecido apenas como um indicador que precisa ser acompanhado por outros indicadores e por instrumentos específicos de verificação dos diferentes contextos. A avaliação precisa ser qualiquantitativa para ser reconhecida como um momento do processo de aprendizagem.

É necessário fazer escolhas quando falamos de avaliação, inclusive pensando na possibilidade de construir avaliações específicas, regionais, ao lado das avaliações nacionais que estão sendo implementadas. A mensuração no processo avaliativo deve ter sua importância relativizada. Ela deve ser vista como um instrumento, não como um fim em si. Muitas vezes, a avaliação é determinada a partir da comparação entre os alunos. Esse procedimento pode gerar mais evasão — nesse caso, seria uma expulsão —, pois o educando que não é bem-sucedido nessa comparação sente-se humilhado e, por conta disso, resolve não mais voltar à sala de aula. Numa visão emancipadora de avaliação, as provas devem servir como instrumento de investigação do trabalho realizado e como indicadoras das dificuldades apresentadas pelos alunos. Elas devem servir para que professor e aluno redimensionem suas práticas no sentido de superar os problemas apresentados. A análise dos resultados é fundamental para uma retomada do que foi planejado e trabalhado.

A avaliação da aprendizagem não pode ser separada de uma necessária avaliação institucional, mesmo que elas sejam de natureza diferente: enquanto esta diz respeito à instituição, aquela refere-se mais especificamente ao rendimento escolar do aluno. São distintas, mas inseparáveis. O rendimento do aluno depende muito das condições institucionais e do projeto político-pedagógico da escola. Escola sem projeto não é escola. Entendemos o processo avaliativo como uma atividade reflexiva sem fim, pois o término de uma etapa é, necessariamente, o início de uma outra. A avaliação deve ser entendida como um processo formativo, dialógico, continuado, de permanente indagação, orientador do planejamento com vistas à promoção da aprendizagem.

Não há educação sem concepção de ser humano. Mesmo quando não declaramos qual é nossa concepção, o trabalho pedagógico que realizamos contribui para formar seres humanos que poderão fortalecer projetos de sociedades mais livres, democráticas, solidárias, justas, ou seres humanos que darão concretude a sociedades injustas, desiguais, preconceituosas, insustentáveis. Por isso, a educação não é um fato social neutro, isolado da sociedade. E, como ela não é neutra, pode tanto formar sujeitos sujeitados quanto sujeitos livres e autônomos. Ela pode ser tanto uma ação cultural para a dominação como pode ser uma ação cultural para a libertação. Ela pode ser libertadora, emancipadora ou "bancária", como sustentava Paulo Freire.

A educação não tem por finalidade servir à economia, mas indicar caminhos para a economia. A educação não deve ser entendida apenas como uma variável econômica ou como pura adaptação aos imperativos da economia informacional e global. Na educação, precisamos sair desse paradigma economicista e mercantil e substituí-lo por um outro, o da cidadania, cerne do desenvolvimento. O pensamento pedagógico não pode ser colonizado pela economia como se ela tivesse por função legitimar a política educacional.

A educação capitalista tem contribuído mais como estratégia de competitividade — produtividade no trabalho e crescimento econômico — do que para o desenvolvimento humano integral, para a cidadania e a justiça social. As pessoas não precisam competir para progredir como nos *videogames*, nos quais quem mata mais, mais e mais avança muito e ganha bônus. Precisamos cooperar para progredir. Deixemos a competição nas quadras e pistas esportivas. É onde podemos competir enfrentando nossas próprias limitações, com base em regras e regulamentos iguais para todas e todos.

Herbert Marshall McLuhan e Ivan Illich acertaram quando apontaram para o colapso dos sistemas globais de educação, mesmo não falando expressamente de que se tratava do colapso da educação neoliberal. O fracasso dos projetos educacionais globais neoliberais com seus sistemas de avaliação global é evidente. Eles não melhoraram a educação no mundo e, em alguns campos, pioraram, como é o caso da alfabetização de jovens e adultos. O globalismo neoliberal fracassou com seus projetos de colonizar o currículo por meio de um pacto educativo global capitalista.

4.5 Uma outra educação é possível e necessária

Paulo Freire, com sua pedagogia do oprimido e sua teoria crítica da educação, nos oferece os instrumentos necessários para desvelar tanto o dualismo educacional quanto a visão mercantilista da educação. A pedagogia crítica denunciou como opera o dualismo educacional e poderíamos dizer que a crítica da pedagogia crítica — pedagogia dialética ou radical — nos mostrou como essa operação pode ser quebrada.

E não é de se estranhar que esse pensamento tenha prosperado em países que foram fortemente afetados pela colonização europeia. As lutas pela independência política e contra o imperialismo cultural foram pedagógicas. A rejeição à educação do colonizador fez surgir ricos movimentos políticos e pedagógicos, como o movimento da Educação Popular emancipadora, uma das mais belas contribuições da América Latina e da África ao pensamento pedagógico universal. A resposta ao dualismo educacional e à mercantilização da educação só pode vir dos oprimidos e de suas epistemologias.

Tanto na África quanto na América Latina o pensamento pedagógico desenvolveu-se apenas quando libertado da educação do colonizador e da tutela do clero. O desenvolvimento da escola pública e a expansão da imprensa desencadearam a popularização do ensino. As lutas pela independência, que destruíram o regime colonial, não apenas apontavam para um novo modelo econômico-político, mas, também, para a valorização da cultura nativa, autóctone e para a Educação Popular. Esses continentes viveram sob uma brutal colonização europeia cujas heranças ainda sentimos hoje na também brutal desigualdade social. A injustiça social nos aproxima — apesar das distâncias continentais — como irmãos e irmãs, filhos e filhas de uma mesma visão elitista, hierárquica e autoritária de mundo. Tem razão Hegel ao sustentar que a história da humanidade é uma história de luta pela liberdade. Em outras palavras: a história da humanidade é a história da opressão e da luta contra ela. O que nos identifica é a luta contra a opressão.

Se há uma contribuição original da América Latina e da África, ela está vinculada a essa luta, a luta pela sua emancipação. Estamos falando de uma educação emancipadora, particularmente evidenciada pela Educação Popular, não desvinculada da nossa cultura, uma cultura rebelde, marcada pela resistência à invasão cultural. Ela tem sustentação em nossa história comum de resistência ao colonizador. O velho nasce do novo, mas não sem resistências. Um nascimento encharcado de lutas emancipatórias, de sonhos e esperanças, processo no qual também não faltaram dor e sofrimento. Foi a partir de meados do século passado que se iniciou essa rica e profunda história de ideias, práticas e acontecimentos ligados à Educação Popular na América Latina, no Caribe e na África. A Educação Popular constitui-se de um grande conjunto de teorias e de práticas que têm em comum, nas diversas partes do mundo, o compromisso com os mais pobres, com a emancipação humana. São perspectivas razoáveis, sérias, fundamentadas, cotejadas constantemente com a dureza das condições concretas em que vive a maioria da população. Todas elas refletem a recusa a uma educação domesticadora.

A Educação Popular, como prática educacional e como teoria pedagógica, pode ser encontrada, hoje, em maior ou menor grau, em todos os continentes, manifestada em concepções e práticas muitas vezes bem diferentes. Como concepção geral da educação, ela passou por diversos momentos epistemológico-educacionais e organizativos, desde a busca da conscientização, nos anos 1950 e 1960, a defesa de uma escola pública popular e comunitária, nos anos 1970 e 1980, até a escola pública popular e cidadã das últimas décadas num mosaico de interpretações, convergências e divergências, particularmente na América Latina.

Na década de 1950, a Educação Popular era entendida principalmente como educação de base, como desenvolvimento comunitário. No final dos anos 1950, duas são as tendências mais significativas da Educação Popular: a primeira entendida como educação libertadora, como "conscientização" (Paulo Freire), e a segunda como educação funcional (profissional), isto é, o treinamento de mão de obra mais produtiva, útil ao projeto de desenvolvimento nacional dependente. A concepção libertadora de educação evidencia o papel da educação na construção de um novo projeto histórico, fundamenta-se numa teoria do conhecimento que parte da prática concreta na construção do saber e do educando como sujeito do conhecimento.

A Educação Popular nasceu na América Latina e na África, no terreno fértil das utopias de independência, autonomia e libertação que propunham um modelo de desenvolvimento baseado na justiça social. Para esse modelo de Educação Popular, não poderíamos mudar o mundo sem tomar o poder. Portanto, a conquista do Estado era fundamental. Porém, esse processo foi interrompido pela brutal intervenção militarista e autoritária. A Educação Popular refugiou-se, então, nas organizações não governamentais e, em alguns casos, na clandestinidade. Passado esse vendaval autoritário, apareceram maiores possibilidades de colaboração (parceria) com o Estado, abrindo espaço para a construção da educação pública popular, uma educação cidadã, procurando tornar popular e mais participativa a educação oferecida por esse Estado. A grande utopia da Educação

Popular dos anos 1950 visava à conquista do Estado e à mudança radical da política econômica e social. O que ocorreu depois com a Educação Popular é que ela foi se dispersando em milhares de pequenas experiências, perdendo aquela grande unidade teórica, mas ganhando em diversidade.

Esses pequenos grupos e movimentos são as verdadeiras forças instituintes da nova sociedade, lutando em múltiplos campos: luta pela terra, direitos civis, direitos humanos, alfabetização, luta das mulheres, dos que tratam de reconstruir as raízes africanas de suas culturas, novos movimentos vinculados à religiosidade popular, movimentos ecológicos, de produção associada, por moradia etc. Esses numerosos movimentos trazem no seu bojo uma nova concepção da Educação Popular e de Estado.

Nos anos 1960 e 1970, os movimentos sociais e populares viam o Estado como organizador do bem-estar social e a questão era pressioná-lo na medida suficiente e oportuna para obter dele as demandas pautadas em suas lutas. Aos poucos, mantendo a tensão permanente com o Estado, eles passam a construir diálogos e alianças não isentos de conflitos. Eles passam de uma posição de pura resistência para uma posição de disputa, no interior do Estado, pela definição de políticas públicas e de inversão de prioridades em favor de mais justiça social. O Estado então deixa de ser inimigo para se tornar uma arena de disputa de hegemonia. A Educação Popular passa a ser também uma educação para a justiça social, uma educação para os direitos humanos, uma posição que se mantém até hoje. Então, não se trata de concentrar todo o poder no Estado nem de deixar a "mão invisível" do mercado controlar nossas vidas. Trata-se de fortalecer as instituições civis independentes e formar cidadãos capazes de instituir mecanismos participativos de "controle social" do Estado e do mercado.

A cultura escolar dos sistemas de ensino é, em geral, essencialmente antipopular. Dessa forma, dificilmente mudará a partir de dentro. Daí a importância e o papel das ONGs e dos movimentos sociais que têm maior vínculo com a cultura popular do que os partidos políticos.

Na década de 1970, Paulo Freire assessorou vários países da África que haviam se libertado da colonização europeia, cooperando para a reestruturação de seus sistemas de ensino. O processo de descolonização e reconstrução nacional tinha por base de suas políticas o princípio da autodeterminação e da valorização de sua cultura e história. Esse era o chamado processo de "reafricanização", como dizia Amílcar Cabral. O trabalho de Paulo Freire na África foi decisivo para a sua trajetória não só por reencontrar-se com sua própria história, mas principalmente pelo encontro com a teoria e a prática desse extraordinário pensador e revolucionário que foi Amílcar Cabral, por quem Paulo Freire nutria enorme apreço. A África, berço da humanidade, foi para Paulo Freire uma grande escola. Amílcar Cabral sustentava que a libertação nacional é um ato cultural (Cabral, 1976). A libertação política não elimina a presença do colonizador. Ele continua na cultura imposta e introjetada no colonizado. O trabalho educativo pós-colonial se impôs como tarefa de descolonização das mentes e dos corações. Assim como é necessária a luta social para a descolonização política, também é necessária a luta por uma outra educação, libertada dos traumas coloniais.

Amílcar Cabral sublinhou o papel da educação e da cultura na transformação social e política, a importância da dimensão pedagógica da ação política e a dimensão política da ação pedagógica numa época em que se atribuía pouco valor à educação no processo revolucionário, reservando-lhe apenas um papel subalterno. O período no qual Paulo Freire trabalhou na África era um tempo em que havia um grande esforço de "reafricanização" associado à luta pela descolonização. O debate em torno de uma outra educação, que superasse a educação do colonizador, tornava ainda mais importante a presença dele nos debates sobre os novos sistemas de ensino das ex-colônias portuguesas a partir de uma concepção emancipatória da educação. Emancipar significa "tirar as mãos de"; emancipar-se significa libertar-se. A educação pode tanto emancipar quanto domesticar. Paulo Freire e Amílcar Cabral deixaram clara sua opção: todos os seres humanos têm direito a desenvolver plenamente as suas capacidades; todos e todas têm direito a uma educação emancipadora.

Considerar a educação emancipadora como um direito humano nos obriga a rever nossos sistemas educacionais e nossos currículos em função de uma outra educação, uma educação para o desenvolvimento humano pleno e integral, uma educação para a cidadania e a justiça social, uma educação para outro mundo possível, mais solidária e não competitiva. A lição que ecoa até hoje, vinda desses grandes educadores revolucionários, é que necessitamos construir uma educação cidadã, emancipadora, que é o oposto da educação do colonizador, que promove o individualismo e nega o sonho e a utopia. Uma outra educação é possível. Como diz Carlos Rodrigues Brandão: "a educação é uma invenção humana e, se em algum lugar foi feita um dia de um modo, pode ser mais adiante refeita de outro, diferente, diverso, até oposto". E ele continua, referindo-se a Paulo Freire, que falava da necessidade de reinventar a educação:

> Ele sempre quis livrar a educação de ser um fetiche. De ser pensada como uma realidade supra-humana e, por isso, sagrada, imutável e assim por diante. Ao contrário do que acontece com os deuses, para se crer na educação é preciso primeiro dessacralizá-la. É preciso acreditar que, antes, determinados tipos de homens criam determinados tipos de educação para que, depois, ela recrie determinados tipos de homens. Apenas os que se interessam por fazer da educação a arma de seu poder autoritário tornam-na "sagrada" e o educador, "sacerdote". Para que ninguém levante um gesto de crítica contra ela e, através dela, ao poder de onde procede. (Brandão, 1981, p. 99-100)

Paulo Freire foi chamado de "Rousseau do século XX" por seu conceito de educação como prática da liberdade (Bhattacharya, 2011). Ele foi comparado também a John Dewey (Streck, 1977). Talvez possamos dizer que Rousseau, Dewey e Freire — com semelhanças e diferenças — foram os três mais importantes teóricos da história das ideias pedagógicas pela força com que suas ideias foram recebidas, traduzidas em práticas educacionais e continuam sendo debatidas até hoje.

Em sua tese de doutorado, Miriam Furlan Brighente sustenta que as pedagogias da liberdade de Freire e de Rousseau — "liberdade como processo e como conquista" — convergem para a concepção do "conhecimento que liberta", implicando, na formação do educador, "a realização da leitura de mundo, ou da natureza, e da palavra; a corporeificação das palavras; a relação de equilíbrio entre liberdade e autoridade — nem licenciosidade nem autoritarismo; a curiosidade epistemológica, a educação do educador e a liberdade como conhecimento" (Brighente, 2016, p. 172).

Um dos estudos mais completos sobre o conceito de liberdade em Paulo Freire é a tese de doutorado de Jacinto Ordóñez (1981), na qual ele conclui dizendo que a contribuição mais importante de Freire em relação a esse conceito pode ser resumida em três teses centrais: a) "a liberdade é a vocação humana das pessoas que vivem sob opressão" — seja ela de ordem econômica, social ou política — e que afeta as dimensões infraestruturais e superestruturais da vida; b) "a liberdade é a luta humana de pessoas que, trazendo à tona sua própria desumanização, se comprometem com sua própria libertação", não se confundindo com livre competição; c) "a liberdade é a criação humana permanente de pessoas que, ao se libertarem com outras pessoas, fazem da liberdade um modo de vida permanente por meio da cooperação" (Ordóñez, 1981, p. 330-331). A liberdade é a vocação dos oprimidos para a sua própria humanização. Para Paulo Freire, liberdade, libertação e humanização são inseparáveis. Daí ele falar de uma liberdade que lhe permitia "brigar pela justiça" (Freire, 2014, p. 354). Uma liberdade que me move, não uma liberdade qualquer; não a liberdade de cruzar os braços e nada fazer. Uma liberdade que me liberta não para ser melhor do que os outros, mas para poder construir um outro mundo possível e melhor para todos e todas. Entendo que, para construir esse outro mundo possível, uma outra educação é necessária.

Minha experiência como educador foi muito marcada, nas últimas décadas, pela participação no Fórum Social Mundial (FSM) e no Fórum Mundial de Educação (FME). Para mim, esses fóruns foram uma grande universidade. Registrei essa experiência em três livros (Gadotti, 2007; 2009; 2010). O Fórum Mundial de Educação nasceu em 2001, junto ao FSM, como espaço de construção de novas alianças, novas redes, um espaço de estruturação de alternativas à educação neoliberal. Fortaleceu sempre os debates do direito à educação no interior do FSM, o direito à educação emancipadora contra a mercantilização da educação e as políticas neoliberais.

Em 2007, no FME de Nairobi, junto com o FSM, foi aprovada uma plataforma mundial de educação defendendo o direito a uma educação emancipadora. A metodologia, a estratégia para conquistar esse direito, estaria na articulação dessa luta com a defesa de outros direitos, tais como: moradia, saúde, cultura, direito à terra, ao trabalho, ao transporte etc. e a articulação com os movimentos e as organizações que lutam por esses direitos, que são todos interdependentes. Esses movimentos têm sido vistos como ações contra a globalização, mas isso não é verdade. Eles são, na verdade, contrários à globalização capitalista e favoráveis a uma outra globalização (Santos, 2000), uma globalização solidária, de-baixo-para-cima, contra-hegemônica. Eles deram, assim, uma grande contribuição à educação para um outro mundo possível. São movimentos contra-hegemônicos e altermundistas. Essa ideia não surgiu por acaso. Ela já vinha sendo construída desde os anos 1960, enraizada nos movimentos ecológicos, feministas, estudantis e pelos direitos humanos, entre outros. Destaco, por exemplo, na América Latina, a contribuição do movimento de Educação Popular.

A grande novidade do FSM é que ele desbancou a descrença e o fatalismo neoliberal e o pensamento único que sustenta que só o mundo existente é possível. Esse fetiche neoliberal está produzindo um ultraconservadorismo que gera insensibilidade e naturalização da injustiça, da miséria, da guerra. Só uma nova conscientização contra essa fetichização poderá desbloquear esse travamento da humanidade. Daí a importância do FSM também como um processo pedagógico. O FSM é também um movimento de reeducação planetária.

Quando se pensa no lema do FSM — "um outro mundo possível" —, vem logo à mente uma conhecida frase de Paulo Freire: "o mundo não é; o mundo está sendo". Não é mera coincidência que o sentido desse lema esteja fortemente ligado à recusa de Paulo Freire pelo que se chamou de "fim da história" e o combate ao fatalismo neoliberal. Ele insistia na tese de que a "história é possibilidade, e não fatalidade". Em seu último livro, *Pedagogia da autonomia*, ele diz que combatia o neoliberalismo porque ele negava o sonho e a utopia. Para um outro mundo possível, uma outra educação é necessária. O processo de construção de um outro mundo possível é um processo eminentemente educativo.

— Que lições pedagógicas podemos tirar desses fóruns?

A maior lição a tirar desses fóruns é que eles mostram como o povo pode fazer história. Os movimentos sociais não querem ficar na plateia, na arquibancada. Os encontros desses fóruns sempre deixaram a sensação de que há muita generosidade, há ainda uma reserva imensa de altruísmo que nos deixa, a todos e todas, reencantados, esperançosos e esperançosas, para a construção de uma outra educação. Há muita gente disposta e disponível para trabalhar por um outro mundo possível. O exemplo de centenas e até de milhares de voluntários e voluntárias que já participaram na preparação e realização de nossos encontros é uma prova disso.

Concordamos com István Mészáros quando ele afirma, em seu livro *O poder da ideologia*, que "um outro mundo é possível e necessário. Necessário não no sentido de uma predeterminação fatalista, mas como uma necessidade urgente e profunda, cuja realização, ou não, decide tanta coisa no futuro" (Mészáros, 2004, p. 50). Como esse outro mundo possível não é uma fatalidade, podemos refletir sobre que papel pode jogar a educação nesse contexto. Sonhamos com um mundo justo e sustentável, mas sabemos que esse mundo não é um mundo estático, imóvel, sem contradições. Como todo mundo, ele também será um mundo mutável, em movimento, cheio de contradições e possibilidades. Por isso, a justiça será sempre um ideal a ser perseguido, aperfeiçoado, em construção. Não será nunca um lugar definitivo, um éden sem contradições.

Em 2005, o jornalista e escritor uruguaio Eduardo Galeano participou, em Porto Alegre, junto com o poeta português José Saramago, de uma atividade do Fórum Social Mundial, falando sobre o papel das utopias hoje. Ao final, ele resumiu seu ponto de vista sobre o tema com esta frase: "temos o direito de lutar por um outro mundo possível quando se tornou impossível o mundo tal qual é hoje". E não se trata de um ponto distante, um ponto de chegada, mas de um processo que já começou e está em marcha. Qualquer um, olhando para nós, precisa estar convencido de que um outro mundo possível existe e está em construção.

Como não se trata de um paraíso a ser conquistado, o outro mundo possível já está sendo construído. Não é uma utopia longínqua, é um inédito viável. Não é um dado nem um produto, é um processo. Mesmo porque esse outro mundo possível é feito de relações — de novas relações —, e não de objetos. Educar para outro mundo possível é educar para a qualidade humana para "além do capital", como nos disse István Mészáros na abertura da quarta edição do *Fórum Mundial de Educação*, em Porto Alegre, em janeiro de 2005. A globalização capitalista roubou das pessoas o tempo para o bem viver e o espaço da vida interior, roubou a capacidade de produzir dignamente nossas vidas. Esse não pode ser o caminho. Como nos disse Mészáros, educar para um outro mundo possível é educar para "superar a lógica desumanizadora do capital que tem no individualismo e no lucro seus fundamentos". É educar para transformar radicalmente o modelo econômico e político atual.

Certamente, esse outro mundo possível não será um mundo único, sem contradições. O outro mundo possível deve integrar vários mundos possíveis e alternativas diversas de mundos possíveis. Não podemos cair na armadilha do pensamento único. Nosso outro mundo possível é formado de muitos mundos. Nós defendemos o mundo como possibilidade e criatividade e ele não se restringe a um só, como pretende o pensamento único neoliberal. Nossa alternativa é também ao pensamento único porque diversos são os povos, as pessoas, as línguas, as culturas, os desejos e a própria vida. Lutamos por um mundo uno e diverso. Diverso culturalmente e uno com base na justiça social.

4.6 Nas sendas do futuro, a palavra-chave é emancipação

O leitor, a esta altura da leitura, já deve ter identificado diversas passagens em que me refiro à oposição que Paulo Freire faz entre a ética do mercado — a ética de levar vantagem em tudo — e a ética universal do ser humano, em seu livro *Pedagogia da autonomia*. São duas éticas que fundamentam concepções e realizações da educação em disputa hoje. O convite que Paulo Freire nos faz nesse livro é exatamente que reinventemos a educação com base na ética universal do ser humano, confrontando-se com a educação atual, fundamentada na ética do mercado. Ele fala da ética universal do ser humano no contexto do "ideário neoliberal" e na prática pedagógica dele, aquela que "estimula o individualismo e a competitividade", como destaca Edna Castro de Oliveira no prefácio, denunciando "o mal-estar que vem sendo produzido pela ética do mercado" e anunciando "a solidariedade enquanto compromisso histórico de homens e mulheres como uma das formas de luta capazes de promover e instaurar a 'ética universal do ser humano'" (Oliveira In: Freire, 1996, p. 12-13). Logo nas Primeiras Palavras, Paulo Freire afirma que seu "pequeno livro" está "permeado em sua totalidade pelo sentido da necessária eticidade que conota expressivamente a natureza da prática educativa", deixando claro que não se trata da "ética menor, restrita, do mercado", caracterizada por sua "malvadez", mas, pelo contrário, trata-se "da ética universal do ser humano", perante a qual, diz ele, "me parece ser pouco tudo o que façamos na defesa e na prática da ética universal do ser humano" (Freire, 1996, p. 16-19).

A pedagogia da autonomia que ele nos apresenta nesse livro se contrapõe à desumanização provocada pela educação neoliberal e sua ética, que se baseia numa relação de mando e subordinação, ao contrário da ética universal do ser humano, que se baseia no diálogo intersubjetivo. Defendendo a relação dialógica como princípio educativo e a educação transformadora, emancipadora, essa pedagogia busca promover a vocação ontológica dos humanos de "ser mais", tornando-os sujeitos da sua própria história, não objetos. Ele se refere à ética universal do ser humano como uma ética de solidariedade que promove a luta contra as injustiças, em favor da paz e da democracia e, portanto, uma ética em busca da superação das desigualdades e dos preconceitos. Não pode haver qualquer neutralidade diante da injustiça. Não há como ser "imparcial". Uma formação docente crítica se impõe, a partir de um posicionamento rigorosamente ético, para que o professor, a professora sejam agentes transformadores, emancipadores, e a educação não se confunda com treinamento, adestramento.

Isso se impõe ainda mais hoje, nesses tempos em que vivemos de *fake news*, de notícias falsas, distorcidas, num contexto em que vale mais a versão do que o fato, valem mais as convicções pessoais do que os dados, as evidências. Tempos também chamados de "pós-verdade", nos quais se sabe que uma notícia é falsa, mas, mesmo assim, ela é apoiada e difundida como verdade para alcançar certos objetivos pessoais, políticos, mercantilistas ou outros. Frente a essa irracionalidade, nosso papel como educadores éticos, críticos, é esclarecer, argumentar, conscientizar com equilíbrio e bom senso, praticando a pedagogia do diálogo. A eticidade faz parte da natureza mesma da ação educadora.

Paulo Freire, ao falar da globalização e do "progresso científico e tecnológico", que deveria ser posto "a serviço dos seres humanos", caso contrário poderia ameaçar, como de fato ameaça, "milhares de mulheres e de homens de perder seu trabalho", afirma que há um "discurso da globalização que fala da ética", mas esconde que essa sua ética "é a ética do mercado, e não a ética universal do ser humano". Esse discurso, conclui ele, "procura disfarçar" que a globalização "vem robustecendo a riqueza de uns poucos e verticalizando a pobreza e a miséria de milhões. O sistema capitalista alcança no neoliberalismo globalizante o máximo de eficácia de sua malvadez intrínseca" (Freire, 1996, p. 147). É essa ética que fundamenta o projeto político-pedagógico hoje hegemônico no mundo globalizado.

Curiosamente, os avanços científico e tecnológico — e suas consequências na educação — também foram debatidos por Anísio Teixeira cerca de três décadas antes, centrando sua preocupação, como Paulo Freire, na formação do educador. No artigo que mencionei anteriormente, neste quarto ensaio, da autoria de Anísio Teixeira — "Mestres de amanhã", publicado em 1963, na *Revista Brasileira de Estudos Pedagógicos* —, sua preocupação central era a formação dos professores e sua função social. Diz ele: "partindo da comunicação oral, passando para à escrita, livro, jornal, cinema, telefone, rádio, televisão, o homem passou a ser habitante não só de sua rua, mas de todo o planeta, tomando ciência de toda a informação e visualizando toda a cultura mundial, tanto a antiga quanto a atual". Os meios de comunicação tornaram o nosso planeta um "pequeno planeta". "A educação para este período de civilização ainda precisa ser concebida e planejada." Diante da "explosão dos conhecimentos, o desenvolvimento da tecnologia e a complexidade da sociedade moderna, o novo mestre será um misto de jornalista, de cientista, de pesquisador". "O mestre seria algo como um operador dos recursos tecnológicos modernos para a apresentação e o estudo da cultura moderna." E Anísio continua: "a sua escola de amanhã lembrará muito mais um laboratório, uma oficina. Entre as coisas mais antigas, lembrará muito mais uma biblioteca e um museu do que o tradicional edifício de salas de aulas" (Teixeira, 1963, p. 10-19). Lembremos que ele escreveu isso no início dos anos 1960, ou seja, muito antes da internet.

Anísio fala como seriam os professores de amanhã frente a um "mundo em mudança", como dizia um de seus mestres, John Dewey (1859-1952). Num tom muito antes da internet, meio profético, antevê desafios dos mestres de amanhã diante do exponencial alastramento dos meios de comunicação. O alerta de Anísio é que a escola não pode ficar alheia a esse avanço, pois ela iria, amanhã, mudar profundamente sua função social. A formação dos mestres de amanhã deveria servir-se deles mais do que estar a serviço deles. Não repetir o que fazem os meios de comunicação porque sua função é outra. Mas, para isso, os professores deveriam apropriar-se desses meios e introduzir seu uso em suas práticas pedagógicas.

Como vemos, desde os anos 1960, Anísio Teixeira se preocupava com a formação do professor num contexto em que o planeta seria "pequeno", antevendo uma sociedade globalizada e marcada pela "explosão dos conhecimentos". Estamos vivendo numa aldeia global. Estamos todos interligados, conectados, plugados no planeta. É nesse contexto que há algumas décadas se fala na necessidade de educar para a cidadania global e planetária.

Podemos começar distinguindo uma globalização competitiva de outra globalização possível, cooperativa e solidária que, nos Institutos Paulo Freire, chamamos de "planetarização" (Gadotti, 2001). A primeira está subordinada apenas às leis do mercado e sua ética, que divide os seres humanos entre globalizadores e globalizados. A segunda, subordinada aos valores éticos e à espiritualidade humana, que concebe a Terra como uma comunidade de iguais e diferentes. O modelo dominante de globalização utiliza os recursos técnicos e tecnológicos acumulados pela humanidade de maneira "perversa", como diz Milton Santos (2000). Essa globalização, diz ele, é uma "fábula" na medida em que poucos fazem parte dela, poucos se beneficiam dela. É uma ilusão pensar que todos estamos globalizados. O mundo só está melhor e mais próximo para as grandes corporações. Só um pequeno grupo de pessoas pode hoje beneficiar-se plenamente do que os seres humanos produziram, uma riqueza acumulada pelo esforço histórico e colaborativo de bilhões de pessoas ao longo de tantos séculos de existência da espécie humana. A cruel diferença entre ricos e pobres continua aumentando. A arrogância e a insensibilidade das elites que se escondem atrás de seus muros e suas catedrais, com suas "guerras humanitárias", guerras sujas, com sua mídia perversa e mentirosa, parecem não ter limites. Uma outra globalização é necessária.

A sociedade global está ainda em formação e abrange uma grande variedade de sociedades, pobres e ricas, centrais e periféricas, desenvolvidas e subdesenvolvidas. A cidadania global e planetária deve ter como foco a superação da desigualdade, a eliminação das sangrentas diferenças econômicas e o respeito e a integração da diversidade cultural da humanidade. Não se pode falar em cidadania planetária ou global sem uma efetiva cidadania nas esferas local e nacional. Precisamos de uma cidadania integral e, portanto, de uma cidadania ativa e plena não apenas no que se refere aos direitos sociais, políticos, culturais e institucionais, mas, também, aos direitos econômicos.

Os conceitos de "cidadania planetária" e "cidadania global" têm origens diferentes. A cidadania planetária tem como referência inicial a "Carta da Terra" e o "Tratado da educação ambiental para as sociedades sustentáveis e a responsabilidade global" resultantes da Eco-92 (Fórum Global). A referência básica da cidadania global tal como recentemente vem sendo defendida pela Unesco está principalmente em seu documento "Educação para a cidadania global (ECG): a abordagem da Unesco". Nesse texto, a Unesco reconhece que "existem diferentes interpretações quanto à noção de cidadania global" e define o conceito de "cidadania global" como um "um sentimento de pertencer a uma comunidade mais ampla, além de fronteiras nacionais, que enfatiza nossa humanidade comum e faz uso da interconectividade entre o local e o global, o nacional e o internacional" (Unesco, 2015). Organismos internacionais como a Unesco e o UNICEF vêm pautando a educação e a cultura como temas prioritários, mas, como organismos internacionais, seu papel limita-se ao campo da pesquisa e de orientações e diretrizes para os Estados membros da ONU.

A noção de "global" nos remete mais ao que se passa entre as nações, entre "o local e o global", entre o "nacional e internacional", enquanto o termo "global" remete-nos aos povos e às nações da Terra. Por sua vez, o termo "planetário" nos remete ao vínculo profundo do ser humano com um planeta vivo, seus distintos ecossistemas e práticas sustentáveis.

O caráter público dos bens comuns da humanidade está ameaçado pela globalização mercantilista. É a sustentabilidade da vida humana na Terra que está ameaçada. Os bens da natureza, ou bens comuns naturais, são aqueles dos quais necessitamos para a nossa sobrevivência; os bens produzidos pela humanidade, também chamados de "bens comuns sociais" ou "bens comuns culturais", são aqueles de que necessitamos para o nosso desenvolvimento individual e social. As mudanças climáticas e o modo de produção capitalista predador — dos seres humanos e da natureza — transformaram-se num modo de destruição do planeta.

Numa conferência do filósofo alemão Wolfdietrich Schmied--Kowarzik realizada no Instituto Paulo Freire, em São Paulo, em 1999, com o título "O futuro ecológico como tarefa da filosofia", ele sustentou que, ao contrário de Hegel, Marx já havia percebido que "o desenvolvimento da forma de produção industrial não só teria consequências negativas para a 'classe fixada no trabalho', senão, também, efeitos destruidores em relação à natureza viva" (Schmied-Kowarzik, 1999, p. 10).

Um dos últimos textos escritos por Paulo Freire foi sobre ecologia. Numa de suas últimas entrevistas, ele disse: "Eu gostaria de ser lembrado como um sujeito que amou profundamente o mundo e as pessoas, os bichos, as árvores, a água, a vida" (Freire, 2014, p. 399).

A sustentabilidade é, para nós, o sonho de bem viver. Sustentabilidade é equilíbrio dinâmico consigo mesmo, com os outros e com o meio ambiente; é harmonia entre iguais e diferentes. Nesse novo sentido, podemos dizer que a sustentabilidade representa uma grande esperança. Ela se opõe a tudo o que é insustentável. Insustentáveis são a ganância, a dominação política e a exploração econômica. Insustentáveis são a fome, a miséria, a violência, a guerra, o analfabetismo etc. Por isso, parece claro que entre sustentabilidade e capitalismo existe uma incompatibilidade visceral (Gadotti, 2009, p. 52).

Hoje, quando se fala em sustentabilidade, nossa mente fica povoada de verdes florestas, rios preservados, lindas paisagens, jovens passeando em trilhas, paz e serenidade. O senso comum não está nos enganando ao provocar essas imagens porque elas têm a ver com princípios, valores, culturas; contudo, a sustentabilidade é mais do que isso. Trata-se de uma categoria central de uma nova cosmovisão e de um dos fundamentos do novo paradigma civilizatório, que procura harmonizar o ser humano, o desenvolvimento e a própria Terra. A sustentabilidade representa uma resposta concreta aos danos que o ser humano está causando a si mesmo e ao planeta, mais a ele mesmo do que propriamente ao planeta, pois a Terra tem uma capacidade muito maior de se regenerar do que nós. O que está em risco é a comunidade de vida no planeta.

Não nascemos cidadãos, tornamo-nos cidadãos pela prática da cidadania, exercendo a cidadania pela reflexão crítica sobre essa prática, o que implica um processo educativo, uma educação cidadã. Por que isso? Porque tanto professores quanto alunos não devem ser considerados como súditos, mas como cidadãos, governantes, como soberanos. Como não nascemos cidadãos, precisamos nos educar para e pela cidadania. Não se trata apenas de criar alguns episódios, alguns eventos "cidadãos", o Dia da Cidadania ou da Democracia. Cidadania e democracia devem ser vivenciadas no cotidiano escolar, desde a infância, no projeto eco-político-pedagógico da escola como um todo.

A hora é agora. "O que vamos fazer?", nos perguntava Claude Pantillon, em Genebra, na década de 1970. A bola está com a gente faz tempo!

Mestre do amanhã, fazedor do futuro não espera o amanhã chegar. Ele se antecipa, se posiciona em relação a um futuro possível e age em função dele. A ideia é simples e fácil de entender: se sou um mestre do amanhã, sou um fazedor do futuro. As dificuldades, os desafios vão surgir na prática, no cotidiano, no quefazer educativo enquanto enfrento as contradições do contexto e suas múltiplas determinações. É a partir deste chão da escola que podemos reinventar a educação. Muniz Sodré, autor de um livro notável, cujo título é *Reinventando a educação: diversidade, descolonização e redes*, nos lembra que a palavra-chave da reinvenção da educação é "emancipação", a emancipação intelectual que se entende como "conscientização", conceito-chave freiriano da constituição do sujeito. E não se espere que a nova qualidade da educação surja apenas como fruto do uso das novas tecnologias ou de uma disfarçada "sociedade do conhecimento". É verdade, o conhecimento se expandiu com as TICs, mas isso não significa que melhorou a sua qualidade. Nas palavras de Muniz Sodré: "a pedagogia de Paulo Freire comporta ou acolhe a tecnologia, mas, por seu compromisso visceral com a emancipação social, não é desencarnada, isto é, não está acima das condições sócio-históricas de produção e transmissão do conhecimento" (Sodré, 2012, p. 160).

Numa entrevista concedida à Revista *Bits*, Paulo Freire afirma que faz questão de ser um homem de seu tempo,

> e não um homem exilado dele, o que vale dizer que não tenho nada contra as máquinas. De um lado, elas resultam e de outro estimulam o desenvolvimento da ciência e da tecnologia, que, por sua vez, são criações humanas. O avanço da ciência e da tecnologia não é tarefa de demônios, mas, sim, a expressão da criatividade humana. Por isso mesmo, as recebo da melhor forma possível. Para mim, a questão que se coloca é: a serviço de quem as máquinas e a tecnologia avançada estão? Quero saber a favor de quem, ou contra quem as máquinas estão postas em uso. Então, por aí, observamos o seguinte: Não é a informática que pode responder. Uma pergunta política, que envolve uma direção ideológica, tem de ser respondida politicamente. Para

mim, os computadores são um negócio extraordinário. O problema é saber a serviço de quem eles entram na escola. (Freire, 1984, p. 6)

Educar não é treinar. De nada adianta instrumentalizar as pessoas para competir no mercado. A vida, para ser plena, precisa ser vivida na plenitude do saber, do ser, do sentir. Precisamos nos formar para a sensibilidade, para a emoção e a imaginação, para além da ciência e do conhecimento. Não se trata de chegar primeiro. Trata-se de todos chegarem juntos. Promover a educação como um bem comum significa um novo paradigma educacional baseado no compartilhar, não no competir, baseado no conviver, não no vencer.

Mudar o mundo e mudar as pessoas são processos interdependentes, convergentes, interligados. Não se pode mudar o mundo sem mudar as pessoas: mudar o mundo e mudar as pessoas são processos complementares. Seria um grave erro pensar que basta transformar as circunstâncias econômicas para transformar as pessoas. Nessa visão, a educação seria completamente inútil. Paulo Freire, ao contrário, sempre reafirmou o papel do sujeito na história. Numa conversa com Peter Park, sociólogo e professor norte-americano, transcrita no livro *Paulo Freire: uma biobibliografia*, ele afirma:

> o que eu tentei fazer com a conscientização foi insistir na relação contraditória entre subjetividade e objetividade na história. Sem dúvida, Marx nos deixou muitas reflexões sobre esse tema, mas muitos dos seus leitores distorceram suas palavras; esqueceram o papel da subjetividade na história, com medo de cair no idealismo. Tentando escapar do idealismo eles caíram num objetivismo mecanicista. (Freire *In*: Gadotti, 1996, p. 441)

Uma sociedade de iguais e diferentes não pode ser construída sem respeitar a individualidade, as diferenças, enfim, a subjetividade humana. Perguntado pela professora da Universidade de São Paulo, Ligia Chiappini Moraes Leite, se ele era marxista, respondeu:

> Eu acho que é muito sério dizer que alguém é marxista. É a mesma coisa em relação à minha opção cristã [...]. Devo dizer que tanto a minha posição cristã quanto a minha aproximação a Marx, ambas jamais se deram ao nível intelectualista, mas sempre referidas ao concreto. Não fui às classes oprimidas por causa de Marx. Fui a Marx por causa delas. O meu encontro com elas é que me fez encontrar Marx e não o contrário. (Freire In: Leite, 1979, p. 75)

Como nos dizia Claude Pantillon nos anos 1970, todos estão de acordo quando se trata de mudar os rumos da educação. Daí a quantidade de inovações pedagógicas, tecnológicas, metodológicas, educação híbrida, remota, a distância e toda sorte de instrumentos, passando ao largo da questão central da educação, que é sua fundamentação antropológica. A questão da educação não é uma questão de meios, de métodos, de tecnologias. Muitas inovações ficam na superfície dessa questão sem se perguntar sobre os fins da educação. Essas maravilhas tecnológicas nos apresentam o futuro da educação por meio de máquinas poderosas que poderiam nos levar longe e rapidamente no campo das múltiplas aprendizagens, com um certo grau de lirismo tecnológico. Antes de embarcar numa dessas máquinas, precisamos saber para onde estamos indo.

Volto a Mario Alighiero Manacorda sobre esse tema. No final do seu livro *História da educação: da antiguidade aos nossos dias*, ele se pergunta sobre o caminho a seguir: "parece-me", diz ele,

> que o caminho do futuro seja aquele que o passado nunca soube percorrer, mas que nos mostrou em negativo, descortinando suas contradições [...], a contradição entre a instrução dos dominantes para o "dizer" intelectual e dos dominados para o "fazer" produtivo; entre a exigência de uma formação geral humana e a preparação de cada um para competências distintas [...]. Em suma, a exigência de uma escola que, de lugar de separação e de privações, se transforme num lugar e numa época de plenitude de vida. (Manacorda, 1989, p. 360)

E conclui, na página seguinte: "apesar de o homem lhe parecer, por natureza e de fato, unilateral, eduque-o, com todo empenho, em qualquer parte do mundo, para que se torne onilateral".

Mais do que tempos de mudança, vivemos tempos de verdadeiras mutações. Não se trata apenas de uma crise de paradigmas, de uma crise civilizatória. Estamos vivendo os dilemas da educação na era da aldeia global, com suas poderosas máquinas de sedução. E nós, educadores, educadoras, sofremos as consequências desses dilemas. Na década de 1970, Olivier Reboul já nos alertava: "se a crise da educação é a mesma crise de toda a civilização, é também uma das grandes responsáveis por esta crise e é por meio dela que deve chegar à solução" (Reboul, 1974, p. 98). Somos parte da crise e podemos ser parte da solução. A escola não é uma ilha dentro de uma sociedade. A educação não pode tudo, mas pode alguma coisa. Nas sendas do futuro, a palavra-chave da educação é emancipação.

Referências

AZEVEDO, Jose Clovis de. *Reconversão cultural da escola*: mercoescola e escola cidadã. Porto Alegre: Sulina/Universidade Metodista, 2007.

BADINTER, Elizabeth. *Um amor conquistado*: o mito do amor materno. Rio de Janeiro: Nova Fronteira, 1985.

BAUDELOT, Christian; ESTABLET, Roger. *L'école capitaliste en France*. Paris: Maspero, 1971.

BHATTACHARYA, Asoke. *Paulo Freire*: Rousseau of the Twentieth Century. Rotterdam: Sense Publishers, 2011.

BRANDÃO, Carlos Rodrigues. *O que é educação*. São Paulo: Brasiliense, 1981.

BRIGHENTE, Miriam Furlan. *Jean-Jacques e Paulo*: a Sofia que liberta e a liberdade que educa. Curitiba: PUC-Paraná, 2016. Tese de Doutorado.

CABRAL, Amílcar. "A arma da teoria (unidade e luta I)". *In: Obras escolhidas de Amílcar Cabral*. Lisboa: Seara Nova, 1976, v. 1.

CINTRA, Benedito Eliseu Leite. *Paulo Freire entre o grego e o semita*: educação, filosofia e comunhão. Porto Alegre: EDIPUC-RS, 1998.

CUNHA, Célio da; GADOTTI, Moacir; BORDIGNON, Genuíno; NOGUEIRA; Flávia (Orgs.). *O Sistema Nacional de Educação*: diversos olhares 80 anos após o Manifesto. Brasília: MEC/SASE, 2014.

FREINET, Célestin. *A educação pelo trabalho*. São Paulo: Martins Fontes, 1998 (publicada originalmente em 1947).

FREIRE, Paulo. *Pedagogia do oprimido*. Rio de Janeiro: Paz e Terra, 1974.

FREIRE, Paulo. "A máquina está a serviço de quem?". Revista *Bits*, São Paulo, 1984. v. 1, n. 7, p. 6.

FREIRE, Paulo. *Pedagogia da tolerância*. Ana Maria Araújo Freire (Org. e notas). São Paulo: Paz e Terra, 2014.

FURTER, Pierre. *Educação e vida*: uma contribuição à definição da educação permanente. Petrópolis: Vozes, 1968.

FURTER, Pierre. *Educação e reflexão.* Petrópolis: Vozes, 1970.

FURTER, Pierre. *Dialética da esperança*: uma interpretação do pensamento utópico de Ernest Bloch. Rio de Janeiro: Paz e Terra, 1974.

GADOTTI, Moacir. *Educação e poder*: introdução à pedagogia do conflito. São Paulo: Cortez, 1980.

GADOTTI, Moacir. *A educação contra a educação*: o esquecimento da educação e a educação permanente. Prefácio de Paulo Freire. Rio de Janeiro: Paz e Terra, 1981.

GADOTTI, Moacir. *História das ideias pedagógicas*. São Paulo: Ática, 1999.

GADOTTI, Moacir. *Pedagogia da Terra*. São Paulo: Peirópolis, 2001.

GADOTTI, Moacir. *Os mestres de Rousseau*. São Paulo: Cortez, 2004.

GADOTTI, Moacir. *Educar para um outro mundo possível*: o Fórum Social Mundial como espaço de aprendizagem de uma nova cultura política e como processo transformador da sociedade civil planetária. São Paulo, Publisher, 2007.

GADOTTI, Moacir. *Fórum Mundial de Educação*: pro-posições para um outro mundo possível. São Paulo: Instituto Paulo Freire, 2009.

GADOTTI, Moacir. *Educar para a sustentabilidade*: uma contribuição à década da educação para o desenvolvimento sustentável. São Paulo: Instituto Paulo Freire, 2009a.

GADOTTI, Moacir. *Fórum Social Mundial em processso*. São Paulo: Publisher, 2010.

GADOTTI, Moacir (Org.). *Paulo Freire*: uma biobibliografia. São Paulo: Cortez/Instituto Paulo Freire, 1996.

GUARDIA, Francisco Ferrer y. *La escuela moderna*. Barcelona: Tusquets, 1976.

HARARI, Yuval Noah. *Sapiens* — Uma breve história da humanidade. Porto Alegre: L&PM, 2020.

LEITE, Lígia Chiappini Moraes. "Encontro com Paulo Freire". *In*: Revista *Educação & Sociedade*. São Paulo: Cortez & Moraes; Campinas: CEDES, 1979. Ano I, n. 3, maio/1979, p. 47-75.

LUZURIAGA, Lorenzo. *História da educação pública*. São Paulo: Nacional, 1958.

MANACORDA, Mario Alighiero. *História da educação*: da antiguidade aos nossos dias. São Paulo: Cortez, 1989.

MÉSZÁROS, István. *O poder da ideologia*. São Paulo: Ed. UNESP, 2004.

MÉSZÁROS, István. *A educação para além do capital*. São Paulo: Boitempo, 2005.

MORIN, Edgar. *Os sete saberes necessários à educação do futuro*. São Paulo: Cortez/Unesco, 2000.

OLIVEIRA, Rosiska Darcy de; DOMINICÉ, Pierre. *Ivan Illich e Paulo Freire*: a opressão da pedagogia, a pedagogia dos oprimidos. Lisboa: Sá da Costa, 1977.

ORDÓÑEZ, Jacinto. *Paulo Freire's Concept of Freedom*: A Philosophical Analysis. Chicago: Loyola University of Chicago, 1981. Tese de Doutorado.

PALACIOS, Jesús. *La cuestión escolar*: críticas y alternativas. Barcelona: Laia, 1978.

PANTILLON, Claude. *Une philofophie de l'éducation. Pour quoi faire?* Lausanne: L'Age d'Homme, 1981.

PANTILLON, Claude. *Changer l'éducation*: la thématique du changement dans le cadre de l'éducation permanente. Lausanne: L'Age d'Homme, 1983.

PIAGET, Jean. *Para onde vai a educação?* Rio de Janeiro: José Olympio, 1988.

PONCE, Aníbal. *Educação e luta de classes.* São Paulo: Cortez e Autores Associados, 1981.

REBOUL, Olivier. *Filosofia da educação.* São Paulo: Nacional, 1974.

ROUSSEAU, Jean-Jacques. *Discurso sobre a origem e os fundamentos da desigualdade entre os homens.* Porto Alegre: Globo, 1958.

ROUSSEAU, Jean-Jacques. *Do contrato social ou princípio do direito político.* Porto Alegre: Globo, 1962.

ROUSSEAU, Jean-Jacques. *Émile ou de l'éducation.* Paris, Garnier-Flammarion, 1966.

ROUSSEAU, Jean-Jacques. *Emílio ou da educação.* São Paulo: Difusão Europeia do Livro, 1968.

SANTOS, Milton. "O professor como intelectual na sociedade contemporânea". In: *Anais do IX ENDIPE* — Encontro Nacional de Didática e Prática de Ensino, São Paulo: ENDIPE, 1999. v. III.

SANTOS, Milton. *Por uma outra globalização*: do pensamento único à consciência universal. São Paulo: Record, 2000.

SARTRE, Jean-Paul. *O testamento de Sartre.* Porto Alegre: L&PM, 1986.

SCHMIED-KOWARZIK, Wolfdietrich. *O futuro ecológico como tarefa da filosofia.* São Paulo, Instituto Paulo Freire, 1999.

SODRÉ, Muniz. *Reinventando a educação*: diversidade, descolonização e redes. Petrópolis: Vozes, 2012.

SOUZA, Jessé. *A elite do atraso*: da escravidão a Bolsonaro. Belo Horizonte: UFMG, 2019.

STRECK, Danilo Romeu. *John Dewey's and Paulo Freire's views on the political function of education, with special emphasis on the problem of method.* New Brunswick: Rutgers the State University of New Jersey, 1977. Tese de Doutorado.

SUCHODOLSKI, Bogdan. *A pedagogia e as grandes correntes filosóficas.* Lisboa: Horizonte, 1972.

TEIXEIRA, Anísio. *A educação não é privilégio.* São Paulo: José Olympio, 1957.

TEIXEIRA, Anísio. "Mestres de amanhã". *In: Revista Brasileira de Estudos Pedagógicos*: Rio de Janeiro, out.-dez./1963. v. 40, n. 92, p. 10-19.

TEIXEIRA, Anísio. "O problema de formação do magistério". *Revista Brasileira de Estudos Pedagógicos*. Rio de Janeiro: out.-dez./1966. v. 46, n. 104, p. 278-287.

UNESCO. *Educação para a cidadania global (ECG)*: a abordagem da Unesco. Brasília: Unesco, 2015.

Sobre o autor

Moacir Gadotti é filósofo e pedagogo, livre docente pela Universidade Estadual de Campinas (Unicamp), mestre em Filosofia da Educação pela Pontifícia Universidade Católica de São Paulo (PUC-SP), doutor em Ciências da Educação pela Universidade de Genebra e presidente de honra do Instituto Paulo Freire. Foi chefe de Gabinete da Secretaria Municipal de Educação de São Paulo na gestão de Paulo Freire. Com livros publicados em diversas línguas, é reconhecido por desenvolver uma filosofia educacional com foco na formação crítica, referenciada na educação popular, cidadã, emancipadora, educação em direitos humanos, numa perspectiva dialética integradora orientada pelo paradigma da sustentabilidade.